大展好書　好書大展

品嘗好書　冠群可期

大展好書　好書大展
品嘗好書　冠群可期

中國十大武術名師之一、新中國體育事業開拓者、
作者的叔叔李天驥先生像

"中華武林百傑"、中國人民大學教授李德印

1	2	3
5		4

作者太極拳照

作者八卦掌照

作者形意拳照

作者太極劍照

作者武當劍照

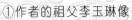

①作者的祖父李玉琳像

①父親李天池與叔父李天驥

③夫人方彌壽女士

④女兒李暉

⑤與妹妹李德芳合練

1	2
	3
5	4

①拜訪嵩山少林寺德禪大師

②向叔父李天驥學藝

③向太極拳名家李經梧求教

④與老武術家孫劍雲在一起

①②在第11屆亞運會開幕式上，指揮中日太
　極拳大會演

③在首屆東亞運動會上擔任太極拳比賽裁判

④與亞運會中國武術隊太極拳集訓運動員合

⑤為全國少數民族武術比賽作現場評論員

⑥支持北京申辦奧運會

1	2
3	
4	
	5

①在世界太極拳健康大會上，李志堅同志
　（左一）會見太極拳名家

②培訓太極拳社會輔導員

③在武術裁判員訓練班上講課

④輔導太極拳愛好者

⑤與北京國際俱樂部太極拳學員交談

① 教日本前首相鈴木善幸打太極拳

② 指導土耳其駐華使館文化參贊

③ 教英國武術愛好者練習基本功

④ 教日本學員練太極劍

⑤ 指導美國朋友學形意拳

1	4
2	5
3	

中國當代太極名家名著 1

李德印
太極拳範教程

李德印　編著

大展出版社有限公司

謹以本書獻給我的叔叔——
已故太極拳家、全國十大武術名
師之一、新中國體育開拓者、本
書編寫指導者李天驥先生。

4

太極拳規範教程

出版前言

21世紀，是人類追求更高生存質量的世紀。儘管醫學工程、生物工程和生命工程的研究越來越深入和發展，但人們依然在努力尋找著更佳的提升生命質量的方法和手段。在這個階段，無論是國內還是國外，無論是生命科學家還是普通百姓大衆，正在趨於一個共同的感知：源於中國的太極拳運動，是當今世界健身強體、提升生命質量的最佳選擇之一。

太極拳，源於中國古老文化的底蘊之上。作爲中國武術的一支奇葩，經歷了漫長的發展過程，在不斷發展的理論和實踐的各個方面，給人類留下了一份珍貴的文化遺產。當今六大太極拳門派的爭奇鬥艷，充分展示了太極拳運動的無限魅力，諸多太極拳的名家大師，奉獻自己畢生心血，不僅系統完整地繼承了太極拳的精髓，在推廣普及方面作出了卓越的貢獻，而且敢於突破傳統觀念的約束，透過自己辛勤的筆耕，結合自身習練的感受和心得體會，以書刊的形式，將中國武術的精華，尤其是太極拳在理論和實踐諸多方面的經驗加以總結，系統地展現給廣大的愛好者和武術工作者。正是由於他們的不懈努力，當今世界的人們才能領略到武術圖書繁花似錦的大好局面，才能盡情地吮吸中國古老的傳統文化的汁液，並從中體驗到無窮的魅力。

作爲體育專業出版工作者，承前啓後、繼往開來，把中國武術文化的精華介紹給國內外廣大讀者，使太極拳運動發

揚光大，是我們在社會發展的大潮中應盡的歷史責任。在太極拳運動蓬勃發展的今天，出版一套代表當今太極拳主流的叢書，是我們長久以來的願望。在諸多當代太極拳名師的熱情支持下，《中國當代太極拳名家名著叢書》終於問世，我們的這一願望得以實現，甚感欣慰。

這套叢書，囊括了國家規定太極拳和中國六大太極拳流派主要代表的著作，其內容包括各大流派的主要拳理拳論、風格特點、主要的拳術套路、器械套路、太極推手、打手，基本上反映了各流派的風貌。在這套叢書中，有的內容已經陸續散見於一些其他出版物，有的內容則是最新完成的力作。我們相信，這套叢書的面世，對於太極拳運動的不斷發展，會產生新的促進和推動，對於廣大太極拳愛好者、學習者，以及從事中國武術文化繼承工作的研究者們，也會帶來新的感受和新的認知。

序

宗光耀

德印兄把剛剛脫手的《李德印·太極拳規範教程》（以下簡稱《教程》書稿拿給我，要我提供修改意見並爲該書寫序。

我學練太極拳四十餘年，教了不少學生，也發表了一些論述打拳練劍的文章，但我並非太極拳行家，只是一個執著的太極拳愛好者，港澳朋友稱我是太極拳「發燒友」。德印兄的大作我能先睹爲快，是福氣。爲朋友的大作寫序，盛情難卻，爲名人的著作寫序，深感榮幸。

80 年代初，我有幸成爲李天驥老人家的學生，經常去天驥老師家求教，也就有機會認識已經出名的李德印老師。近二十年來，隨著中華武術的弘揚、推廣，特別是太極拳運動的日益開展，湧現出一大批造詣很高的太極拳名家、名師，德印兄是其中的佼佼者之一。

他是中國人民大學的教授，是在高等學府開展和推廣太極拳運動的先驅。他又是北京市武術協會的副主席、國際級武術裁判員、國家級社會體育指導員，爲太極拳的普及與提高立下了汗馬功勞。

人們大概會記得，1990 年第 11 屆亞洲運動會在北京舉行，開幕式上，由 1500 名中日兩國太極拳愛好者聯合表演的二十四式太極拳，展示了如詩如畫的迷人風采。擔任該項目的總教練是李德印老師。在這屆亞運會上，中國運動員蘇自芳、高佳敏、陳思坦、王增祥包攬了太極拳比賽的男女

冠亞軍，擔任太極拳教練的也是李德印老師。

2001年春，為了支持北京申辦奧運會，由2008名北京老年太極拳愛好者在天安門廣場南側表演了精彩的「申奧功夫扇」。這套創意新穎、廣受歡迎的太極扇的主創人正是李德印教授。

德印兄長期在學校從事太極拳、劍基礎套路的教學與指導，如原國家體委主編的簡化（二十四式）太極拳、四十八式太極拳、三十二式太極劍等。1989年，四十二式太極拳競賽套路及後來的四十二式太極劍競賽套路相繼推出，德印兄不僅參與了這兩個競賽規定套路的編寫和鑑定工作，也是北京最早開班教授群眾學練的老師。我本人亦是這兩個學習班的學員。上述這些太極拳、劍套路深受廣大太極拳愛好者的喜愛。也是國家武術運動管理中心大力提倡、推廣的太極拳比賽和全民健身體育項目，這也使德印兄的知名度隨著太極拳運動的發展與普及而日益提高。

有人評價德印兄的教學是「政府」太極拳，而非「正統」太極拳。這種議論實在是一種誤解。

據我所知，德印兄自幼便在爺爺和父輩的嚴格教導下，習練楊式太極拳、孫式太極拳、太極推手等傳統拳法。他的第一批武術專著，便是協助叔叔李天驥，編寫出版了《形意拳術》《武當劍術》。在成長的道路上，德印兄又得到郝家俊、徐致一、李經梧、孫劍雲等多位太極拳前輩的指教，可謂是功底深厚、師出名門的太極拳家。再者，把我國體育主管部門編定的太極拳套路和傳統太極拳套路割裂、對立起來的做法，也是一種保守狹隘的偏見。試看當今流傳的各種太極拳流派，無一不是繼承傳統、發展創新的結果。

今天太極拳出現廣泛普及、蓬勃開展的大好局面，正是

新中國成立以來，政府大力支持提倡，包括創編了一系列簡化套路、規定套路、競賽套路、段位制教材等，在全民中推廣開展的結果。太極拳作爲一項優秀的文化遺產，只有沿著「繼承發展，推陳出新」的道路，才能保持長盛不衰的活力。

我們知道，太極拳屬於武術的範疇，一招一式無不與技擊、攻防緊密聯繫。它的另一個功能是強身健體。早在太極拳《十三勢歌》裡就有這樣一句：「詳推用意終何在，益壽延年不老春。」這說明古人很重視太極拳使人健康長壽的功效。隨著時代的發展，高科技、高競爭和老齡化社會的出現，太極拳的技擊功能地位下降，健身功能日益受到重視。今天學練太極拳的人幾乎都是以鍛鍊身體、增強體質爲出發點的。這不僅爲中國人民所贊同，越來越多的外國人也有所認識。

記得多年前，美國科研機構經過長期追蹤研究，得出「中國太極拳能有效地防止和減少老年人易摔跤」的結論，以後又發表了「太極拳可以防止中風和老年痴呆症」的論文。近年來，日本、歐、美及非洲國家掀起了學打太極拳的熱潮，主要也是基於它的健身功效。

說實在的，用拳腳來處理人間的不平，在天高皇帝遠的「人治」社會裡，不失爲既簡單又痛快的方法。而在今天，我們已經進入了法制軌道，運用這種古老的方法已經失去了普遍意義。此外，拳頭決不能打平天下不平事，其行爲的動機與效果又未必相符。更何況有人借此來發泄私憤或橫行鄉里，成爲社會的不安定因素。這就要求我們要因勢利導，在不否定其文化與歷史作用的前提下，著重從體育的角度來評價武術，評價太極拳，使其成爲人類健身手段和現代體育運

動項目之一。

可貴的是，德印兄在執教太極拳的過程中能與時俱進，注意強調它的體育價值和健身作用，能從文化的角度和歷史的角度，理解、推動太極拳運動的發展。

用「桃李遍五洲」來形容李德印老師的學生之多、分布之廣是十分恰當的。而他從不舉辦收徒儀式或拜師儀式之類的活動，沒聽說誰是他的關門弟子或入門弟子。1992 年，德印老師到澳門教授太極拳，有些人提出要向他拜師，有的人還私下要我從中說情，李老師一一予以婉拒。

他向人們解釋：「我們要建立相互尊重、真誠無私、教學相長的師生關係，不必沿襲收徒拜師的習俗。」在我們大力推廣太極拳運動、武術走向世界的今天，在各地太極拳和武術站、館、社團、學校紛紛建立的時候，我們應該大力提倡建立適應時代要求的新型的師生關係，跳出老傳統、老觀念的束縛。

德印兄出身武術世家，受過良好的高等教育，長期從事太極拳的教學與研究，有繼承，有創新，有豐富的教學和教練經驗。他又多次擔任全國乃至國際性的太極拳比賽總裁判或裁判長，多次擔任國際武術裁判員培訓班講師。編寫出版了多種太極拳專著和教材。他知識全面，為人正派，謙虛謹慎，胸襟開闊，是一個武德與拳藝雙修，且有豐碩成果的現代武術名師，名副其實的太極拳名家。

德印兄編寫的《教程》有理論，有技術，有經驗，是一本很好的教材。作者對太極拳、劍的論述系統、科學、準確、通俗，技術內容既包括簡化套路，又有比賽套路和傳統套路，有很高的實用價值。書中最後附錄了李玉琳老人家的介紹和拳照。李玉琳是武術界的前輩，被譽為我國「東北地

區太極拳開拓者」，他爲太極拳的發展與傳播付出了畢生心血，作出過巨大貢獻。

　　本章體現了作者對先輩的追思和懷念，又爲廣大讀者和太極拳愛好者提供了珍貴難得的資料。《教程》的出版發行是德印兄爲繼續推動太極拳的普及與提高，增強人民健康、弘揚中華文化所作的新的有益的貢獻。《教程》一定會受到廣大讀者的歡迎，希望這本書的外文譯本亦能早日面世。

　　人民體育出版社出版「當代太極拳名家名著叢書」，是一件利國利民的好事，值得贊揚。

（作者原任中央人民政府駐澳門特別行政區聯絡辦公室副主任）

太極拳規範敎程

目　錄

太極拳規範教程

15

目
錄

太極拳規範教程

德藝雙馨話德印

昌　滄

李德印教授與我是世交。我是從他叔叔那兒與他相識而後相知的。

（一）

他叔叔是我國著名武術家、當代「十大武術名師」之一的李天驥。天驥對德印這位親姪，是十分鍾愛而又感欣慰的。他常誇「德印這孩子真不錯」。他曾對我說：「德印上學時，成績優異，是班上的『三好學生』；工作後，勤勤懇懇，努力鑽研，被評爲『優秀青年教師』『學雷鋒標兵』『全國優秀武術輔導員』『全國武術優秀裁判員』真是棵值得培養的好苗子！」

德印對叔叔十分敬愛。他以對待家長和武術前輩的雙重身份敬重叔叔。十年動亂期間，叔姪倆分別下放「五七」幹校勞動，天南海北，相隔幾千里！德印難得有探親機會，當輪到他探親時，他不是急於看望妻子和不滿周歲的女兒，而是長途跋涉地去山西探望叔叔。可見叔姪感情之深厚！

德印出身武術世家。爺爺是著名武術家李玉琳，受郝恩光、孫祿堂、李景林等名師指教，形意拳、太極拳、八卦掌、武當劍皆有很深的造詣。父親李天池武醫結合，是一位體育醫療專家。德印從8歲起，就隨祖輩、父輩習武。他是日修學問，夜練武功，文武雙修，持之以恆，向長輩們希冀的「文曲」「武魁」的目標邁進。

1957 年，他以優異的成績，考入了著名高等學府中國人民大學工業經濟專業。在校期間，他專業知識學得紮實，同時也顯露出了體育才華，引起校領導的關注。在校園裡，他是短跑跨欄紀錄保持者，又是個不錯的摩托車運動員，更帶動了一大批武術愛好者向他學練太極拳。於是，在德印1961 年畢業分配時，就出現了這樣的一幕：

校領導找德印談話：「爲進一步開展本校體育活動，增強學生們的體質，弘揚我國優秀傳統文化，經校黨委研究，擬請你留校執教武術，你看如何？」

「可是我是學工業經濟專業的呀！」

「這個我們知道。你還有武術太極拳的專長，許多畢業生並不同時具備。學校需要像你這樣既懂專業又會體育的年輕教師。」

一顆紅心，兩手準備。在畢業分配上，德印欣然地表示：「聽從組織的安排。」

萬事開頭難。德印雖然武藝精湛，田徑也有些基礎，但作爲體育教師來講，底氣是不足的。

但德印有個良好的品格：學一行，鑽一行；幹一行，愛一行。爲使自己成爲一名有理論、有實踐的教師。他在執教的同時，到北京體育師範學院進修了體育理論、運動生理、運動解剖、運動心理、生物化學、生理力學等課程，而且門門取得了考試的優秀成績。他還認眞地向其他體育老師學習田徑、體操和球類基本技術和教法，向北京體育學院武術系老師學習專項理論和武術技法，力爭成爲「一專多能、中西結合」的多面手。

德印教學十分投入。他針對大學生的特點，採取了「循循善誘，啓發自覺；言傳身教，重在育人；生動活潑，培養

興趣」的教學方法，努力把思想性、知識性、趣味性、藝術性融入武術教學中。在不長時間裡，在人大校園裡出現了以打拳、做操、跑步為中心的體育活動熱潮，武術太極拳成了學生們最喜愛的體育項目之一。三年以後，由他執鞭的學生武術隊，在北京市大學生武術比賽中，從默默無聞而一舉奪得13塊金牌和團體冠軍。

說來也巧。我有一位人大哲學系畢業的忘年交，當年是人大武術隊員。經過德印的雕琢，曾在北京市大學生武術比賽中拿過太極拳冠軍。她說：「我們都是下課以後進行業餘訓練，基礎又差。李老師不辭辛苦地一招一式、起早貪黑地指導我們，使我受益匪淺。李老師的訓練課，從來是一絲不苟，精益求精。對我們既嚴格，又親切。他總是笑著對我們說：『我的能耐就是給你們挑刺兒！把你們練拳中的刺兒都挑光了，你們就可以出師了！』」

從第一天工作，直到光榮退休，德印在體育教師的崗位上辛勤耕耘了四十個春秋。無論是動亂年月「下放」「停課」「大批判」，還是改革開放中出現的經商熱、出國熱，都沒有動搖他這樣的信念：「學校體育不能沒有武術，武術更不能脫離學校。在現代體育蓬勃發展的今天，武術在培養青少年健康成長中有著不可替代的作用。同時武術也面臨尖銳的挑戰。失去學校就會失去青少年，失去武術的價值和空間。」

德印用春風化雨般的耕耘，滋潤了無數學子的成長。不久前，一批畢業了三十多年的學子從各條戰線返回母校，參加55周年校慶。在大家回憶當年大學生活的時候，有人提議：「請李老師回來再給我們上一堂武術課。」學生們這種難忘的情懷，使德印感到由衷的欣慰和幸福。

德藝雙馨話德印

（二）

　　1990 年北京第 11 屆亞運會開幕式上，有一場精彩的由 1500 名中日兩國運動員組成的大型太極拳表演。在國際體壇上由兩國合作展示集體太極拳，可算是一個大膽的創舉。參加表演的都是業餘愛好者，年齡平均在 42 歲以上。要把這些不同地區、職業、文化和運動基礎的人組織好，而且離開幕式前只有兩天的時間進行合練，絕不是件輕而易舉的事情。這付總教練的光榮重擔正是落在了德印肩上。

　　德印擬了一份嚴密的訓練計劃。首先抓好骨幹訓練，把兩國五十餘名指導員集中起來，著力解決三個問題。

　　第一，規範動作。德印要求大家不管出自哪門哪派，都要按簡化太極拳教材和武術競賽規則來統一動作、統一規格，不能標新立異，各行其是。他形象地比喻說：「大家可以有各自喜愛的歌曲，但這次我們是 1500 人的大合唱，要唱同一首歌，這就是簡化太極拳。咱們一定要唱準、唱好！」

　　第二，統一步調。德印要求每個人都要牢記太極拳音樂曲譜。把每個動作的起始過程分解到音樂節拍之中，按音樂指揮，統一打拳的速度和節奏。同時，他又與本樂曲的作曲家和演奏樂團共同研究，反覆修改曲譜和演奏，以求音樂能更好烘托表演效果，適應演練需要。他還要求大家按測定的步幅標準進行訓練。在場地上畫出標記，踩點打拳，不準越線，保證隊形的整齊。

　　第三，提高質量。德印強調練太極拳不能只求空架子，不能練成太極操。要展示太極拳「動中寓靜、柔緩自然、內固精神、外示安逸」的運動特點，表現中華文化色彩和樸素

太極拳規範教程

哲理的內涵。力求做到「中正安舒、心靜體鬆、隨曲就伸、剛柔相濟、意領身隨、虛實互變」。

為了有針對性地訓練，德印總結了學練太極拳中常見的十種錯誤表現：

一是「挺胸塌腰，緊張生硬」；二是「綿軟萎縮，老態病容」；三是「俯仰歪斜，腿下無根」；四是「拖泥帶水，步法沉重」；五是「毛碴斷勁，腰身不整」；六是「手腳分家，快慢不一」；七是「急起急停，前後脫節」；八是「虛實不分，平淡無味」；九是「呼吸不順，氣力不合」；十是「缺神少意，無精打采」。

人們都說德印的訓練「有板有眼，中規中矩，善於『挑刺兒』」。的確是這樣。我在北京看過他幾次輔導課，那「刺兒」挑得真是準確、高明，令學練者無不心服口服。難怪他指導誰，誰就會受益。我國的幾代優秀運動員，多次獲得全國和世界太極拳比賽冠軍的蘇自芳、高佳敏、陳思坦、王二平、孔祥東、范雪萍、邱惠芳、易鵬等，在成長的過程中，都曾經受到德印的指導和訓練。

北京有個中關村中國科學院太極拳協會，是個有上千名會員的武術先進集體。在全國武術活動中頗有名氣。1998年，天安門廣場萬人太極拳合練時，他們的隊伍是最前列的方陣之一。這個協會的會長曹一民和秘書長何蔚琅，當年都是難以堅持正常工作的老病號。1975年，他們參加了太極拳輔導站活動，德印正是他們的啟蒙老師。多年來，他們不斷地接受德印的幫助和指導，迷上了太極拳。如今他們不但恢復了健康，成了太極拳骨幹，而且評選上國家級社會體育指導員、中國武術段位七段，還獲得了全國武術論文優秀獎。

（三）

1982 年 11 月，《中華武術》雜誌創刊。萬事開頭難。德印爲這個「開頭難」幫了大忙。

在籌創《中華武術》雜誌時，我們遇到的困難之一，就是人手不夠，才兩個半人。其中兩位都是剛走出校門的大學畢業生。

一天。我來到原國家體委武術處求援。趙雙進、張山、李天驥三位領導和行家熱情地爲我刊排難出謀劃策，提出可以延聘「社外編輯」來充實編輯部。

「誰合適？」我提出了五個條件：「一要有一定的政治思想水準；二要熱心編輯工作；三要德藝雙馨；四要有一定文字鑑別和表述能力；五要單位在北京。

他們提出了四位，從中選擇兩位。在切磋過程中出現了分歧：雙進、張山都覺得德印合適，可是天驥卻搖頭：「德印不夠水準！」

我拐了一個彎：「請德印先寫兩篇文章看看再定！」於是就有了《中華武術》創刊號德印寫的《象形取意，直取快攻（形意拳漫談）》及《鈴木首相學太極拳》兩文刊出。前者以簡潔的手筆，在兩千字內把形意拳的源流、風格、特點展現在廣大讀者面前；後者以無比的激情，透過太極拳的傳授，描述了中日兩國人民的友好情誼。

最後我們還是選定了德印和康戈武先生。他們都是非常敬業的編輯。這兒只說德印，我們相約每周到編輯部一次。他是風雨無阻地從西到東，穿越整個北京城區，來回數十里、倒六次車，從不含糊，都能準時地到達編輯部。

更令我感動的是，德印那謙虛而周全地處理文稿的態

度。哪怕一個標點符號，他都不放過。

他沒有使編輯們慣用的紅筆，只是用鉛筆勾改。他說：「我怕改得不對，你們可以隨手擦了重來，這樣稿面就乾淨些，便於工人師傅排版，少出差錯。」我還發現：德印在一篇文稿中提到「天下武術出少林」「少林武術甲天下」處，畫了兩個問號，並批注「不符合事實！也甲不了天下！」給我以啓示。

雖說是 80 年代了，有了改革開放的政策，兩位社外編輯，純是盡義務的，連往返的交通費都沒有。現在回想起來，都有點對不住他們。

作爲教授，德印編寫了不少武術專著。他是《四十二式太極拳競賽套路》和《四十八式太極拳》編寫組的主要執筆者。他與叔叔共同編寫的《形意拳術》《武當劍術》具有很高的學術價值，發行量都在百萬冊以上。他還多次執教全國電視教學節目和國際武術裁判員培訓班，製作了一系列太極拳、劍錄影帶教材，爲武術的繼承、發展及推廣作出了可貴的貢獻。

（四）

2000 年末，一個偶然的機會，得知新當選美國第 43 屆總統喬治·布希的母親芭芭拉，曾在中國北京國際俱樂部學練過太極拳。這個太極拳的教學組長就是德印。

這個組由四位武術教師組成。我採訪了三位健在的教師。當我採訪德印時，他實事求是地告訴我：「芭芭拉在劉高明老師班裡。在劉老師辛勤的傳授下，芭芭拉學練得十分認真，學了 4 個月，就學得有模有樣。在結業典禮會上，她代表北美洲學員表演二十四式太極拳，博得了熱烈掌

聲。」德印還談到李秉慈老師，以及謝世的葉樹勛老師。說他們在教學中，是如何如何兢兢業業地向外國弟子傳授技藝。就是不談自己。在我一再追問下，他只是淡淡地一笑。再追問時，只平淡地說了一句：「我只盡了自己應盡的一份力。」

在當年，這個應日本友人之邀成立的國際太極拳學習班，後來頗有名氣，各國駐華使節、商務代表、使館官員400餘人都先後報名來學練太極拳。德印他們與這些弟子建立了深厚的感情。臨別時依依不捨。馬達加斯加駐華大使說：「太極拳是種優秀的文化。它蘊涵著深厚的哲理。歷史上中國荔枝傳到我國，成了我國人民喜愛的水果；今天我要把太極拳帶回去，使它成為我國人民喜愛的運動。」

自 1981 年起，二十餘年來，德印受北京市對外友好協會及中國武術協會的派遣，先後赴日本、英國、美國、瑞士、瑞典等國家以及港、澳、臺地區授藝、講學。尤其是日本的影響深遠，上自首相、國會議員、自民黨黨首，下至青年學生、家庭主婦、平民百姓，大批愛好者向他學練太極拳。他在日本出版的《太極拳基礎訓練》《學練四十八式太極拳》等書籍，更是多次重印，成了人們的搶手貨。德印被日本太極拳愛好者奉為新一代「太極大師」。

在成績和榮譽面前，德印始終保持著謙虛和平常的心態。日本的優秀運動員森田久子，本來是一名家庭主婦，二十多歲才開始學太極拳。經過德印和其他中國老師的長期培訓、指導，成了日本和亞洲武術錦標賽的太極拳冠軍。她在運動場上向採訪的記者介紹：「我是李德印老師的學生。」德印聽了立即糾正：「不，你是很多老師的學生。」

走筆至此，我不敢說德印的形象已躍然紙上，但似應說

太極拳規範教程

基本勾勒出了德印武術精湛、武德高尚，可稱爲德藝雙馨的人，是我國武術界一位值得尊敬和後輩學習的榜樣。

現當《李德印‧太極拳規範教程》出版之際，我略抒己懷，以示祝賀。

2002 年 8 月 11 日改定於龍潭湖望湖樓

太極拳規範教程

第一章　太極拳基本知識

第一節　太極拳的起源和發展

關於太極拳的起源，歷來說法不一，其中不乏帶有神秘色彩的傳說。

一種說法是太極拳起源於宋代武當山道士張三豐，他在皇帝召見途中受強盜攔阻，夜夢武當山神授以拳法，殺退百餘賊人，創編了太極拳。

另一說法認為張三豐為元末明初人，在武當山修道煉丹過程中，觀察蛇雀之爭，探索龜鶴長壽之秘，由此創編太極拳。武當山是中國道教名山，張三豐在武當山修道善劍，甘肅、雲南等地也有他的足跡和美傳。然而，據現有史料查不出他與太極拳的關係，因此，張三豐創拳之說儘管流傳廣泛，但史料不足，成為武術史界的懸案。

還有人認為太極拳傳於唐代許宣平、李道子或明初陳卜。然而此說找不到其他佐證，也難以確立。

根據現代史實，明末清初太極拳已經在河南農村流傳開展，尤以溫縣陳家溝和趙堡鎮為中心，代表人物是陳王廷和蔣發。武術史家唐豪先生根據陳氏家譜、拳譜以及陳王廷遺詩考證，判斷陳王廷就是太極拳的創造者。而趙堡鎮太極拳資料記述，蔣發 22 歲赴山西省太谷縣向王林楨學習太極拳，七年後回鄉授徒傳藝，從此使太極拳在河南發揚光大。

綜上所述，有關太極拳的起源還有待進一步研究考定。

根據現有資料可以判定以下幾點：

1. 河南溫縣陳家溝和趙堡鎮是目前已知的最早流傳太極拳的地方，陳王廷和蔣發是當時最有影響的太極拳名師。

2. 蔣發生於明萬曆二年（1574 年），1603 年從山西學藝返回原籍河南溫縣授徒。陳王廷為明末庠生，1621 年任溫縣鄉兵守備。由此判定，太極拳的形成至少已有四百年的歷史。

3. 太極拳是在不斷地吸收、創編中形成的。無論是陳王廷編拳還是蔣發學藝引進，都是在前人的基礎上，融會了多人智慧，吸取了諸多民間拳法，經歷了逐步發展的過程。從陳氏拳譜可以看出，太極拳很多勢名、歌訣與明代戰將戚繼光所編「三十二式長拳」相同。而戚氏長拳的創編吸收了 16 家民間拳法精髓。而蔣發敘述他的老師受教一位雲遊道人，太極拳源於道教修身煉氣之術。

4. 太極拳的創編還汲取了古典陰陽哲理、中華養生文化以及道家養生理論。其原名十三勢，含有八卦、五行之意。陳王廷遺詩中談到「黃庭一卷隨身伴」。「黃庭經」是道家養生練氣的經典之一。太極拳的練習要領多處與中國古代「導引」「吐納」等養生理論和技法相一致。

長期以來，太極拳的開展侷限於河南農村。19 世紀初，河北永年人楊露禪拜陳家溝陳長興為師，學習了太極拳帶回原籍，不久又到北京推廣，從此開闢了太極拳走向全國的新局面。同期的武禹襄赴趙堡鎮向陳青萍學藝，他整理、豐富了太極拳理論，成為指導太極拳發展的經典論述。

近一百多年來，太極拳得到了空前的發展，技術不斷演變，內容不斷豐富，逐漸形成了很多流派。主要有：

楊式太極拳　為楊露禪首創，經三代至楊澄甫定型。拳勢中正舒展，動作均勻柔和，架勢幅度大，走弧形。目前流傳最為普遍。

陳式太極拳　為各派中傳播歷史最悠久的太極拳，仍保留有古老的發力、跳躍、震腳動作，運動量較大，速度快慢相間，動作多螺旋纏繞，有剛有柔。

吳式太極拳　為楊式傳人吳全佑、吳鑒泉父子創編。特點是細膩柔和，斜中寓正，動作弧形，幅度適中。

武式太極拳　為武禹襄在趙堡太極拳的基礎上發展創編。該拳簡捷緊湊，立身中正，動作柔緩樸實，幅度較小。

孫式太極拳　民國初年，為形意、八卦拳名師孫祿堂在武式太極拳基礎上創編。動作小巧，步法靈活，進退相隨，又稱活步太極拳。

新中國成立以後，太極拳作為武術重點項目，得到了更大的普及開展。全國城鄉到處有太極拳的愛好者和輔導站，出版的書籍、掛圖、音像製品等種類繁多，有關科研及理論探討不斷深入。太極拳不僅列入了國家正式體育競賽項目，每年都有全國和地區的太極拳競賽活動，而且廣泛流傳至五大洲，吸引了大批外國朋友，僅日本就有上百萬人參加太極拳鍛鍊。

為了適應形勢需要，國家體育運動委員會對太極拳作了系統整理研究，編寫了一系列規範、統一教材，主要有簡化太極拳、四十八式太極拳以及各式太極拳競賽套路，不僅豐富了太極拳內容，還使得太極拳在發揚傳統、百花齊放的基礎上，走上了規範化、系統化的現代體育道路，為太極拳的普及和競賽活動創造了方便條件。

第二節　太極拳的名稱

在漢語中「太」是最高、最大的意思，如太空、太上皇。「極」是最後、最終的界限，如終極、極點。

「太極」一詞最早出現於三千年前的古書《易經》，其內容分「經」和「傳」兩部分。「經」的部分主要是占卜、說卦，以八卦符號組成卦形、卦辭，用以判斷吉凶禍福。相傳為周文王之作。「傳」是對「經」的解釋說理，包括多篇文章，作者並非一人。他們在解說中釋述了自己的哲學觀點，表達了以陰陽學說為基礎的世界觀。「太極」一詞出自「傳」部分的「繫辭上」篇。其中寫道：「易有太極，是生兩儀，兩儀生四象，四象生八卦，八卦定吉凶，吉凶成大業。」這裡「太極」是指變化的源頭，派生萬物的原體，最高的存在範疇。

中國歷代學者，紛紛以太極陰陽學說解釋世界，表達哲學觀點。如有人提出「天地未分之前，元氣混而為一，即是太初、太一」（唐・孔穎達）；太極是天地形成前的「渾沌清虛之氣」（明・王廷相）；「太極動而生陽，動極而靜。靜而生陰，靜極復動。一動一靜，互為其根，分陰分陽，兩儀立焉。五行一陰陽也，陰陽一太極也」（宋・周敦頤）；還有人認為「總天下萬物之理便是太極」（宋・朱熹）；「心為太極」「道為太極」（宋・邵雍）等等。

太極陰陽學說在中國古代哲學中占有重要地位，構成了古代哲學的理論基礎。但是以「太極」命名一種拳術，卻是近代的事。

最初的太極拳有很多名稱，有的叫「十三勢」（指主要

的八法五步），有的叫「長拳」（指套路很長，滔滔不斷），還有「軟拳」「柔拳」「沾綿拳」等名稱。直到武禹襄發現了武術家王宗岳寫的《太極拳譜》，太極拳的名稱才正式確定下來。王宗岳以太極陰陽學說闡述太極拳，主要表明這種拳法理通天地，天人合一。也表示太極拳剛柔相濟，虛實莫測，無可戰勝。

第三節　太極拳與武術

太極拳是武術項目之一，是一項以鬆靜柔緩、以柔克剛為特色的武術運動。

武術是我國寶貴的民族文化遺產，是以攻防技法為主要內容，以套路演練、格鬥競技和功法訓練為運動形式，以健身、防身、修身為目的，形神兼備、內外兼修的民族傳統體育運動。

我們祖先在與野獸搏鬥和戰爭的實踐中產生了原始武術。隨著社會的發展，武術由生產目的、戰爭目的逐漸演變為健身強體、陶冶精神的體育目的和教育內容，同時增加了藝術性和娛樂性。儘管如此，它保留和表現的攻防內容和搏鬥形式，仍區別於體操、舞蹈、氣功等文娛體育活動，具備鮮明的武術特點。

武術源遠流長，內容十分豐富。據 80 年代全國武術挖掘整理普查統計，我國現有源流明晰、理法系統、風格獨特的拳種達 129 種，太極拳是其中主要拳種之一。

不少人迷惑不解，難以把柔和的太極拳與頑強的武術搏鬥相聯繫。實際上，一切搏鬥都不外乎攻與防、進與退、剛與柔、虛與實、動與靜等手段的運用和制約。審時度勢，合

理運用戰術、技術，就可以戰勝對手，甚至以弱勝強，反敗為勝。比如武術中有的拳術強調快攻直取，所謂「起如風，落如箭，打倒還嫌慢」；有的拳術則主張運動迂迴，所謂「隨曲就伸」「先化後發」「避正取斜」；有的拳術主張力攻，「不招不架，就是一下」；有的拳術主張巧取，「縮、小、軟、綿、巧」「四兩撥千斤」；有的拳術善於用手，「雙拳密如雨，脆快一掛鞭」；有的拳術擅長使腿，「手是兩扇門，全憑腿打人」；有的主張「放長擊遠」；有的強調「近打緊逼」；有的主張「寧在一思進，莫在一思存」；有的主張「彼不動，我不動」。

這一切構成了中國武術的千變萬化，在技術、戰術運用上各有千秋，表現了不同拳法的各自特色。

太極拳的技、戰術運用，要求聽、化、拿、發四步功夫。

聽——是以靜待動，後發制人。在準確判斷對方進攻來勢的基礎上，以變應變。

化——是捨己從人，不以硬力相抗，運用靈活巧妙的運動和旋轉，誘敵落空，瓦解對方攻勢。

拿——是避實就虛，取得主動，造成我順人背態勢。

發——是乘虛而發，借力使力，抓住時機，全力出擊，取得最大效果。

由此可見，太極拳是講究以靜待動、後發先至、走化旋轉、以柔克剛的武術功夫。它十分強調靜、鬆、柔、穩的基本訓練，因此，也就很自然地發展成鬆靜、圓活、柔緩、沉穩的健身運動。目前僅僅在少數太極拳套路中保存有快速的發力、跳躍、震腳、蹬踹等剛猛動作。

根據太極拳的特點，有人認為太極拳屬於氣功範疇，而

且是高級氣功養生活動，這種說法並不確切。在歷史發展長河中，中國古典哲學的天人合一整體觀，陰陽對立的變化觀，動靜結合、內外兼修的養生觀，對太極拳和氣功的理論和技術都有深刻影響。從「心靜體鬆」「中正安舒」「氣沉丹田」「意念引導」「動中寓靜」等要領說明二者都力求內外平衡，重視調心調氣，調動人體潛能。因而它們有十分相通和相互影響之處。

然而如果無視二者的區別也是不對的。由於太極拳與氣功分屬不同範疇，在功法起源、內容和練功方式、要領上都有各自的特點，因此，我們不能把兩者混為一談。

首先，太極拳源於武術，其動作表現了明確的攻防含義，無論手法、腿法都有規定的力點和招術。太極拳使用的器械具有明顯的攻防特點，其對抗形式的推手更是以勝負為目的的體育競技。而氣功的動作則不具有攻防含義和體育競技的屬性。

其次，太極拳儘管動作柔緩，但判斷是以動為主，動中求靜，對身體的力量、平衡、協調、柔韌等素質，具有較高要求。而氣功則是以靜為主，靜中寓動，著重意和氣的訓練，對身體素質要求不高，因而更易於為體弱、康復患者掌握。

第三，太極拳的意念及呼吸，要密切配合動作，因而意、氣、力三者是圍繞動作來統一的。比如同樣是向前伸手，卻有向前推放和向前接手的不同目的，因而意念的虛實和呼吸的配合也要求不同，甚至相反。而氣功的用意常常是意守某一穴位或循某一經絡，呼吸原則為通暢自然，細勻深長，動作要服從和保證意氣的調整需要。

第四節 「太極拳論」與「十三勢歌」

19世紀50年代，在中國河南省舞陽縣發現了一本重要的太極拳文集——《太極拳譜》，原著者王宗岳生卒年月及事跡沒有記載。據學者考證，王宗岳與《陰符槍譜》的作者山右王先生是一個人，原籍為山西省，清乾隆五十六至六十年（公元1791～1795年）旅居河南教書為生。他自幼精通文、史、哲和道家、兵家書籍，並有很高的武術功夫，尤其精於槍法。《太極拳譜》經武式太極拳創始人武禹襄之手流傳下來，成為太極拳經典理論中評價最高的論著，在國內外太極拳愛好者中廣為傳誦，對近百年來太極拳的理論和實踐發展有著深刻影響。

《太極拳譜》的內容包括《太極拳論》《太極拳譯名》兩篇文章和《十三勢歌》《打手歌》兩篇古代民歌體的歌訣。現將其中兩篇介紹如下，以幫助太極拳學習者加深對太極拳的認識和理解。

一、太極拳論

【原文】

太極者，無極而生，陰陽之母也。動之則分，靜之則合。無過不及，隨曲就伸。人剛我柔謂之「走」，我順人背謂之「黏」。動急則急應，動緩則緩隨。雖變化萬端，而理惟一貫。由著熟而漸悟懂勁，由懂勁而階及神明。然非用力之久，不能豁然貫通焉！

虛領頂勁，氣沉丹田。不偏不倚，忽隱忽現。左重則左虛，右重則右杳。仰之則彌高，俯之則彌深，進之則愈長，

太極拳規範教程

退之則愈促。一羽不能加，蠅蟲不能落。人不知我，我獨知人。英雄所向無敵，蓋皆由此而及也。

斯技旁門甚多，雖勢有區別，概不外乎壯欺弱、慢讓快耳！有力打無力，手慢讓手快，是皆先天自然之能，非關學力而有為也。察「四兩撥千斤」之句，顯非力勝。觀耄耋能禦眾之形，快何能為？

立如平準，活似車輪。偏沉則隨，雙重則滯。每見數年純功不能運化者，率皆自為人制，雙重之病未悟耳！

欲避此病，須知陰陽。黏即是走，走即是黏。陰不離陽，陽不離陰，陰陽相濟，方為懂勁。懂勁後愈練愈精，默識揣摩，漸至從心所欲。

本是「捨己從人」，多誤「捨近求遠」！所謂「差之毫厘，謬以千里」，學者不可不辨詳焉！是為論。

【注釋】

（1）無極——源出《老子》「復著作歸於無極」，指宇宙最原始的無形無象的本體狀態。「無極」二字在儒家著作和《易》中皆未出現。宋朝周敦頤《太極圖說》「無極而太極」反映了中國道家的「萬物生於有，有生於無」的思想。

（2）陰陽之母——指太極是產生陰陽的母體。源出宋朝周敦頤《太極圖說》。

（3）無過不及——「過」指過分，「不及」指不足，無過不及意思是不要過分和不足。

（4）隨曲就伸——「曲伸」指收縮和伸展。「隨」與「就」同意，指適應、順從對方。

（5）我順人背——「順」指順勢、主動狀態，「背」指被動、受制狀態。

（6）著熟——技法熟練。「著」指攻防的方法，也叫招法。

（7）懂勁——武術的術語。指明白理解了勁力變化的技巧規律和力學原理。

（8）階及神明——登上自由王國的臺階，像神仙一樣隨心所欲。

（9）用力——指用功。

（10）豁然——源出陶潛《桃花源記》「豁然開朗」，指由狹隘、幽暗，忽然變為開闊、光亮。

（11）虛領——「領」指向上用力，「虛」指輕微、自然狀態。

（12）丹田——原意為道家煉丹的地方。針灸稱人體臍下氣海穴為丹田，武術指人體臍下小腹部為丹田。

（13）不偏不倚——「偏」與「倚」皆指偏於一邊，失去中正。

（14）杳——見不到蹤影。

（15）彌——更加。

（16）蓋——古文中意為追根推源。

（17）耄耋——古書中指80～90歲的老人。

（18）平準——漢代設立的掌管物價的官職。地方向中央交納貢物時由平準官權衡折價。這裡形容處理事物中正不偏，公正準確。也有人認為文中平準是指像天平一樣中正準確。

（19）運化——運轉、走化。

（20）率——概，都。

（21）默識——暗記不忘。

（22）揣摩——反覆思考追求。

（23）差之毫厘——「差」指差錯、失誤。源出《漢書・東方朔傳》「失之毫厘，差以千里。」

【意釋】

太極是由無極生成，又孕育陰陽變化。運動時陰陽分開，靜止時陰陽合成一體。動作不可過分和不足，要隨對方變化而伸展。對方剛猛打來，我以柔化應接，這叫做「走」；我變成順勢，占據主動，使對方陷於被動、劣勢，這叫做「黏」。對方快，我反應也快；對方慢，我隨之也慢。雖然變化千千萬萬，然而道理卻始終如一。由招法熟練逐漸明白勁力的變化規律，再由明白規律進而達到運用自如。如果不是長期用功鍛鍊，絕不能領悟精通。

頭要自然向上頂起，氣要向下沉落於小腹。身體不可俯仰歪斜，動作要忽隱忽現，變化莫測。對方攻我左側，我左側變虛；攻我右側，我把右側隱蔽。對方向上仰攻，我升得更高，使其摸不到；對方向下攻擊，我變得更低，使其感到深不可測。對方進，我就退，使其長不可及。對方退，我就乘勢進逼，使對方感到更急促的壓力。力量要判斷準確，一根羽毛的重量也要分辨出來；感覺要十分靈敏，蚊蟲落到身上也要有反應。要做到人不能知我，惟獨我卻知己知彼，對其瞭如指掌，英雄所以無敵於天下，都是由這個緣故而取得。拳法流派很多，其架勢雖有不同，但都不外是以強欺弱，以快制慢罷了！有力打敗無力，手慢輸給手快，是人的先天自然能力，絕不是練功後取得的本事和作為。仔細分析一下，太極拳歌訣中「四兩撥千斤」一句，顯然看出不是大力取勝；再看看八九十歲的老人抵抗一群人的情景，單純靠快速怎能辦得到呢！

身型、身法要像平準一樣中正，轉動要像車輪一樣靈

活。對方用力進攻，我要放鬆，將力偏向另一側，就會隨對方來勢而屈伸變化。反之，我也用力相抗就形成「雙重」，造成雙方頂牛的局面，自然停滯不前。常常看到下了多年苦功仍然不能柔化運轉的人，一概都是自己造成受制於人的局面，這就是沒有領悟到「雙重」毛病及其危害的緣故！

要避免這種毛病，必須明白陰陽對立統一的辯證關係。要取得主動就必須走化，以柔克剛，只有走化運轉才能變被動為主動，控制對方。走和黏密不可分，正如陰離不開陽，陽離不開陰，陰陽相輔相成，互相補充依托，才算懂得了拳法的規律。明白了規律以後才能越練越精，由牢記和反覆思考實踐，就會逐漸達到得心應手、隨心所欲的地步。

本來這種戰術的原則是「捨己從人」，隨機應變，依客觀而變化，然而許多人卻錯誤地理解為拋開對方「捨近求遠」。學拳的人不可不仔細分辨啊！為此我作了以上的論述。

【分析】

此文言簡意深，說明了以下問題：

（1）太極的名稱來自古代太極陰陽學說，反映了樸素的辯證思想。作者王宗岳更多地受到宋代理學家周敦頤的影響，具有儒道合一的觀點。

（2）太極拳屬於武術，其拳理密切表現了技擊攻防的規律。儘管近年來太極拳運動向柔緩方向發展，發揮了更大的醫療、養生作用，但其動作仍包含了攻防含義，表現了技擊性。它與古代的導引、氣功有著不同的淵源和發展道路，屬於不同的範疇。

（3）太極拳的技擊原則是「以柔克剛」「捨己從人」。技術上反對盲動和對抗，強調走化旋轉，隨曲就伸；

中正不偏，氣沉丹田，人不知我，我獨知人。這些導致形成了太極拳心靜體鬆、中正柔和、連續圓活的運動特點。

（4）文中提到的「四兩撥千斤」「動急則急應，動緩則緩隨」等技巧，不僅表現了太極拳的「以小勝大」「以靜待動」的特點，也是所有對抗性競技體育乃至軍事攻防戰術的重要組成部分。然而文章認為以大勝小、以快制慢為先天自然之能，貶低甚至排除於攻防技術、戰術之外，則是狹隘錯誤的論斷。

二、十三勢歌

【原文】

> 十三總勢莫輕視，命意源頭在腰隙。
> 變換虛實須留意，氣遍身軀不少滯。
> 靜中觸動動猶靜，因敵變化示神奇。
> 勢勢存心揆用意，得來不覺費工夫。
> 刻刻留心在腰間，腹內鬆靜氣騰然。
> 尾閭中正神貫頂，滿身輕利頂頭懸。
> 仔細留心向推求，屈伸開合聽自由。
> 入門引路須口授，功夫無息法自修。
> 若言體用何為準？意氣君來骨肉臣。
> 詳推用意終何在？益壽延年不老春。
> 歌兮歌兮百四十，字字真切意無遺。
> 若不向此推求去，枉費功夫貽嘆息。

【注釋】

（1）十三總勢——指太極的八種基本手法和五種基本步法，即：掤、捋、擠、按、採、挒、肘、靠和進步、退步、左顧、右盼、中定，俗稱八法五步，總稱十三勢。這也

是太極拳的別名「十三勢」的由來。「十三勢歌」即「太極拳歌」。

（2）命意——「命」指生命，「意」指意識。兩者合在一起泛指人的精神和肉體。

（3）腰隙——腰椎骨的縫隙，這裡意指「命門穴」。中醫認為「命門為元氣之根」，是「五臟六腑之本，十二經脈之根」，屬生命之門的重要穴位。

（4）氣——分外氣和內氣。外氣指肺部呼吸之氣，內氣指運行於人體經絡之氣，中醫稱之為「元氣」「中氣」。究竟內氣的實質是什麼？有人說是生物電，有人說是一種功能載體，有待進一步探索。

（5）揆——度量，揣度。

（6）腰間——指腰椎骨或脊骨。由於它具有連結上下肢和支撐軀幹的作用，武術家對此十分重視，拳諺稱「腰為幹，肢為枝」，太極拳家稱「腰脊為第一主宰」「腰為車軸」。

（7）尾閭——又稱尾骶，包括骶椎和尾椎。

（8）推求——推本求原。

（9）屈伸開合聽自由——「屈伸」和「開合」皆為拳法動作術語，這裡代表拳法。「聽」意為順從、服從聽；「自由」意為運用自由，得心應手。

（10）體用——中國哲學術語。指事物的本體及運用。

（11）真切——「真」為真實，「切」為準確。

（12）貽嘆息——「貽」與「遺」通用，「貽嘆息」指遺憾，惋惜。

【意釋】

太極拳的八法五步，十三個基本勢法不可輕視，生命的

源泉，在腰椎的命門穴，這是元氣的根本。

要特別注意拳法的虛實變化，要保持內氣在全身通暢流轉。

身體保持鬆靜，以靜待動，對方稍有觸發就要反應。動作中仍要冷靜沉著，準確應變。要根據對手情況不斷變化招法，表現出拳法神妙。

每招每勢都要細心度察，精確把握，要獲得高超的拳藝需要花費很大的工夫。

要特別留心自己的腰脊，做到以腰為軸，身手協調，小腹丹田要保持鬆靜，使氣息鼓蕩充盈，氣力合一。

尾閭保持中正，身型不偏不倚，神氣直貫頭頂百會穴。頭頸像懸在空中一樣豎頂向上，煥發精神，使全身充滿輕靈活力。

仔細、用心地按著以上要求探索，將會使拳法動作順乎自然，隨心所欲，運轉自如。

初學入門需要老師口傳身授引路指導，但是，入門以後卻要靠自己修煉、深造。藝無止境，路無盡頭，需要堅持不懈地下苦功鍛鍊、追求。

若問體用怎樣劃分？當然意氣為主體，骨肉為用。要以意識精神引導動作，以內氣運轉身體。仔細推敲太極拳的目的、意義到底是什麼？最終還是為了增進健康，益壽延年，使生命永保青春。

歌呀，歌呀，共 140 個字，每個字都是情真意切，把全部道理講給大家。如果不遵循這些道理去實踐追求，只會是白費工夫，浪費精力，到頭來只能遺憾惋惜。

【分析】

「十三勢歌」又稱「十三勢行功歌」，即太極拳練功之

歌。由於它是用接近白話體的文字寫成的歌訣，人們推斷它可能是王宗岳收集民間拳諺或佚名氏的作品整理而成。

武禹襄（1821～1880年）具有很高的太極拳造詣，他開始從學於楊式太極拳創始人楊露禪，繼而又到河南溫縣趙堡鎮從陳青萍學習趙堡太極拳，最後融會貫通自成一派，創造了武式太極拳。他得到王宗岳的《太極拳譜》以後，悉心研究，每有心得體會就寫一紙條貼在牆上或加在歌訣之中，後人把這些體會集成為一篇文章，題為「十三勢行功要解」，即對「十三勢歌」的理解、闡述。王譜中的「十三勢歌」及武氏的「要解」對太極拳的發展起了極大的作用。

「十三勢歌」雖然只有短短140字，但其內容涉及十分廣泛。

首先，它指明了太極拳意、氣內導與肢體外動的主從關係。強調了意氣為體，骨肉為用，以氣運身，意領身隨，內外兩者是統一的，又是主次分明的。武禹襄形象地比喻為：心為令，氣為旗；神為主帥，身為軀使。歌訣指明既要重視姿勢動作要領，更要重視命意源頭，氣遍身軀。既要滿身輕利，周身協調，又要神貫於頂，腹內鬆靜，氣勢充盈。總之，通篇引導人們認識太極拳是內外兼修、以內為主的內功拳。絕不能停留在只重形體鍛鍊上面。

其二，「十三勢歌」對太極拳的套路和攻防兩方面都作了論述。關於對抗，談到了因敵變化，隨機應變的戰術原則，又談到以靜待動，動中寓靜的技術要領。

其三，「十三勢歌」指出了練功必須遵循正確要領，「仔細留心向推求」。它還告訴人們「師傅領進門，修煉在個人」的道理，指出只有堅持不懈地長期鍛鍊追求，才能取得成功。滿足於一知半解，依賴在老師的身上，缺乏悟性和

創造性的人，永遠不會達到自由高峰。這對學習太極拳的人們是真情的忠告。

其四，「十三勢歌」明確指出了太極拳的根本目的是為了促進人們健康長壽，青春常在。武術從產生之初就具有健康和格鬥雙重作用，隨著軍事技術的發展，武術的實戰作用越來越小，體育性越來越突出。太極拳運動要求心靜體鬆，意氣引導，體現了動靜結合、內外兼修的中華養生思想。所以它從產生之初就具備了極高的體育價值。

今天我們開展太極拳更應面向廣大群眾的健康，以全民健身為目的。否則，不僅違背了體育的本意，也違背了太極拳先輩的教導。

第五節　太極拳的運動形式和特點

一、太極拳的運動形式

太極拳運動包括套路、功法、推手三種形式。

套路是由很多動作按固定程序銜接組成。包括起勢和收勢在內的連貫系列動作，又叫「拳套」或「架子」。各式太極拳套路很多，有徒手套路，器械套路（劍、刀、棍、槍、扇等），單練套路，對練套路。各種套路練法和風格也有很大差異。有動作開展的大架子，也有小巧緊湊的小架子，以及介於兩者之間的中架子。練法上有纏繞螺旋、快慢相間、剛柔並舉的架子（如陳式太極拳），也有動作弧形、柔和均勻的架子（如楊、吳式太極拳）。

功法練習指各種基本功和基本動作的操練，如「太極樁功」、「太極養生功十三勢」等。

推手是雙人對抗性的操練或競技比賽，以提高攻防技巧、對抗能力和反應能力為目的，包括單推手、雙推手、定步推手、活步推手、散推手等多種方式。

二、太極拳的運動特點

太極拳與其他武術項目相比，其獨特之處在於，它是一項心靜體鬆、柔緩自然、連綿不斷、動靜結合、著重自我控制和意氣誘導的武術項日。如果把長拳比做一首剛健明快的奏鳴曲，那麼，太極拳則是一首柔緩抒情的小夜曲。它柔和平穩，細膩委婉。感情的抒發，氣息的流暢，形體的自然圓活，達到了高度和諧統一。儘管太極拳存在各種流派，在力度、速度以及表現的含蓄程度上各有差異，但在基本特點上各式太極拳是一致的。

太極拳的共同運動特點是：

1. 心靜意導，呼吸自然

各式太極拳皆要求思想專一，心理安靜，用意念引導動作。好像書法、繪畫要求意在筆先、胸有成竹一樣，打太極拳也要求先在心，後在身，以意導體，形意合一。打拳時呼吸要自然平穩，並與動作相配合。

2. 中正安舒，鬆柔連貫

太極拳要求立身中正安穩，姿勢鬆展圓滿，身體肌肉、關節不可緊張僵硬。動作如行雲流水，悠緩流暢，連綿不斷。

3. 動作圓活，周身協調

太極拳動作大多走弧形或螺旋形，轉折圓潤和順，銜接自然。頭、眼、手、腳、軀幹要互相配合，整個身體要和諧地組成一個整體。不可顧此失彼，上下脫節，各行其是。

4.輕靈沉著，剛柔相濟

太極拳動作「邁步如貓行，運勁似抽絲」，柔而不軟，剛而不硬，富於韌性。太極拳古典拳論說：「外示安逸，內固精神」「剛柔相濟，方為懂勁」。也有人形容太極拳動作如綿中裹鐵，在輕靈柔緩中，表現出從容、鎮定、一觸即發之勢。

第六節 太極拳的健身作用

「詳推用意終何在？延年益壽不老春」。大量的事實和科學實驗充分證明，太極拳是一項對身心十分有益的體育活動，是充分體現中華養生文化、「動以養身，靜以養心」、動靜結合的體育運動。

一、對神經系統的影響

打拳時思想高度入靜，以意導體，使大腦皮層進入保護性抑制狀態。對處於緊張狀態，尤其是對腦力勞動的人們是一種積極的休息，對當代社會的文明病——大腦過度緊張、肢體缺少運動是有力的治療。實驗證明，人腦消耗的能量大約占人體能量消耗的 $1/8\sim1/6$。

神經緊張不僅耗能大，而且會造成交感神經和副交感神經的不協調，使大腦皮層紊亂，引起各種疾病。透過太極拳鍛鍊，可以消除大腦神經的緊張疲勞，清醒頭腦，活躍情緒，修復神經系統的平衡，消除一些慢性病的病灶，並可直接影響到內分泌的平衡和免疫力的增強。

同時，由於打拳「用意」，大腦不斷發出良性信號，會使人體氣血及能量會聚於意守部位，使人體新陳代謝旺盛，

血流量增加 30%左右，醫學界稱之為「精神反饋」作用。佛教的坐禪、中國古代的吐納、現代的氣功，都是由「意守」引發生理變化。太極拳是由「以意導體」「意念貫注」，使氣血暢流全身。

二、對心血管的影響

太極拳柔和協調的動作，會促使血管彈性增強，血管神經穩定性提高，更能適應外界刺激。太極拳與劇烈運動不同，運動以後，舒張壓會下降，長期堅持鍛鍊，有利於防止高血壓和血管硬化。人們從動物實驗中也得到證明：經常處於劇烈運動狀態的動物，高血壓的發病率較高，而柔和適度的運動則會促使血壓穩定。據有關調查統計資料證明：經常打太極拳的老人較一般老人不僅血壓正常，心臟收縮有力，而且動脈硬化率較低。

三、對呼吸系統的影響

太極拳常常伴隨深長的腹式呼吸，做到「氣沉丹田」，這樣就加強了膈肌的運動。我們知道，膈肌每下降 1 公分可增加氣量 300 毫升。膈肌的運動不僅促進呼吸的深長，還增加了內臟的蠕動，促進腹腔的血液循環和腸胃消化能力。

四、對骨骼、肌肉的影響

太極拳要求立身端正，步法穩健，關節伸屈靈活，使人形成良好的體形，鍛鍊有力的下肢，培養靈活、柔韌、協調的素質，對人們保持青春、防止衰老會發揮良好的作用。

第二章　太極拳基本技術

中國武術講究「勢正招圓」。勢正指姿勢正確；招圓指動作（招法）圓滿。勢正和招圓構成了武術運動規格，其分值在「武術競賽規則」中占總分值的 60%。

太極拳的基本技術正是表現在型（姿勢）和法（招法）兩方面。其規格在「太極拳競賽規則」中作了明確規定。這些規定不僅是太極拳比賽的裁判依據，也是太極拳健身鍛鍊的技術標準。

第一節　身型、身法

一、身　型

指太極拳在定勢和運轉中，人體各部位的形態和要領。總的原則是中正安舒，鬆活平穩，自然大方。

1. 懸頂正容

懸頂是指頭、頸自然豎直，微有向上頂懸的意念，又稱「虛領頂勁」，這樣做有利於姿勢穩定，精神振作，意氣運用，所以「十三勢歌」中說「尾閭中正神貫頂，滿身輕利頂頭懸」。常見有人練拳時頭頸鬆軟，萎靡不振，或搖頭晃腦，低頭彎腰，這都是不對的。當然，懸頂也不能使頭緊張僵硬，失去虛領本意。正容指面部表情自然端正，平靜從

容，不可故意表情做態。

2. 沉肩墜肘

肩關節要保持鬆沉，不可聳肩，也不可故意前扣或後張。肘關節要保持自然彎曲，並含有輕微垂墜的姿態，防止揚肘、挺肘等毛病。這樣可以使姿態自然，動作沉穩、柔和。

3. 展臂虛腋

太極拳上肢無論是屈臂還是直臂，都要充滿膨脹的內力，太極拳稱為「掤勁」。屈臂時不可鬆軟扁癟，要保持弧形，向外展放；直臂時要前伸後拉，肘部下墜，仍要微屈成弧。這樣就使得上肢既柔和自然，又沉實有力。虛腋是指腋下保持一定空隙，不要將上臂與肋部夾緊，使動作失去圓活自然。

4. 舒指塌腕

太極拳的掌型應做到五指自然舒展分開，腕部下塌，使勁力貫注於掌、腕、指各關節。當然，隨著動作的虛實變化，貫注的力量也是在不斷變化的，不同的動作招法，手的著力部位也不相同。但是無論如何變化，指、腕關節都不能過於鬆軟和過於僵硬，五指屈縮、腕部鬆弛，或者五指併攏、腕部緊張都是不對的。

5. 含胸拔背

含胸指胸部不能外挺，要保持舒鬆自然狀態。拔背是指背部舒展開闊，這是與太極拳的鬆柔圓活運動特點相適應

太極拳規範教程

的，因而與某些挺胸、緊背、收腹的剛力型拳法要求不同。含胸拔背的關鍵在於自然舒展，不能理解為縮胸駝背，失去中正自然去追求「含胸」是不對的。

6. 鬆腰正脊

這是保證太極拳立身中正的關鍵。鬆腰指腰肌鬆活不可緊張，一旦緊張就使動作失去靈活自然。正脊是要求脊柱中正，舒展伸拔。有時某些動作可能上體稍向前俯或側傾，但不能脊柱歪扭或團縮。

7. 縮髖斂臀

太極拳大多保持屈腿半蹲姿態，這時常有人發生挺髖、後仰、凸臀、前俯的現象，使上體失去端正，姿勢發生歪扭。正確的做法是：髖關節向內收縮，臀部向內收斂，從而保證身體端坐在腿上的姿勢。

8. 提肛實腹

太極拳要求「氣沉丹田」，就是指動作完成的時候要有意識地加深呼氣，使腹肌緊張，腹壓升高。同時襠部的肌肉相應收縮上提，以幫助下肢穩定和勁力充實，這時如果腹肌、肛門括約肌過於鬆弛就收不到這種效果。

9. 屈腿落胯

不管是弓步、虛步還是仆步，常常是一腿彎曲，承擔大部分體重。姿勢越低，屈腿越深，運動量也越大。在步法轉換中，兩腿的屈伸轉換隨時進行，為了保證姿勢平穩和動作輕靈，必須自覺地屈腿落胯。有些人由於腿部力量不足或要

領掌握不好，結果重心忽起忽伏，出現屈腿不夠或者骨盆左右扭擺的毛病，這是應予糾正的。

10.活膝扣足

膝關節要鬆活有力才能保證兩腿屈伸自由，即便是直腿的時候膝關節也不要緊張僵直，要留有少許鬆活餘地，如弓步的後蹬腿、獨立步的支撐腿等。

扣足是指腳要踏實，不僅在運動中要注意腳踏實地，穩定重心，就是在弓步、仆步時也要防止腳外側掀起或腳跟掀起的「拔跟」現象。

二、身　法

指軀幹運轉的方法和要領。太極拳的主要身法是左右旋轉，以腰為軸，帶動四肢。在少數動作中也會出現前俯、側傾、收放、起落等身法的變化。無論何種變化，皆要做到平穩安舒、鬆活自然、斜中寓正、不僵不滯。同時保持懸頂正容、沉肩豎頸、含胸拔背、活腰直脊等要領。

第二節　手型、手法

一、手　型

指動作定勢時手的形態。各種手型皆要做到規範正確，用力自然。

1.拳

五指卷握，拳面要平，拇指壓在食指、中指第二指節上。用力不可過緊、過鬆。

2.掌

①五指微屈，舒展分開，掌心微含，虎口成弧。手指用力不可僵直，也不可鬆軟。

②拇指根內合，指尖後仰；其餘四指向手背方向舒展錯開（陳式）。

3.勾

①五指第一指節自然捏攏，屈腕使勾尖朝下。

②拇指、食指和中指第一指節自然捏攏，其餘二指屈於掌心，屈腕，勾尖向下（吳式）。

二、手　法

指打拳中手臂的運動方法和攻防招法。要求方（招）法清楚，力點準確，動作圓活，用力剛柔相濟。

1.掤

前臂由下向前掤架，橫於體前，掌心向內，臂要保持弧形。力點在前臂外側。

2.捋

兩手斜相對；隨轉腰由前向後同時畫弧捋至腹前或側後方。力點在兩掌。

3.擠

後手推送前手的前臂內側，兩臂由屈而伸向前擠壓。著力點在前手前臂外側。擠出後兩臂須撐圓，高不過肩。

4.按

①前按——兩臂先後屈伸，兩手由前向後引化再向前推出。路線要走弧形，不可直推。力點在兩掌，掌心向前。

②下按——單掌或雙掌自上向下沉壓。掌心向下。

5.沖拳（打拳）

①拳從腰間內旋向前打出，拳眼向上成立拳。力達拳面。

②拳經胸前內旋向前彈抖打出，拳心向下成俯拳。力達拳面。

③反沖拳——拳經耳旁或胸前內旋向斜前方打出，拳眼斜向下。力達拳面。

6.栽拳

拳自上向前下方打出，拳心斜向內下方。力點在拳面。

7.貫拳

拳經體側向前上方畫弧橫擊，屈臂內旋，拳眼斜向下。力點在拳面。

8.穿拳（掌）

拳或掌沿著另一手臂或大腿伸出。力點在拳面或指尖。

9.撩拳（掌）

直臂前擺，拳或掌自下向前下方打出，拳心向下或掌心向上。力點在拳背或掌心。

10.撇拳

翻臂前伸，拳由俯拳變仰拳，自後向前上方打出，拳心向上。力點在拳背。

11.搬拳

以肘關節為軸，前臂翻花，拳自內向外翻至體前，拳心向上。力點在拳背。

12.砸拳

拳自上而下外旋砸落，拳心向上。力達拳背。

13.側崩拳

拳自內向側前下方內旋彈抖打出，拳眼向內，拳面朝

下。力達拳輪。

14. 抖拳

①橫抖——兩拳自體側向另一側平擊，拳心向上或向下。力點在拳眼。

②分抖——兩臂翻擺，雙拳向左右或上下分開抖彈發力，拳心向上或向內。力達拳背。

15. 撞拳

兩拳同時自後向前沖打，拳心向下或向上。力達拳面。

16. 推掌

①掌經肩上或胸前內旋向前立掌推出，掌心向前。力點在掌根。

②掌經肩上或胸前內旋向前平掌推出，掌心向下，指尖向體側。力點在掌外沿。

17. 摟掌

掌經膝關節上方由內向外橫摟，掌心向下。力在掌心。

18. 攔掌

掌自後向前、自外向內立掌內旋攔阻，掌心朝異側，指尖斜向上。力在掌心。

19. 雲手

①立雲——兩掌在體前交錯畫立圓雲撥。力點在掌外沿或內沿。

②平雲——兩掌在體前、體側畫平圓雲撥。力點在掌內沿。

20. 架掌

掌自下而上屈臂內旋架至頭側上方，掌心斜向上。力點在前臂或外掌沿。

21. 撐掌

①橫掌屈臂平舉於體側，掌心向外。力點在掌心。

②對撐——雙掌上下或左右對稱分開。力點在掌心。

22. 插掌

掌自上向前下方側掌伸出，指尖指向插伸方向。力達指尖。

23. 挑掌

掌自下向上側立掌挑舉，指尖向上。力點在掌內沿。

24. 壓掌

橫掌自上而下屈臂按壓至腹前。力點在掌心。

25. 托掌

掌自下而上外旋托舉至體前。力點在掌心。

26. 抱掌

兩掌上下相對或左右交叉合抱於體前或體側，沉肩虛腋，兩臂半屈成弧，如抱球狀。

27. 分掌

①兩臂由屈而伸，兩掌由抱掌向前後或左右畫弧分開。

②兩臂由屈而伸，兩掌由抱掌斜向前後或左右畫弧分開。

28. 開合手

兩掌立掌相對，向左右分開或內合，開時同肩寬，合時同頭寬。

29. 頂肘

屈臂握掌，以肘尖發力向側後方撞擊，拳心朝下。力點在肘尖。

30. 滾肘

前臂外旋向前下方滾壓。力點在前臂外側。

31.採

掌由上向下牽引。力點在五指。

32.挒

掌向左或向右擊打或扭轉。

33.靠

用肩、背或上臂向外擠撞。

第三節　步型、步法

一、步型

指動作定勢時下肢的形態。各種步型均要求規範準確，重心穩定，虛實分明，著力和順，步幅和跨度適當。

1.弓步

前腿屈弓，大腿斜向地面，膝與腳尖基本垂直，腳尖直向前；後腿自然伸直，腳尖斜向前45°～60°（川弓步，腳尖向前或稍外撇）。兩腳全腳著地，橫向跨度10～30公分。

2.虛步

後腿屈坐，大腿斜向地面，腳跟與臀部基本垂直，腳尖斜向前（川虛步，腳尖向前或稍外撇），全腳著地；前腿稍屈，用前腳掌或腳跟著地。

3.仆步

一腿全蹲，全腳著地，膝與腳尖外展；另一腿自然伸直於體側，全腳著地，腳尖內扣。

4. 獨立步

①支撐腿自然直立站穩；另一腿屈膝提於體前，大腿高於水平，小腿自然下垂。

②支撐腿自然直立，屈提腿，膝關節外展，腳尖上翹（吳式）。

5. 馬步

兩腳平行向前，與肩同寬；兩腿屈蹲，膝與腳尖同方向。體重平均落於兩腿。

6. 歇步

兩腿交叉屈蹲，膝關節前後相疊，後膝貼近前腿膝窩。臀部接近腳跟。前腳全腳著地，腳尖外展；後腳前腳掌著地，腳尖向前。

7. 半馬步

前腳直向前，後腳橫向外，兩腳相距約二至三腳長，全腳著地。兩腿屈蹲，大腿高於水平，體重略偏於後腿。

8. 丁步

一腿屈蹲，全腳著地，另一腿屈收，腳停於支撐腳內側或側前、側後約 10 公分處，前腳掌虛點地面。

9. 橫襠步（側弓步）

兩腳左右開立，同弓步寬，腳尖平行向前或稍外展；一腿屈蹲，膝與腳尖垂直，另一腿向體側自然伸直。

10. 平行步（開立步）

兩腳平行分開，寬不過肩，腳尖向前；兩腿直立或屈蹲。

二、步　法

指動作中兩腳的移動方法。要求輕靈沉著，柔緩平穩，腳輕提輕落。前進時，腳跟先著地；後退時，前腳掌先落地。方向、步幅和碾腳皆要準確適度。

1. 上步

後腳向前一步或前腳向前半步。

2. 退步

前腳向後退一步。

3. 撤步

前腳或後腳向後退半步。

4. 進步

兩腳連續各前進一步。

5. 跟步

後腳向前跟進半步。

6. 側行步

兩腳依次側移。併步時兩腳間距為 20 公分。

7. 蓋步

一腳經支撐腳前向側方落。

8. 插步

一腳經支撐腳後向側方落。

9. 開步

腳向外分開半步。

10. 併步

腳向內收攏半步。

11. 提步

一腳屈膝收提，收至支撐腿內側。

12. 擺步

上步時腳跟著地，腳尖外撇。

13. 扣步

上步時腳跟或腳前掌著地，腳尖內扣。

14. 碾腳

以腳跟為軸，腳尖外展或內扣；以前腳掌為軸，腳跟外展或內收。

第四節　腿法、眼法

一、腿　法

指腿和腳的攻防運用方法。要求做到方法清楚，力點準確，重心穩定，發力自然，動作協調，上體保持端正。

1. 蹬腳

支撐腿微屈站穩；另一腿屈膝提起，小腿前擺，腳尖回勾，腳跟外蹬，高於水平。

2. 分腳

支撐腿微屈站穩；另一腿屈膝提起，小腿前擺，腳面繃平，腳尖向前踢出，高於水平。

3. 拍腳

支撐腿微屈站穩；另一腿向上擺踢，腳面繃平，手掌在額前迎拍腳面。

4. 擺蓮腳

支撐腿微屈站穩；另一腿從異側踢起，經面前向外做扇形擺動，腳面繃平，兩手在額前依次迎拍腳面，擊拍兩響。

5. 踹腳

支撐腿微屈站穩；另一腿提起，腳掌內扣，腳外沿發力踹出，高於水準。

6. 震腳

一腳提起，全腳掌用力向地面震踏。

二、眼 法

指打拳中眼神的運用方法。其要領是：定勢時，眼平視前方或注視前手；換勢時，眼睛與手法、腿法、身法協調配合，勢動神隨，神態自然，精神貫注。

第三章　太極拳的教學與訓練

第一節　教學原則

教學原則是教學過程客觀規律的反映，是在長期教學實踐中積累起來的，具有普遍意義的經驗和總結。運用和貫徹教學原則，能使教師正確地選用教學方法，不斷提升教學質量。

一、教拳育人原則

太極拳是我國傳統體育項目，有著悠久的歷史，是我國勞動人民在長期的社會實踐中創造的一項寶貴文化遺產。同時它又是一項非常辛苦的運動，尤其是要克服疼痛關和枯燥感。所以，教師在教學中應善於結合太極拳的特點，培養學生吃苦耐勞、勇於戰勝困難的精神，具有熱愛、繼承、發揚民族文化的自豪感。

貫徹教拳育人原則，要在教學中加強思想教育。傳統習武中一貫注重武德教育，把武德列為學習武術的先決條件。如今，我們在武術教學中，更應發揚尚武崇德的優良傳統，寓德育於習武之中，講道德，講文明，講禮貌，造就一代新人。

二、自覺積極性原則

自覺積極性原則，指的是培養學生把努力學習作為自覺的行動。不僅認真學，刻苦練，還要積極思考，反覆琢磨，深入理解。

貫徹自覺積極性原則，首先要使學生明確學習目的。有了正確的方向，學起拳來才會有動力。其次是教師要多給學生創造充分發揮主動自覺學習的條件，鼓勵學生互教互學，獨立思考和創造精神，使教師的主導作用與學生的主動性相結合。同時還要注意不斷改進教學方法，生動活潑，啟發誘導，調動學生的學習熱情。

三、嚴格耐心、教學相長原則

俗話說「嚴師出高徒」。教師認真嚴格和敬業奉獻精神，是取得良好教學效果的保證。嚴格首先是教師嚴於律己，認真備課，不斷提升知識、技術水準。其次是嚴格要求學生，盡職盡責，一絲不苟。然而，教學僅有嚴格一面還不夠，必須同時抱有熱情和耐心。特別對待基礎差、年齡大、進步慢的學員，教師更要滿腔熱情，不厭其煩，一視同仁，絕不可冷淡、歧視。教師對待學生要平等、尊重、愛護。「聞道有先後，術業有專攻」，教師應善於從學生身上吸取經驗和長處，做到教學相長。

四、直觀與思維相結合原則

直觀性，指的是在教學中透過各種形式的感知，如模仿、觀察、觀摩、糾正等等，豐富學生的感性認識和直接經驗，使學生獲得生動的表象，從而掌握所學的技術。思維

性，是指教學中啟發學生思考、分析、判斷、總結，認識事物的本質和規律，豐富理性認識。武術界有「光說不練嘴把式，光練不想傻把式」的諺語，說明二者結合的必要。

由於太極拳的動作複雜，只有反覆練習才會掌握技術，從這點上看，直觀性原則顯得更為重要。教師除了直接示範、語言講解、口令提示、輔導糾正之外，還要注意充分利用電化教學、照片、掛圖、表演、觀摩等各種手段，幫助學生建立完整、正確的動作形象和概念。

五、區別對待原則

人體生理結構雖然基本相同，但由於年齡、性別、身體素質、活動能力的不同，個體差異是很大的。所以，在太極拳教學中教學方法和運動量安排應有所區別，因人而異，不可千篇一律。

一般來說，年輕人體質較好，承受能力較強，運動量、運動密度、強度可以大些；而年紀較大者，身體素質相對較差，恢復也較慢，運動量和強度應該小些。年輕人模仿力強，應以形象教學為主，精講多練；年長者，掌握了相當的生活經驗，應多些形象的比喻，增加邏輯思維教學，使其更好地理解動作。對那些學習困難，接受力較差的學生，教師要多些耐心和鼓勵，採取一些分解教學方法和輔助練習，使其有信心完成學習任務。

六、循序漸進原則

循序漸進原則，是指教學安排要由易到難，由簡到繁，由已知到未知，逐步深化，不斷提高。運動負荷也要由小到大，逐步增加。

難和易、繁和簡、深和淺都是相對的。同是二十四式太極拳，對某些人來講很容易，但對另一些人可能就較為困難。初學時可能較難，學了一段時間後可能又會覺得容易了。因此，在教學中教師要隨時觀察和了解學生的反饋信息，及時調整不適當的部分。

為了貫徹循序漸進性原則，在太極拳教學中，我們要善於從學生實際出發，抓住重點，解決主要矛盾。切不可面面俱到，眉毛胡子一把抓，反而欲速而不達。

七、合理安全原則

教學內容、進度、步驟、方式、運動量都要周密計劃，合理安排，符合學生實際需要和可能，同時要充分考慮學生的安全，盡量防止運動傷害。由於太極拳是一項柔緩運動，有些教師容易忽視準備活動和整理活動；教學要求會過高過急，超出學生現有能力。學員中也有「恨病吃藥」，盲目加大運動量的現象。這些都會導致教學的失敗。

第二節　教學方法

教學方法是指在教學過程中，為完成教學任務採取的手段和方法。教學方法的選擇與運用是否適當，直接影響教學效果。

教學方法的選擇，要根據每節課的教學任務、教材內容、教授對象的水準和能力，以及教學條件等具體情況而定。教學方法要有的放矢，講究實效，靈活運用。

在太極拳教學中，我們常採用下列教學方法：

一、語言法

運用語言法的形式有講解、口令、提示、講評、暗示等。

講解是太極拳教學中運用語言法的最主要、最普遍的形式。它是教師向學生進行教育、指導學生掌握正確技術的基本方法。

講解應注意以下幾點：

1. 目的明確，重點突出

每次講解應根據教學任務和步驟，重點講清一兩個問題，待學生理解接受後，再講另一個問題。如果一下子講得過多，要求過全，學生反而會摸不著頭腦，影響學習效果。

2. 符合學生的水準和能力

只有當學生聽懂老師講的內容時，才可能引起他們的反應，起到講解的作用。同樣，只有當學生感到老師的講解有用和必要時，才會引起他們的學習興趣。因此，教師講解的深度和廣度都要適合學生的水準和能力。

3. 要通俗易懂，生動形象

在教學中，教師除了必需的專業術語外，應盡量用通俗易懂的語言進行講解，用詞力求準確生動，不要故弄玄虛。比如為了能使學生理解要領，採用形象的比喻「邁步如貓行」「運勁如抽絲」等等，會收到很好的效果。

4. 注意講解的時機和效果

教師講解，一般是面對學生，在學生的注意力集中時進行講解。如果學生在做練習或是教師背對學生領做時，除了適當地作些簡短的口令和提示外，教師不宜過多講解。

口令和提示是用簡潔的詞語表達教師意圖的形式，也是

有效地指揮學生活動和強化技術要領的重要方法。口令和提示常用於基本功訓練、集體練習及調動隊伍中。

講評是在教學過程中，按照一定的標準，給學生鼓勵、肯定和指導、糾正的方法。透過講評可以使學生明確努力方向，增強學習信心，激發學習興趣，提高學習的積極性。

暗示是藉由心理上的良性刺激，鼓勵、幫助學生動作更加完美、準確的方法。比如在起勢前，教師輕念「全身放鬆，心情平靜」，幫助學生消除緊張心理。獨立蹬腳時，教師鼓勵提示「站穩」「堅持」，增強學生信心等，這對學生順利完成動作會起到積極的作用。

二、示範法

動作示範是太極拳教學中運用最為廣泛的直觀方法，它是教師（或指定的學生）以具體的動作為範例，使學生了解所學動作的形象、風格、要領和方法。正確的示範，不僅可使學生建立準確的動作概念，還可提高學生的學習興趣，是教學中必不可少的教學手段。

應用示範法應注意以下幾個問題：

1.示範要有明確的目的

教師的每次示範都應目的明確，是讓學生看動作的全貌，還是看某個局部；是重點看手法，還是看步法，是為了使學生建立初步概念還是使學生深入理解。教師應該心中有數，重點突出。在教學中，示範常常伴隨講解，有時可先講解後示範，也可以先示範後講解。不管怎樣，講解與示範的內容要一致，重點要突出。

2.示範動作要正確

教師的示範動作應是學生的典範，力求做到準確、熟

練、優美，使學生一開始就建立起正確的動作概念。因此，教師課前一定要認真備課，不斷提升示範的質量。

3. 正確的示範位置和示範面

為了使所有的學生都能清楚地看到教師的示範，教師必須注意示範的位置和示範面的選擇。示範的位置一般根據學生所站的隊形、動作的移動方向和動作的性質而定。示範面則應根據動作的結構以及學生所觀察的具體部位而選擇。

在太極拳教學中經常採用的示範面有正面示範、側面示範、鏡面示範和背面示範。

為了顯示動作的左右距離，一些對稱性的動作常用正面示範，如教起勢和站樁練習。為了顯示動作的前後距離和步法，教學中採用側面示範，如教野馬分鬃、倒卷肱等動作。鏡面示範是教師面向學生、動作方向與學生左右相反的示範方法，一般用於簡單的定勢造型及基本功練習。而太極拳的動作組合及全套動作練習，我們常採用背面示範，即通常的背面領做。

示範的位置，要視具體情況而定。一般定位講解時，站在隊伍的前面正中位置，與排面成等腰三角形。背面領做時，如果是向前移動，要站在排面的正前方；向左移動時站在隊伍的左前方；向右移動時，站在隊伍的右前方。總之，應以每個學生都能看清為原則。同時還要注意盡量不使學生面向陽光和迎風而立。

隨著電視教學的普遍使用，放映錄影帶也是一種極好的示範方法，可以彌補教師示範的某些不足。比如畫面定格就具有一般示範難以達到的效果，有利於學生更加仔細地觀察動作要領。同時電視錄影帶可以多次重複，能夠大大減輕教師的體力消耗。

三、練習法

在太極拳教學中，學生感知的技術，必須經過親身實踐，反覆練習，才可能掌握，因而練習法是教學中大量、經常採用的教學方法。從內容上分，練習法包括分解練習、完整練習和組合練習。從形式上分，練習法又可分為個人練習、分組（或分排）練習和集體練習。

1. 分解練習

分解練習是把一個完整的動作合理地分成幾個部分，分別地進行學習，最後達到完全掌握的目的。分解練習一般用於較難掌握的動作或是糾正動作的中間環節時應用。它的優點是使複雜教學過程變得簡單明瞭，重點突出，使學生比較順利地掌握困難動作。

運用分解法應注意以下幾點：

①分解動作時，應考慮到各部分之間的有機聯繫，不要把動作分解得太細太碎。

②應使學生明確各部分在完整動作中的位置。

③要與完整法結合使用。運用分解法是為了更好地掌握完整動作，因此，分解練習的時間不宜過久，以免破壞動作的整體性和連貫性。

2. 完整練習就是一個動作或一套動作，從開始到結束完整地進行練習。它的優點是不破壞動作的結構和銜接。完整練習一般用於簡單的動作或完整套路練習中。

3. 組合練習是將幾個動作組合起來練習，或是一個動作左右方向串起來反覆練習。常用於基本功練習和一個教學階段的單元內容練習。

4. 個人練習是讓學生原地或分散進行獨立練習或個人體

會。在基本功練習中，也可以安排個人輪流依次練習，以保證充分利用場地和合理運動密度。

5. 分組練習一般在教完本課內容後，教師提出要求，由組長帶領本組同學進行練習。這樣可以發揮同學之間互教互學、取長補短的作用，培養學生團結互助的精神。分排練習也屬分組的性質，在教師指揮下，學生逐排輪換練習，也可以節省時間，保證一定的練習數量和運動負荷。

6. 集體練習是在教師統一指揮或帶領下，學生集體練習的方式。它可以保證最大限度地利用時間和空間，也有利於教師觀察整體教學效果。

四、比賽法

比賽法同其他練習法相比，是合理利用「競爭」因素，使學生處於高度集中和緊張狀態，對機體的能力提出了更高的要求。

它可有效地發展身體素質及心理素質，培養學生在複雜條件下沉著、果敢和自制能力，發揚集體主義精神。教學中採取分組賽、推選代表賽、個人測驗賽等手段，對激發學生情緒、提升教學效果有著非常顯著的作用。

五、預防與糾正錯誤法

在教學中，由於各種原因，學生難免會產生這樣或那樣的錯誤動作。錯誤的動作如果不及時加以糾正，就會形成錯誤的技術定型，造成「學拳容易改拳難」的局面，直接影響教學效果。因此，在教學中必須採取積極有效的措施加以預防和糾正。

要預防和糾正錯誤動作，首先要分析錯誤產生的原因。

一般來說，錯誤動作主要是以下幾種原因造成的：

1. 學習目的不明確，積極性不高，怕苦怕累。

2. 身體素質差，接受能力弱，動作不協調。

3. 進度和教法安排不當，脫離學生的水準和特點，致使學生不能掌握動作的要領和方法。

4. 教學環境及外界因素的干擾，影響學生的上課情緒。

針對上述原因，教師應有針對性地採取相應的方法加以預防和糾正。

1. 加強學生的思想教育，培養學生吃苦耐勞、克服困難的意志品質。在教學中充分發揮學生的主觀能動性，使學習變為學生的自覺行動。

2. 加強學生基本功和基本動作的訓練，提升學生的專項素質和機體活動的能力，尤其要注意發展學生的協調能力和神經系統對肌肉的控制能力。

3. 正確估計學生的水準，恰當地安排教學內容和方法，提升講解與示範的質量，充分使用直觀的教學方法，掌握教學的關鍵環節和教學要點。

4. 針對周圍環境對學生的影響，選擇好合適的場地，盡量避免外界因素及新異刺激對學生的干擾。

預防和糾正錯誤時，教師首先要預見到每個動作的易犯錯誤，重點講解和提示，防範於未然。一旦出現了錯誤，要對症下藥，及時加以糾正。

在糾正錯誤過程中，教師應熱情耐心，不要全盤否定，以免挫傷學生的自尊心和信心。同時教師要善於抓住共性的、主要的錯誤，解決普遍性、關鍵性問題，不要主次不分，四面出擊，費力不討好。還要善於培養學生識別錯誤、分析原因、自我糾正錯誤的能力。

第三節　技術訓練步驟和要點

太極拳的技術訓練一般分為三個階段。第一階段要求熟練動作，打好形體基礎。第二階段，提升運動技巧，掌握勁力要領。第三階段，力求形神完美，氣力結合，神韻自由。太極大師王宗岳在《太極拳論》中對此概括為「由著（招）熟漸悟懂勁，由懂勁階及神明」。

一、基礎階段

這一段的教學重點，一是由基本技術，使學生打好形的基礎，勢正招圓。二是由體力、素質和基本功訓練，使學生打好體能基礎，為今後技術提升創造物質條件。

基礎階段的技術訓練要點主要是：

1. 體鬆心靜

太極拳是一項動靜結合、身心兼修的健身運動。從一開始就要培養學生排除緊張、消除雜念、自我調整、控制身心狀態的能力。有些青年學員認為用力就是用功，打太極拳常常周身緊張，面紅耳赤，形成「長拳慢練」「廣播操慢練」。也有人打拳靜不下心來，精神處於緊張、煩惱之中，人在心不在，影響了鍛鍊效果。

體鬆和心靜是練太極拳的基本修養，只有保持心平氣和、舒鬆自然、精神專一，才能進入太極拳的鍛鍊心態，取得「靜以養心」「動以養身」的效果。

2. 立身中正

打太極拳要求中正安舒，頂頭豎脊，沉肩鬆胸，像坐禪、氣功一樣，保持自然端莊的身型體態。有人長期形成了

不良習慣，以致打拳中拱肩駝背、低頭彎腰。也有人緊張生硬，前俯後仰，故作姿態，這些都要認真糾正。

3. 型法準確

對每種型法的規格、要領都要清楚，力求一招一式準確到位。有些要領即使一時達不到要求，也要明確方向，弄清規矩。因此，希望學生不要貪多求快，囫圇吞棗，似是而非，一旦錯誤定型，改正習慣比學習動作還要費力。只有從初始就力求準確，寧少勿濫，才是最紮實、最有效的學習途徑。

4. 輕靈平穩

太極拳只有少數動作重心有明顯升降，大部分時間都要保持屈腿半蹲狀態，身體好像端正坐在自己腿上。步法移動要求一腿半屈支撐，穩定重心，另一腿輕輕移動，邁步如貓行，落地如生根。這樣不僅加大了運動量，也使動作輕靈、柔和、穩固，表現出太極拳特點。

有些人腿部支撐力不足，打拳忽坐忽立，時起時伏，甚至站立打拳。有人前進後退像散步一樣，以致練了一小時，身體不發熱、不出汗，大大降低了鍛鍊效果。為此，需要提升下肢力量，強化屈腿落胯要領，加強樁功、行步等基本功練習。

也有人由於步型、步法不當，造成身體歪扭、搖晃，失去控制。對此，需要改進步型、步法，切實掌握規格。

5. 舒展柔和

太極拳的姿勢和動作，既不能緊張生硬，也不能軟縮乾癟。它好像一個充滿氣的氣球，柔和而飽滿，具有向外膨脹、支撐八面的張力，太極拳稱為柔中寓剛的「掤勁」。初學者短時間內掌握這種技巧比較困難，但應做到姿勢舒展，

動作柔而不軟，舒而不硬，剛柔適度，輕柔飽滿地展現自身。

二、提升階段

這一階段的訓練任務是提升運勁技巧和運勁要領。做到協調、連貫、圓活，不發生「斷勁」現象。實際上運勁技巧和運動技巧是一個整體的兩方面。正是由於勁力的完整順達（整勁、順勁），保證了動作的協調圓活。勁力的沾黏走化（黏勁、化勁），促成了動作的連貫不斷，二者是相輔相成的內因外果，密不可分。掌握運勁要領和運勁技巧，是技術提升的重要標誌。

這一階段的技術訓練要點主要表現如下。

1. 上下相隨

打太極拳要求手、眼、身、步協調配合，周身相隨，形成一個整體。例如「雲手」動作：腰脊旋轉，兩臂交叉畫圓和兩手雲轉，同時重心左右移動和兩腳側行，眼神隨時注視交換的上手。這樣就形成一個節節貫串、上下相隨的全身活動。初學者往往顧此失彼，手腳脫節，四肢與軀幹分家，造成運動機械生硬，支離破碎，武術語稱為「斷勁」。太極拳技術水準的提升，首先應表現出運動的協調性、完整性。

2. 運轉圓活

這也是技術熟練的具體表現。優秀司機駕駛車輛時，盡量平穩柔和，避免衝擊搖晃。太極拳也要力求圓活和順，轉接自然，避免生硬轉換。要做到這一點，需要特別重視腰和臂的旋轉，以腰為軸帶動四肢。以臂為軸牽引兩手，使動作「根於腳，主宰於腰，形於手」。

3. 動作連貫

太極拳動作之間要前後銜接，綿綿不斷，不允許有明顯的停頓和割裂。在教學中，為使初學者便於對照檢查，常採用分解教學和時動時停的方法。但是動作熟練以後，一定要消除割裂痕跡。前一動作的完成即轉入後一動作的開始，做到「勢變勁不斷，勁變意不斷」。兩個動作之間，先由意念和氣勢連結，再由腰腿帶動上肢，由內而外，由微漸著地運轉變化。切忌生硬突然，忽起忽停。

三、自如階段

這一階段的訓練任務，在於追求精神與形體、內與外、氣與力的完美結合，使動作開合虛實，內涵豐富，氣勢飽滿，神韻自由，富有表現力、感染力。訓練的技術要點如下。

1. 以意導體，分清虛實

練太極拳自始至終要求思想專一。但是初學時，思想只能集中於記憶動作和規格要領，精力多用在手腳上。動作熟練以後，思想集中於周身協調，精力重點用在腰腿。技術再提升，思想就會轉入動作的虛實和勁力的剛柔運用，精力放在意念引導上。好像演員最終要以情感人、塑造角色內心世界、而不能停留在形體外表上一樣，太極拳最終也要求「重意不重形」。太極拳的最終境界是：思想放在氣勢神韻的追求上，做到「不在形式在氣勢」。

太極拳表面平淡均勻，實際上充滿了豐富內涵，表現在動作的虛實、勁力的剛柔、拳法的蓄發、身法的開合等方面。一般說來，太極拳每個動作都有起、承、落、合不同的階段。起和承的過程屬虛的階段，拳法由發轉蓄，勁力要輕柔，身法要內開外合；落和合的過程為實的階段，拳法由蓄

轉發，勁力要沉穩充實，身法要內合外開，對拉互拔。這些變化和運用，都要以意念為主導，意領身隨，氣勢相合，才能得到完善體現。所以說，太極拳絕不是死水一潭，而是充滿生機和變化。

2. 以氣運身，氣力相合

初學太極拳只要求自然呼吸，當吸則吸，當呼則呼，不必受動作約束。技術提升以後，應該有意識地引導呼吸與動作配合，使動作和氣力得到更好發揮，這種呼吸叫做「拳勢呼吸」。一般來說，當動作轉實時，應該有意識地呼氣，「氣沉丹田」，以氣助力；當動作轉虛時，有意識地吸氣，以利於動作轉換。所以，太極拳經典理論說「能呼吸然後能靈活」。實際上，無論意識與否，我們日常的呼吸總是與勁力運用和身體動作相配合的。隨著動作的起、升、伸、開，胸腔舒張而吸氣；隨動作的落、降、縮、合，胸腔收縮而呼氣。隨勁力蓄收而吸氣，隨勁力發放而呼氣。拳勢呼吸只是把這種自發的配合轉成自覺的引導。因此它是積極的，也是順乎自然的。

那麼，是否有了拳勢呼吸就不要自然呼吸了呢？不是。因為太極拳不是呼吸體操，它的動作變化不是根據呼吸節奏而是根據拳法要求編定的，不僅不同的太極拳套路呼吸次數、節奏不相同，就是同一套太極拳，不同體質、年齡、技術水準的人練起來呼吸也不一致。練拳時只能要求在主要動作和開合顯明的動作上做到「拳勢呼吸」，在一些過渡動作及感到呼吸難以適應的時候，仍需要自然呼吸，或採用輔助性的短暫呼吸進行調整。所以，太極拳總是拳勢呼吸和自然呼吸二者並用，同時輔以聯繫二者的調整性呼吸作為過渡，才能保證「氣以直養而無害」。

3. 神韻充盈，從容自如

太極拳技術的最高境界是神舒體靜，清虛自然，給人自由的藝術享受和身心修煉。因而，經典理論最終提出太極拳「不在形式在氣勢」。我們在太極拳練習中，隨著技術的提升，追求的目標要逐漸地從動作準確、技巧把握和要領體現等束縛中解脫出來，進入表現神韻、風采的領地。然而有的朋友對太極拳的認識和訓練長期停留在表面形式上，儘管動作做得規範標準，但是缺乏神韻和內涵。須知太極拳和一切文化藝術一樣，「明規矩，守規矩」只是進步的階梯，只有「脫規矩，合規矩」才具有鮮明個性和風采，步入「屈伸開合聽自由」的境界。

第四節　初學太極拳提示

一、樹立信心

有人說學太極拳很深奧，武術界素有「太極十年不出門」之說，其實這只是對學者「藝無止境」的忠告。從另一方面說，太極拳柔和輕鬆，是一項人人可練、安全簡便的活動，任何年齡、任何體質的人，只要認真學習，都可以掌握它。初學者的最大難點是太極拳動作複雜，數量多，常常顧前忘後，記手忘腳，不易協調。只要在老師的指導下，樹立信心，勤學多練，避免貪多求快，馬虎草率，練上幾個月的時間，摸清了太極拳基本規律，就能打得很好。

二、持之以恆

練拳不能「三天打魚，兩天曬網」，時斷時續。太極拳

可以提升人體生理機能，增強對疾病的抵抗力，但需要經過一定時期系統的鍛鍊，不是練幾下就能見效的。有些人因為暫時沒有收到效果，或是沒掌握動作要領，就感到枯燥、困難，半途而廢。也有些人，在鍛鍊過程中感到腰酸腿痛，就畏難而退。在練習中，身體某些關節、肌肉，特別是大腿肌肉發生酸痛，這是正常現象。對一些體質較弱和不經常運動的人來說，這種情況更明顯。這正是關節、肌肉為適應鍛鍊需要的增強過程。發生這種情況，不要中止鍛鍊，只要適當地減少運動量，或者是練拳時姿勢放高一些，經過一段時間，酸痛現象就會自然消失。

三、循序漸進

有些人學拳貪多求快，想先把動作比劃下來，以後再注意改進，或是以多為勝，見異思遷，結果費勁不小，會的不少，可惜質量不高，收效不大，徒有一副空架子。我們知道，太極拳鍛鍊的效果和質量密切相關，沒有正確的姿勢和動作，就收不到健身和醫療的功效。一旦形成了錯誤定型，糾正起來比學習新的動作更困難。而且學得草率馬虎，一味貪多求快，幾天不練也容易忘掉。

所以，學太極拳要循序漸進地學，紮實地學，寧要少，但要好，打好基礎，這樣才能收效大，進步快。

四、重視基本功

打好基礎包含兩方面意思。一是姿勢（型）和動作（法）規範正確，做到「勢正招圓」。二是基本功紮實，有良好的身體素質和專項素質。有人認為，基本功訓練是提升技術水準的需要，初學者不必急於投入。其實不然。學太極

拳先從套路入手，還是先練基本功開始？這個問題我們不必強求一律，重要的是兩者不能脫節。脫離了基本功，套路不會正確，質量不能保證；沒有套路，基本功也會失去方向，無的放矢。初學太極拳階段就把二者結合起來，一邊練套路，同時進行必要的專門訓練，如站樁、行步、壓腿、手法、腿法的單獨操練，將會使你較早、較快地把握太極拳要領，較好地掌握套路，正確入門，避免走彎路。

五、適當掌握運動量

運動量大小與練拳的時間長短、姿勢的高低、動作的準確程度相關。比如，姿勢高矮不同，腿部承受的力量也不同，運動量也不一樣。恰當的運動量，要根據個人的體質條件來定。一般來說，練完拳以後，感到輕鬆舒服，情緒很高，說明運動量大小合適。運動量過小，身體活動不足，收不到鍛鍊效果；運動量過大，容易產生疲勞和運動傷害。

一般健康的人練到身體出汗即可，體弱和病患者要根據醫生和教練員的指導進行鍛鍊。年老體弱者，如果做不了全套動作，可以選擇基本動作或部分動作練習。下肢不能活動的患者，也可以只做上肢和腰部的基礎練習。只要按照要領，堅持經常，同樣會收到效果。

六、把握拳速度

初學打拳時，要先想後做，邊想邊做。所以動作的速度宜慢不宜快，甚至中途可以有小的停頓。慢的好處是能夠照顧每個動作的細節，及時檢查和糾正動作的缺點，容易做到心靜、體鬆，同時可以保持重心穩定。動作熟練以後，可以稍快一些，動作之間不要停頓，力求連貫圓活，均勻自然。

比如二十四式簡化太極拳熟練時，一套拳大約 5 分鐘，四十八式太極拳為 8～10 分鐘，初學者慢練簡化太極拳可用 8 分鐘甚至 10 分鐘。四十八式太極拳可用 10～13 分鐘。不同架式的太極拳，由於風格特點不同，動作有多有少，運動的速度也不完全一樣，比如，楊式太極拳舒展大方，沉穩樸實，全套 80 多個動作，一般要用 15～20 分鐘。孫式太極拳緊湊靈活，步法和手法變換頻繁，全套 90 多個動作，一般只需 6～8 分鐘。無論哪一種架式的太極拳，練起來都要求由始至終氣勢完整，不能忽快忽慢。

七、選好練拳的時間和場地

練拳的時間最好安排在清晨或傍晚。清晨練拳，可以幫助擺脫睡眠時的抑制狀態，使頭腦清醒，為工作和學習做好準備；傍晚練拳，可以幫助消除疲勞，有休息的作用。清晨和傍晚，環境較安靜，便於思想集中。練拳後，不要馬上吃飯和睡覺，最好稍微平靜一會兒，使運動時的興奮狀態逐漸消失。此外，工間和課餘也是進行太極拳鍛鍊的好時光。

練拳最好找空氣新鮮和安靜的環境，避免風沙和煙霧。公園、河邊、樹林和庭院中都是很好的地方。如果在室內，最好在空氣流通和有陽光的地方。打拳時，最好穿寬大柔軟的便服和運動服，不要穿西裝和硬底鞋，以免妨礙動作。天太冷時可戴上帽子和手套。練完以後要把汗擦乾，以免感冒。

八、做好準備活動和整理活動

由於太極拳是一項柔緩的運動，因此，不少人往往忽視了練習前的準備活動和練習後的整理活動。準備活動是使身

體進入運動狀態的必要手段。身體肌肉、關節沒有擺脫僵滯，大腦處於緊張思維之中，練習起來就難以入靜和入境，這是練習者的共同體會。太極拳的準備活動包括兩個方面：一是生理準備，指的是克服人體惰性和肌肉黏滯性，使運動器官從相對靜止狀態進入工作狀態，相關的肌肉、關節、韌帶活動開，運動中樞走向興奮，以便更準確地支配運動器官。第二是心理準備。目的是消除思維的緊張狀態，使心理平靜，精神集中。準備活動可採取慢跑、體操、站椿、壓腿、活腰等內容。活動強度要小，但要充分和認真。

　　整理活動是為了使運動器官恢復平靜，消除疲勞。可以採取放鬆體操、散步、活動性遊戲、按摩等，以避免肌肉持續緊張，防止膝關節過度疲勞。有人打拳以後，習慣馬上坐下來休息或靜止站立，這是很不好的習慣，很容易造成膝關節損傷，應該改正。

九、全面鍛鍊，合理調配

　　太極拳是一項有益的健身運動。任何健身運動都存在一定的侷限性。太極拳最明顯的侷限是缺少上肢力量性活動和身體缺氧訓練。為了使身體全面發展，有條件、有能力者完全可以和應該選擇適當的其他運動加以補充和調配。對於不同性質的運動，要合理分配時間和體力，不要相互干擾和過於勞累。有些運動項目與太極拳可以同時交叉進行，有些項目則應分別時間操練。

　　有人問，練太極拳的同時可否練保健氣功？由於兩者的要領、特點有十分相通之處，當然可以同練或合練，以求相互補益，觸類旁通。對於初學者來說，還是應集中精力，一項一項地掌握為好，以免分散精力，欲速不達。

太極拳規範教程

第四章　簡化太極拳
（二十四式）教學

第一節　簡化太極拳簡介

　　1954 年，國家體委對武術工作制定了「挖掘、整理、研究、提高」的方針，成立了武術研究室。決定從太極拳著手，編定統一規範的武術教材，為普及開展武術活動創造條件。為此，國家體委邀請吳圖南、陳發科、高瑞周、田鎮峰、李天驥、唐豪等太極拳名家共同商討，制定了精簡太極拳初稿，其內容由各流派太極拳的代表動作混編組成。初稿公布後，普遍反映內容動作複雜，初學者不易掌握，普及比較困難。

　　1955 年，國家體委武術處毛伯浩、李天驥、唐豪、吳高明等專家再次研究，決定以流傳面和適應性最廣泛的楊式太極拳為基礎，按著簡練明確、易學易練的原則，選擇主要內容重新編排，保留太極拳的傳統風貌，突出太極拳的群眾性和健身性。

　　遵循上述方案，經過反覆修訂，終於產生了第一部由國家體育主管部門編審的統一武術教材《簡化太極拳》，由於其全套共有 24 個動作，故又稱二十四式太極拳。

　　二十四式太極拳具有以下特點：

　　1. 全部內容選自傳統楊式太極拳，動作柔和均勻，姿勢中正平穩，老幼咸宜，人人可練，易於推廣。

2. 全套 24 個動作，練習時間為 4～6 分鐘，內容精練，約為傳統套路的四分之一到三分之一，適於早操、工間操開展。

3. 盡量減少重複。保留了傳統太極拳的主要技術內容及規格要領，同時又避免了傳統套路中半數以上為重複動作的現象。

4. 內容編排突破了原有程序。按著由簡而繁、由易到難的原則，開始安排直進動作，其次安排後退和側行動作，最後穿插蹬腳、下勢、獨立和複雜轉折動作，體現由淺入深、循序漸進的教學原則。

5. 鍛鍊全面、均衡。重點動作增加了左右勢對稱練習，避免了傳統套路中只有左下勢、右攬雀尾的偏重現象，使學者便於收到全面鍛鍊的效果。

二十四式太極拳於 1956 年正式公布，立即受到廣大群眾的歡迎，全國城鄉出現了普及太極拳的熱潮。目前，二十四式太極拳不僅在國內，而且在國際上也廣泛流傳，成為各國太極拳愛好者喜愛的入門教材，對太極拳走向世界發揮了積極作用。

二十四式太極拳的編寫，為武術遺產的整理和武術教材編寫摸索了經驗，對武術界存在的狹隘保守思想也是一次衝擊。

一些擔心太極拳簡化改編會違反傳統、丟掉精華的人，透過事實逐漸改變了看法，認識到傳統武術只有在與社會發展和群眾需要不斷適應的變化中，才能表現出強大的生命力。太極拳的歷史和現實都證明了這一真理。

第二節　簡化太極拳動作名稱

一、起勢
二、左右野馬分鬃
三、白鶴亮翅
四、左右摟膝拗步
五、手揮琵琶
六、左右倒卷肱
七、左攬雀尾
八、右攬雀尾
九、單鞭
十、雲手
十一、單鞭
十二、高探馬

十三、右蹬腳
十四、雙峰貫耳
十五、轉身左蹬腳
十六、左下勢獨立
十七、右下勢獨立
十八、左右穿梭
十九、海底針
二十、閃通臂
二十一、轉身搬攔捶
二十二、如封似閉
二十三、十字手
二十四、收勢

第三節　簡化太極拳動作圖解及教學要點

預備勢

　　身體自然直立，兩腳併攏，兩腿自然伸直，胸腹入鬆；兩臂一垂，手指微屈，兩手垂於大腿外側。頭頸正直，下頜微收，口閉齒扣，舌抵上腭。精神集中，表情自然，雙眼平視前方（圖1）。

圖1

圖2　　　　　　　　圖3　　　　　　　　圖4

太極拳規範教程

一、起　勢

1. 左腳開立

左腳向左分開半步，足距與肩同寬，兩腳平行向前，成開立步（圖2）。

2. 兩臂前舉

兩臂慢慢向前平舉，與肩同高、同寬，雙臂自然伸直，肘關節向下微屈，兩手心向下，指尖向前（圖3）。

3. 屈腿按掌

兩腿慢慢屈膝半蹲，重心落於兩腿之間，成馬步；同時兩掌輕輕下按至腹前，上體舒展正直。兩眼平視前方（圖4）。

【教學要點】

（1）起勢中的馬步是太極拳的基本步型，教師應按照步型的基本要求，要求學生從一開始就建立起正確的動作定型。

（2）開立步時，就抓住「輕起輕落，點起點落」這個步法規律，先將重心移至右腿，左腿放鬆，隨後輕輕提起左腳跟，以不超過右踝的高度向左分開半步。落腳時前腳掌著地，並且使腳尖朝正前方，隨之全腳掌逐漸踏實。

（3）手臂的前舉和下按應抓住「勻速、緩慢」這個關鍵。手臂的移動要有逆水前進的感覺，既要有一定的緊張，又不可僵硬，既要放鬆，又不可鬆懈。

（4）手臂前舉時，兩手先在兩腿外側將掌心轉向後方，隨即再慢慢地向體前平舉。

（5）兩掌下按時手心朝下，要有主動下按的動作，按到兩手與腹同高時，須展掌、舒指。

（6）屈膝的高度要視學生的素質，因人而異，不要一概而論。太極拳的全套練習中，除少數勢子外，整套拳術都是在半蹲的狀態中進行的。開始的屈膝高度基本上就是整套拳的拳架高度，練習過程中不允許忽高忽低。因此，教師不要讓學生將起勢的架子蹲得過高或過低，以免拳架高度起伏不定。

（7）上體要保持正直，脊背、臀部、腳跟基本在同一垂面上。

【易犯錯誤】

（1）向左開步時，身體左右搖晃。

（2）兩臂前舉和下按時，兩肘尖外撐、上揚；兩肩上聳。

（3）屈膝下蹲時上體前俯後仰。

（4）手臂前舉和兩掌下按時，腕關節過於鬆軟，造成手臂前舉時指尖朝下，兩掌下按時指尖朝上的「折腕」錯誤。

圖 5　　　　　　圖 6　　　　　　圖 7

二、左右野馬分鬃

左野馬分鬃

1. 抱手收腳

　　上體稍右轉；右臂屈抱於右胸前，手高不過肩，肘略低於手，手心向下；左臂屈抱於腹前，手心向上；兩手上下相對，如在右肋前抱球狀；左腳收至右腳內側，腳尖點地。眼看右手（圖5）。

2. 轉體上步

　　上體右轉；左腳向左前方邁出一步，腳跟輕輕著地，重心仍在右腿上（圖6）。

3. 弓步分手

　　上體繼續左轉；重心前移，左腳踏實，左腿屈膝前弓，右腿自然蹬直，右腳跟外展，成左弓步；同時兩掌前後分開，左手分至體前，高與眼平，手心斜向上；右手按至右胯旁，手心向下，指尖朝前，兩臂微屈。眼看左掌（圖7）。

圖 8　　　　　　　圖 9　　　　　　　圖 10

右野馬分鬃

1. 轉體撇腳

重心稍向後移，左腳尖翹起外撇；上體稍左轉；兩手準備翻轉「抱球」。眼仍看左手（圖8）。

2. 抱手收腳

上體繼續左轉；左手翻轉成手心向下，在左肋前屈抱；右手翻轉前擺，手心向上，在腹前屈抱；兩手上下相對，如在左肋前抱球；重心移至左腿，左腳踏實，右腳收至左腳內側，腳尖點地。眼看左手（圖9）。

3. 轉體上步

上體稍右轉；右腳向右前方邁出一步，腳跟輕輕著地（圖10）。

4. 弓步分手

上體繼續右轉；重心前移，右腳踏實，右腿屈膝前弓；同時左腿自然蹬直，左腳跟外展成右弓步；兩手前後分開，右手分至體前，高與眼平，手心斜向上；左手按至左胯旁，

手心向下，指尖向前；兩臂微
屈。眼看右手（圖11）。

左野馬分鬃

1. 轉體撇腳

重心稍後移，右腳尖翹起
外撇；上體稍右轉；兩手準備
翻轉「抱球」（圖12）。

2. 抱手收腳

上體繼續右轉；右手翻轉
成手心向下，在右胸前屈抱；

圖11

左手翻轉前擺，在腹前屈抱；

兩手上下相對，猶如在右肋前抱球；重心前移，右腳踏實，
左腳收至右腳內側，腳尖點地。眼看右手（圖13）。

3. 轉體上步

上體左轉；左腳向左前方邁出一步，腳跟輕輕著地，重
心仍在右腿上（圖14）。

太極拳規範教程

圖12

圖13

圖14

4. 弓步分手

上體繼續左轉；重心前移，左腳踏實，左腿屈膝前弓；右腿自然蹬伸，右腳跟外展，成左弓步；同時兩掌前後分開，左手分至體前，高與眼平，手心斜向上；右手按在右胯旁，手心向下，指尖向前；兩臂微屈。眼看左掌（圖15）。

圖 15

【攻防含義】

野馬分鬃的手法是下採前靠。例如，對方右手打來，我用右手擒握對方手腕向下採引，同時左腳上步插入對方身後，左前臂隨之插入對方右腋下，用轉腰分靠之力使對方仰倒。

【教學要點】

左野馬分鬃

（1）轉體和抱手的動作是同時進行的。要在轉體的帶動下協調一致地完成。

「抱球」是一個形象的比喻，兩臂之間猶如抱一個氣球，既要抱得住，又不使氣球觸著身體。因此兩臂的動作要鬆而不軟，右臂呈弧形，高與肩平。肩部放鬆，肘略低於肩，腕略低於手，五指微屈，自然分開。前臂與胸部之間的距離一般保持 20～30 公分。

左臂的畫弧，除手水中撈月走弧形外，還要伴隨著前臂的旋轉，在勢均力敵時左臂仍呈弧形。

（2）「左腳收到右腳內側，腳尖點地」。這時身體重

心大部分應落在右腿上，左腿只起輔助支撐的作用。初學時可以這樣做，待動作熟練之後，左腳收向右腳內側時，腳尖不應點地。右野馬分鬃也同樣如此。

這裡的「腳尖點地」，指的是前腳掌著地。

（3）假設起勢時面向南方，第一個「野馬分鬃」弓步要朝向東方。在上步時上體先轉至偏東，弓步時再轉向接近正東。在連貫練習時，兩個轉體應是連貫的，中間不可間斷。

（4）左腳上步時要腳跟先著地。太極拳的步法，均要求一腿屈膝支撐身體，穩定重心，另一腿輕靈地邁出，不可落腳沉重，身體重心過早轉移。

（5）太極拳的弓步，後腿自然蹬直即可，不能像長拳那樣挺勁繃直，以致腰胯不能鬆開。但也不可過於放鬆，使膝部出現較大的彎曲，顯得軟弱無力。

另外，在右腿自然蹬直以後，右腳要全腳步踏實，不允許出現腳外側離地（掀腳）和腳後跟離地（拔跟）的現象。

弓步時前、後腿分擔體重的虛實比例是：前腿承擔約 2／3，後腿承擔約 1／3。

（6）分手時左手手心斜向上，力點在前臂外側，向左斜上方「靠」出。

此時左肩要鬆沉，肘部微屈。分到頂點時，要展掌、舒指，體現出由輕靈走向沉穩的氣勢。同時，右手要隨之向右下方分開，採至右胯旁。手心向下，指尖朝前，肘微屈。採到頂點時也要求展掌、舒指、坐腕、沉肩。

（7）眼神是太極拳的重要組成部分。本勢的眼神運用，由起勢眼看前方，轉為注視右手，再轉視左手。定勢時眼看左手。視線應有張有弛，合理調節。

（8）在完成姿勢的一瞬間，應有一點向四肢、頭頂膨脹貫力的意念，同時呼氣下沉。這樣可使完成姿勢更臻沉穩，虛實變化更為分明。但是，對貫力的意念不宜過分，尤其不要故意兩臂繃緊，彎腿下沉。

右野馬分鬃

（1）轉體翹腳時，身體重心平穩地稍向後移，與上體右轉協調並進。運轉過程中，上體要保持正直，重心移動至左腳即可輕靈地轉動。

（2）兩手翻掌畫弧「抱球」時，兩手先略放鬆（由實變虛），隨即再左掌內旋，右掌外旋畫弧，同時收攏後腳。

（3）收腳時，主要是通過重心前移，以大腿的力量輕輕地把後腳提起，慢慢地屈膝向前，使後腳在前腳的內側落下。

（4）連續上步的步法，是本勢的教學重點。教學中，可將弓步和連續上步的步法專門提出來練習，以免連貫動作練習中出現顧手顧不了腳的問題。

（5）其他要點同左野馬分鬃。

【易犯錯誤】

（1）第一個野馬分鬃由於轉體不夠，左腳落地偏右，造成左弓步兩腳「扭麻花」的錯誤。後面兩個弓步容易出現橫向寬度不夠，形成「走鋼絲」的錯誤。

（2）弓步時前腳腳尖外撇。這主要是由於學生平時習慣外八字腳造成的。

（3）弓步時後腳跟沒有外展後蹬，造成野馬分鬃挺胸、側肩和開胯的錯誤。

（4）手指過於僵硬或鬆軟。男同學易手指僵直，女同學最易造成「蘭花指」。

| 圖 16 | 圖 17 | 圖 18 |

（5）動作過程中，上體俯仰歪斜，或低頭彎腰，眼睛死盯著手。

三、白鶴亮翅

1. 跟步抱手

上體稍左轉；左腳向前跟半步，前腳掌輕輕落地，與左腳跟相距約一腳長；同時兩手翻轉相對，在胸前屈臂「抱球」，左手在上，手心向下，右手在下，手心向上。眼看左手（圖 16）。

2. 後坐轉體

重心後移，右腳踏實；同時上體後坐，並向右轉體；兩手交錯分開，右手上舉，左手下落。眼看右手（圖 17）。

3. 虛步分手

上體轉正；左腳稍向前移動，前腳掌著地，成左虛步；同時右手向上分至右額前，掌心向內，左手按在左腿旁。眼平視前方（圖 18）。

【攻防含義】

　　白鶴亮翅的攻防含義有二。一是對方雙掌攻來，我急用兩手上下分開對方雙掌，化解其攻勢。二是對方右手攻來，我用左手擒住其右腕，右臂插入對方左腋下，用轉腰橫掤之力使其前撲。

【教學要點】

　　（1）這一勢的動作不是太難，在教學中應把重點放在步型和步法上。

　　本勢的步型是虛步，步法是跟步。虛步應做到規格正確，上體鬆正，兩腿虛實分明，重心穩定。跟步時，應先移動重心，輕輕提起右腳，向前跟進半步。落腳時與左腳距離約一腳長，重心慢慢後移，右腳逐漸踏實，右腿由虛變實，支撐大部分體重，最後將左腳輕緩地前移，調整成左腳前腳掌著地的左虛步。整個過程要求步法輕靈，重心移動平穩，兩腳虛實轉換清楚。

　　（2）在做上述步法轉換時，應該讓學生注意腰部的旋轉，保證全身動作協調完整。即右腳前跟時腰部微左轉，身體後坐時腰部微右轉，最後調整步型時身體再轉向正前方。

　　眼神要與手的運動協調配合。跟步抱手時眼看左手；後坐轉體時，向右轉看右手；最後上體轉正，眼平視前方。

　　（3）隨著兩手右上左下分開，應注意頂頭豎脊，兩手分撐，鬆腰鬆胯，精神貫注，顯示出定勢時的沉著與穩定。

【易犯錯誤】

　　（1）虛步時出現上體後仰，挺髖挺腹；上體前俯，挺胸突臀；虛腿時膝部挺直，實腿時膝部裡裹；兩腳橫向距離過大或過小；兩腿虛實不明，體重落於兩腿之間等。

　　（2）兩手外撐不夠，肘部過於彎曲，造成夾腋折臂。

四、左右摟膝拗步

左摟膝拗步

1. 轉體擺臂

上體稍左轉；右手擺至體前，手心轉向上。眼看右手（圖19）。

圖 19

2. 擺臂收腳

上體右轉；兩臂交叉擺動，右手自頭前下落，經右胯側向右後方上舉，與頭同高，手心向上；左手自左側上擺，經頭前向右畫弧落至右肩前，手心向下；左腳回收落在右腳內側，腳尖點地。頭隨身體轉動，眼看右手（圖20）。

圖 20

3. 上步屈肘

上體稍左轉；左腳向左前方邁出一步，腳跟輕輕落地；右臂屈肘，右手收至肩膀上頭側，虎口對耳，掌心斜向前，左手落在腹前。眼看前方（圖21）。

4. 弓步摟推

上體繼續左轉；重心前移，左腳踏實，左腿屈弓，右腿自然蹬直成左弓步；左手經左膝前向左摟過，按於左腿外側，掌心向下，指尖向前；右手向前推出，指尖與鼻尖相對，掌心向前，指尖向上，右臂自然伸直，肘微屈垂。眼看

圖 21

圖 22

右手（圖 22）。

右摟膝拗步

1.轉體撇腳

　　重心稍後移，左腳尖翹起外撇，上體左轉；兩臂外旋，開始向左擺動。眼看右手（圖23）。

2.擺臂收腳

　　上體繼續左轉；重心前移，左腳踏實，右腳收至左腳內側，腳尖點地；右手經頭前

圖 23

畫弧擺至左肩前，掌心向下；左手向左上方畫弧上舉，與頭同高，掌心向上，左臂自然伸直，肘部微屈。頭轉看左手（圖24）。

3.上步屈肘

　　上體稍右轉；右腳向右前方邁出一步，腳跟輕輕落地；

左臂屈肘，左手收至肩上頭側，虎口對耳，掌心斜向前；同時右手下落至腹前，手心向下，肘部微屈。頭轉看前方（圖25）。

圖24　　　　　圖25

4. 弓步摟推

上體繼續右轉；重心前移，右腳踏實，右腿屈弓，左腿自然蹬直成右弓步；右手經右膝前上方向右摟過，按於右腿外側，掌心向下，指尖向前；左手向前推出，指尖與鼻尖相對，掌心向前，指尖向上，左臂自然伸直，肘部微垂。眼看左手（圖26）。

左摟膝拗步

1. 轉體撇腳

重心稍後移，右腳尖翹起外撇，上體右轉；兩臂外旋，開始向右擺動。眼看左手（圖27）。

2. 擺臂收腳

上體繼續右轉；重心前移，右腳踏實，左腳收至右腳內側，腳尖點地；左手畫弧，經頭前擺至右肩前，掌心向下；右手向右

圖26

圖27

圖28

圖29

上方畫弧上舉，與頭同高，掌心向上，右臂自然伸直，肘部微屈。頭轉看右手（圖28）。

3. 上步屈肘

上體稍左轉；左腳向左前方邁出一步，腳跟輕輕落地；右臂屈肘，右手收至肩上頭側，虎口對耳，掌心斜向前；同時左手下落至腹前，掌心向下，肘部微屈。頭轉看前方（圖29）。

圖30

4. 弓步搭推

上體繼續左轉；重心前移，左腳踏實，左腿屈弓，右腿自然蹬伸成左弓步；左手經左膝前上方向左摟過，按於左腿外側，掌心向下，指尖向前；右手向前推出，指尖與鼻尖相對，掌心向前，指尖向上，右臂自然伸直，肘部微垂。眼看右手（圖30）。

【攻防含義】

摟膝拗步的用意是，一手摟開對方攻來的手或腳，另一手向前推打反擊。

【教學要點】

（1）摟膝拗步與野馬分鬃同為連續向前的三個弓步，所不同的是摟膝拗步是手腳左右異側的拗弓步。為了保證重心的穩定，兩腳的左右寬度一定要保持 30 公分左右，切忌兩腳踩在一條直線上或左右交叉，以防止上體歪扭。

（2）在上步過程中，後腳收至支撐腳內側，腳尖點地，是為了照顧初學者支撐無力、重心掌握不穩而提出的。一旦動作熟練以後，教師應讓學生取消腳尖點地這個環節，使後腳經支撐腳內側時不停不落，連貫穩健地向前邁出。上步中的停頓只是對初學者教學中採用的過渡手段，控制能力強的學生，完全可以直接連續上步。這樣動作會更加完整。

（3）在做「摟膝拗步」時，前推、下摟的兩掌和弓腿應同時到位，教師應在教學中加以強化提示，使學生控制住弓腿和摟推掌的速度，做到動作上下合拍，同步行動。

【易犯錯誤】

（1）推掌過直過遠，摟手屈肘後拉，造成肩、臂緊張，上體前俯。

（2）擺臂時腰部不轉動，單純地掄擺兩臂，動作如木偶一樣生硬機械。

（3）弓步橫向寬度不夠，上體緊張歪扭，重心不穩。

（4）前推、下摟的兩掌和弓腿顧此失彼，快慢不一，互不協調，形成下摟的掌已摟完，前推的掌尚未啟動；或弓腿已達頂點，兩手仍在途中等錯誤，令人看起來動作支離破碎，很不舒服。

五、手揮琵琶

1. 跟步展臂

右腳向前收攏半步，腳前掌輕落於左腳後，與左腳相距約一腳長；右臂稍向前伸展，腕關節放鬆（圖31）。

圖 31

2. 後坐引手

重心後移，右腳踏實，上體右轉；左手向左、向上畫弧擺至體前，手臂自然伸直，掌心斜向下；右手屈臂後引，收至胸前，掌心斜向下。眼轉看左手（圖32）。

3. 虛步合手

上體稍向左回轉，左腳稍向前移，腳跟著地，成左虛步；兩臂外旋，屈肘合抱，兩手前後交錯，側掌合於體前；左手與鼻相對，掌心向右；右手與左肘相對，掌心向左，兩臂猶如抱琵琶的樣子。眼看左手（圖33）。

圖 32

圖 33

【攻防含義】

手揮琵琶的手法是合手搣臂。當對方右手打來，我用右手握其腕部，順勢向後牽引。同時左手貼於對方肘關節處，然後兩手左右用力內合，採用反關節擒拿方法，使對方右臂傷折。

【教學要點】

（1）本勢教學應注意身法與手法、步法的協調，防止動作生硬僵化。例如，在做後坐引手動作時，要讓學生體會以重心後坐和轉體來帶動兩臂的前擺和後引；在做兩臂的合手向虛步時，要以身體的向左回轉來協調上下肢動作。

（2）定勢時，兩臂應半屈成弧，舒展圓滿。同時還要頂頭豎脊，鬆腰沉氣，屈腿落胯，充分體現出沉穩、挺拔、飽滿的氣勢。

【易犯錯誤】

（1）身法與手法不協調。常出現兩種傾向：一是轉體過大，動作散亂，上體忽側忽正，腰肢脫節；二是轉體過小，手法飄浮，動作呆板。

（2）定勢時兩臂沒有保持弧形，肘部過分彎曲，兩臂緊縮，夾肋夾腋，動作不舒展。

（3）虛步步型不正確，俯身突臀，或仰身挺腹。

六、左右倒卷肱

右倒卷肱

1. 轉體撤手

上體稍右轉；兩手翻轉向上，右手隨轉體向下經腰側向後上方畫弧，右臂微屈，手與頭同高；左手翻轉於體前；頭隨身體轉動。眼先看右手，再轉看左手（圖34）。

2. 退步卷肱

上體稍左轉；左腳提收向後退一步，腳前掌輕輕落地；右臂屈卷，右手收至肩上耳側，掌心斜向下方；左手開始後收。眼看左手（圖35）。

3. 虛步推掌

上體繼續左轉；重心後移，左腳踏實，右腳以腳掌為軸扭直，腳跟離地，右膝微屈成右虛步；右手推至體前，腕

圖 34

與肩同高，掌心向前；左手向後、向下畫弧，收至左腰側，手心向上。眼看右手（圖 36）。

左倒卷肱

1. 轉體撤手

上體稍左轉；左手向左後上方畫弧，與頭同高，掌心向上，左臂微屈；右手翻轉停於體前。頭隨身體轉動，眼先看

圖 35

圖 36

圖 37　　　　　　　　　　圖 38

左手，再轉看右手（圖 37）。

2. 退步卷肱

　　上體稍右轉；右腳提收向後退一步，腳前掌輕輕落地；左臂屈卷，左手收至肩上耳側，掌心斜向前下方；右手開始後收。眼看右手（圖 38）。

3. 虛步推掌

　　上體繼續右轉；重心後移，右腳踏實，左腳以腳掌為軸扭直，腳跟離地，左膝微屈成左虛

圖 39

步；左手推至體前，腕與肩同高，掌心向前；右手向後、向下畫弧，收至右腰側。眼看左手（圖 39）。

右倒卷肱
1. 轉體撤手

　　上體稍右轉；右手隨轉體向後上方畫弧，右臂微屈，手

太極拳規範教程

圖 40

圖 41

與頭同高，手心向上；左手翻轉停於體前；頭隨身體轉動。眼先看右手，再轉看左手（圖40）。

2.退步卷肱

上體稍左轉；左腳提收向後退一步，腳前掌輕輕落地；右臂屈卷，右手收至右肩上耳側，掌心斜向下方；左手開始後收。眼看左手（圖41）。

圖 42

3.虛步推掌

上體繼續左轉；重心後移，左腳踏實，右腳以腳掌為軸扭直，腳跟離地，右膝微屈成右虛步；右手推至體前，腕與肩同高，掌心向前；左手向後、向下畫弧，收至左腰側，手心向上。眼看右手（圖42）。

圖43

圖44

左倒卷肱

1.轉體撤手

上體稍左轉；左手向左後上方畫弧，手與頭同高，掌心向上，左臂微屈；右手翻轉停於體前；頭隨身體轉動。眼先看左手，再轉看右手（圖43）。

圖45

2.退步卷肱

上體稍右轉；右腳提收向後退一步，腳前掌輕輕落地；左臂屈卷，左手收至肩上耳側，掌心斜向前下方；右手開始後收。眼看右手（圖44）。

3.虛步推掌

上體繼續右轉；重心後移，右腳踏實，左腳以腳掌為軸扭直，腳跟離地，左腿微屈成左虛步；左手推至體前，腕與肩同高，掌心向前；右手向後、向下畫弧，收至右腰側。眼

看左手（圖45）。

【攻防含義】

倒卷肱的含義是在退守中反擊。以右倒卷肱為例，當對方右手攻來，我用右手接住，順勢退步牽引，左手乘勢向前擊打對方胸部。

【教學要點】

（1）本勢的步法是在虛步基礎上的連續退步。教學中要抓住「重心平穩」「點起點落」「輕起輕落」的要點。

「重心平穩」是指提腿時身體重心不要升高，落步時重心不要降低，身體不要在退步中出現明顯的起伏現象。

「點起點落」「輕起輕落」是指動作以輕靈柔和，由點及面。提腳時先提腳跟，落腳時先落腳掌（向前上步先落腳跟），不可平起平落，提腳防止猛蹬急收，落腳避免沉重「砸夯」。

（2）卷肱動作應重點強調屈肘折臂，避免屈指卷腕，不要讓學生把卷肱做成卷腕花。當推掌到頂點時，要有意識地坐腕、展掌、舒指，體現由虛到實的勁力變化。

（3）撤手時手要走弧線，不要直抽到胸前。另外，兩掌的推撤要協調配合，在體前有一個兩掌交錯的過程。不要距離太遠。

（4）本勢的眼神，應隨著轉體先向側看，再轉看前手。

【易犯錯誤】

（1）學生分不清哪裡是定勢，所以造成動作配合混亂。定勢應是「倒卷肱」的第三動即「虛步推掌」的完成姿勢（圖36、圖39、圖42）。這時，眼睛注視前手，上體舒展伸拔，然後轉接下一個動作。有些學生常常在推掌後頭轉

看後方，手眼脫節。教師應在教學中注意糾正。

（2）退步時落腳過於偏內，形成上體歪扭、兩腳「擰麻花」的錯誤。

（3）退步時重心控制不穩，體重過早後坐造成落腳沉重、腳快手慢、上下不協調的錯誤。

七、左攬雀尾

1. 轉體撇手

上體微右後轉；右手由腰側向右上方畫弧，右臂微屈，手與肩同高，掌心斜向上；左手在體前放鬆，手心向下；頭隨身體轉動。眼向右平視（圖46）。

圖 46

2. 抱手收腳

右手屈臂抱於右胸前，掌心翻轉向下；左手畫弧下落，屈抱於腹前，掌心轉向上，兩手上下相對如「抱球」狀；左腳收至右腳內側，腳尖點地。眼看右手（圖47）。

3. 轉體上步

上體微左轉，右腳向左前方邁出一步，腳跟輕輕落地。眼看前方（圖48）。

4. 弓步掤臂

上體繼續左轉；重心前

圖 47

太極拳規範教程

圖 48

圖 49

移，左腳踏實，左腿屈膝前
弓，右腿自然蹬直，成左弓
步；兩手前後分開，左臂半屈
向體前掤架，腕與肩同高，掌
心向下，五指向前。眼看左手
（圖49）。

5. 轉體擺臂

上體稍左轉；左手向左前
方伸出，掌心轉向下；同時右
臂外旋，右手經腹前向上、向
前伸至左前臂內側，掌心向
上。眼看左手（圖50）。

圖 50

6. 轉體後捋

上體右轉；兩手同時向下經腹前向右後方畫弧後捋，右
手舉於身體側後方，與頭同高，掌心向外；左臂平屈於胸
前，掌心向內；重心後移，身體後坐，右腿屈膝，左腿自然

圖 51

圖 52

伸直。眼看右手（圖51）。

7. 轉體搭手

上體左轉，正對前方；右臂屈肘，右手收至胸前，搭於左腕內側，掌心向前；左前臂仍屈收於胸前，掌心向內，指尖向右。眼看前方（圖52）。

8. 弓步前擠

重心前移，左腿屈弓，右腿自然蹬直成左弓步；右手推送左前臂向體前擠出，與肩同高，兩臂撐圓。眼看前方（圖53）。

圖 53

9. 後坐引手

重心後移，上體後坐，右腿屈膝，左腿自然伸直，左腳尖翹起；左手翻轉向下，右手經左腕上方向前伸出，掌心也轉向下；兩手左右分開與肩同寬，兩臂屈收，兩手後引，經

圖 54

圖 55

109

第四章　簡化太極拳（二十四式）教學

胸前收到腹前，手心斜向下。眼向前平視（圖 54）。

10. 弓步前按

重心前移，左腳踏實，左腿屈弓，右腿自然蹬直成左弓步；兩手沿弧線推按至體前，兩腕與肩同高、同寬，兩掌心向前，指尖向上。眼看前方（圖 55）。

【攻防含義】

攬雀尾包括了太極拳中最基本的四種攻防手法。

掤手的含義是屈臂迎架住對方的來手，以觀其變。它在外形上與野馬分鬃相似，其含義則完全不同。後者是以分靠手法進攻，掤手則是築起一道防線，接住對方來手，靜觀對方反應，以應其變。術語稱為「聽勁」。

捋的含義是當對方攻來，我一手附於其腕，另一手附於其肘關節，順勢向後牽引，同時轉腰側身，使其撲空。它與強拉不同之處在於不以力勝，而是借力巧取，引進對手使其落空。

擠的用法是當對手感到落空，急欲抽身後退之際，我用

前臂貼緊對方，用快速擠壓之力攻擊對手。

按的原意是向下用力。但在太極拳中，常在向前用力發放之前，先向下牽引對方，使其向上反抗，重心升高，立腳不穩，再快速發力前推，取得更大效果。這種變化的用力稱為按或前按。它比單純地用力前推更為巧妙。

【教學要點】

（1）攬雀尾的教學應重視上下肢的配合。掤、擠、按時要與弓腿協調一致；捋手和引手要與屈腿後坐一致。前弓和後坐時，重心移動要充分，要讓學生注意保持上體鬆正舒展。弓腿時要頂頭、沉肩、豎脊、展背；坐腿時要鬆腰、斂臀、屈膝、落胯。

（2）攬雀尾包括掤、捋、擠、按四個分勢。每個分勢完成時，肢體要膨展，勁力要貫注，動作要沉穩，要體現出動作由虛到實的變化。然而，太極拳的特點是綿綿不斷，前一個勢子的完成恰好是後一個勢子的開始，所以，拳勢之間既要有虛實轉換，又不可間斷，做到勢變勁不斷，勁變意不斷。

（3）本勢的步型是順弓步，兩腳間的橫向距離以不超過 10 公分為宜。第二動抱手收腳後，應逐漸做到提收，腳尖不點地。

（4）做「掤勢」時，轉體分手和屈膝弓腿要同時到位。

「捋勢」時，兩臂的後捋要與腰部旋轉協調一致。捋勢完成時，兩手向側後方約斜向 45°。同時保持上體端正，下肢穩固。

「後坐引手」時，左腳尖翹起，左腿膝部不要挺直，上體勿挺腹後仰。同時，兩手保持與肩同寬，收至胸前，手心

斜向下，兩肘微向外開。

弓步前按時，兩手要沿弧線向上、向前推按。

【易犯錯誤】

（1）做「掤勢」和「擠勢」時，兩臂不鬆展，出現緊張夾腋或鬆軟無力的錯誤。

（2）前弓和後坐過程中，後腳腳跟隨意扭動，全腳不能踏實地面。

（3）前按時兩手向兩側分開畫弧，或兩掌自下畫弧上挑。

（4）手腳配合不協調，腿快手慢或手快腿慢。

圖 56

八、右攬雀尾

1. 轉體分手

重心後移，上體右轉，左腳尖內扣；右手經頭前畫弧右擺，掌心向外，兩手平舉於身體兩側。頭及目光隨右手移轉（圖56）。

2. 抱手收腳

左腿屈膝，重心左移，右腳收至左腳內側，腳尖點地；左手屈抱於左胸前，手心向下；右手屈抱於腹前，手心向上，兩手上下相對，在左肋前「抱球」。眼看左手（圖57）。

圖 57

圖 58

圖 59

3. 轉體上步

　　上體微右轉，右腳向右前方邁出一步，腳跟輕輕落地。眼看前方（圖58）。

4. 弓步掤臂

　　上體繼續右轉，重心前移，右腳踏實，右腿屈膝前弓，左腿自然蹬直，成右弓步；兩手前後分開，右臂半屈向體前掤架，腕與肩同高，掌心向內；左手向下畫弧按於左

圖 60

胯旁，手心向下，指尖向前。眼看右手（圖59）。

5. 轉體擺臂

　　上體稍右轉；右手向右前方伸出，掌心轉向下；同時左臂外旋，左手經腹前向上、向前伸至右前臂內側，掌心向上。眼看右手（圖60）。

圖 61

圖 62

6. 轉體後捋

上體左轉；兩手同時向下經腹前向左後方畫弧後捋，左手舉於身體側後方，與頭同高，掌心向外；右臂平屈於胸前，掌心向內；重心後移，身體後坐，左腿屈膝，右腿自然伸直。眼看左手（圖 61）。

7. 轉體搭手

上體右轉，正對前方；左臂屈收，左手收至胸前，搭於右腕內側，掌心向前，左前臂仍屈於胸前，掌心向內，指尖向左。眼看前方（圖 62）。

8. 弓步前擠

重心前移；右腿屈弓，左腿自然蹬伸成右弓步；左手推送右前臂向體前擠出，與肩同高，兩臂撐圓。眼看前方（圖 63）。

圖 63

9. 後坐引手

重心後移，上體後坐；左腿屈膝，右腿自然伸直，右腳尖翹起；右手翻轉向下，左手經右腕上方向前伸出，掌心也轉向下；兩手左右分開與肩同寬，兩臂屈收，兩手後引，經胸前收到腹前，手心斜向下。眼向前平視（圖64）。

圖64

10. 弓步前按

重心前移；右腿踏實，右腿屈弓，左腿自然蹬直成右弓步；兩手沿弧線推按至體前，兩腕與肩同高、同寬，兩掌心向前，指尖向上。眼看前方（圖65）。

【攻防含義】

同左攬雀尾。

【教學要點】

（1）隨身體右轉，右手水平向右畫弧，兩手分開不超過120°。此時左手不要隨之向右擺動。

圖65

（2）身體右轉時，左右腿屈膝後坐，重心不可升高。同時左腳尖內扣，扣的角度以大於90°為宜。

（3）其餘要點與「左攬雀尾」相同。

【易犯錯誤】

（1）身體右轉時，左腳尖內扣角度不夠，影響右腳出腳方向不正，上體緊張歪扭。

（2）其餘錯誤同「左攬雀尾」。

九、單 鞭

1. 轉體運臂

重心左移，上體左轉，右腳尖內扣；兩臂交叉運轉。左手經頭前向左畫弧至身體左側，掌心向外；右手經腹前向左畫弧至左肋前，掌心轉向內。視線隨左手運轉（圖66）。

圖66

2. 勾手收腳

上體右轉，重心右移；右腿屈膝，左腳收至右腳內側，腳尖點地；右手向上、向右畫弧，掌心向內，經頭前至身體右前方變成勾手，勾尖向下，腕高與肩平；左手向下、向右畫弧，經腹前至右肩前，掌心轉向內。視線隨右手移轉，最後看勾手（圖67、圖68）。

圖67

圖68

3. 轉體上步

上體稍左轉；左腳向左前方邁出一步，腳跟落地；左手經面前向左畫弧，掌心向內。眼看左手（圖69）。

4. 弓步推掌

上體繼續左轉，重心前移；左腳踏實，左腿屈弓，右腿自然蹬直，腳跟外展，成斜向左前方的弓步；左手經面前翻轉向前推出，腕與肩同高，左肘與左膝上下相對。眼看左手（圖70）。

圖69

【攻防含義】

單鞭的用法是，我用右勾手刁住對方的手腕，再用左手出擊，像一條鋼鞭一樣給對方有力的打擊。

【教學要點】

（1）單鞭的弓步應斜向左前方，以不超過30°為宜。兩腳的左右寬度約10公分。

圖70

前臂、前腿的方向應一致。勾手時右臂伸舉方向為斜後方45°。

（2）身體左右轉動時，重心移動要充分，兩腿虛實要分明。

（3）推掌時，隨著上體左轉，左腿前弓，左手一邊翻

太極拳規範教程

掌一邊向前推出，到達頂點時，配合鬆腰、鬆胯、沉氣，同時沉腕、展掌、舒指。

（4）動作熟練後，應做到收腳後腳尖不點地，有基礎的學員也可在開始時直接提收，不經過點地過程。

【易犯錯誤】

（1）勾手時腕部故意繞轉，形成「腕花」；五指不同時捏攏，先後不一；腕關節僵直，勾尖向後。

圖71

（2）定勢時，右腳跟蹬轉不夠，造成弓步開襠展胯，上體側傾。

（3）定勢時還易出現挺胸塌腰或身體前俯的錯誤。

十、雲　手

1. 轉體鬆勾

重心後移，上體右轉；左腳尖內扣，右腿彎曲；左手向右畫弧，經腹前至右肩前，掌心向內；右勾手鬆開變掌，掌心向外。眼看右手（圖71）。

2. 左雲併步

上體左轉，重心左移；右腳向左腳併攏，腳前掌先著地，隨之全腳踏實，兩腿屈膝半蹲，兩腳平行，腳尖向前，兩腳相距約10公分；左手經頭前向左畫弧雲轉，掌心漸漸翻轉向內；左掌停於身體左側，高與肩平，右手停於左肩前。視線隨左手轉移（圖72、圖73）。

圖72

圖73

圖74

圖75

3.右雲開步

　　上體右轉，重心右移；左腳向左橫開一步，腳前掌先著地，隨之全腳踏實，腳尖向前；右手經頭前向右畫弧雲轉，掌心逐漸翻轉向外；左手向下經腹前同時向右畫弧雲轉，掌心逐漸翻轉向內；右掌停於身體右側，高與肩平，左掌停於右肩前。視線隨右手轉移（圖74、圖75）。

圖 76

圖 77

4. 左雲併步

上體左轉，重心左移；右腳向左腳併攏，腳前掌先著地，隨之全腳踏實，兩腿屈膝半蹲，兩腳平行，腳尖向前，兩腳相距約10公分；左手經頭前向左畫弧雲轉，掌心漸漸翻轉向內；左掌停於身體左側，高與肩平，右掌停於左肩前。視線隨左手轉移（圖76、圖77）。

圖 78

5. 右雲開步

上體右轉，重心右移；左腳向左橫開一步。腳前掌先著地，隨之全腳踏實，腳尖向前；右手經頭前向右畫弧雲轉，掌心漸漸翻轉向外；左手向下經腹前同時向右畫弧雲轉，掌心漸漸翻轉向內；右掌停於身體右側，高與肩平，左掌停於右肩前。視線隨右手轉移（圖78、圖79）。

圖 79

圖 80

太極拳規範教程

6. 左雲併步

上體重心左移；右腳向左腳併攏，腳前掌先著地，隨之全腳踏實，兩腿屈膝半蹲，兩腳平行，腳尖向前，兩腳相距約 10公分；左手經頭前向左畫弧雲轉，掌心漸漸翻轉向外；右手向下經腹前同時向左畫弧雲轉，掌心漸漸翻轉向內；左掌停於身體左側，高與肩平，右掌停於左肩前。視線隨左手轉移（圖 80、圖 81）。

圖 81

【攻防含義】

雲手是防守動作，用前臂或手撥開對方的進攻。對方用左、右手連續進攻，我則用雲手連續破解對方。也可以用右手撥開對方的右手後，左手插入對方腋下向右橫捌進攻。

【教學要點】

（1）此勢的教學重點是讓學生做到以腰為軸，轉腰帶手，身手合一。兩手的左右擺動不是孤立的，要與重心的移動、腰的旋轉和側行步法協調完成。兩臂的旋轉和腳步的移動要輕柔漸進，配合恰到好處。

（2）本勢的步型為小開步。小開步的要求是兩腳平行向前，相距 10～20 公分。

（3）雲手的步法是側行步，做側行步時要注意以下四點：

①要掌握「點起點落」「輕起輕落」的步法規律。在側行中，兩腳由點及面提落踏實，輪換支撐體重。重心移動要充分，兩腿虛實要分明。左腳輕靈地提起向左分開，右腳輕靈地向左腳併攏。

②步幅要適度。側行步的步幅是以一腿屈膝支撐體重，另一腿自然伸直橫向邁出一步。

③移步時上體不可俯仰歪斜或擺晃。

④身體不可起伏。重心應平穩、均勻地運動，始終保持拳架的同一高度。

（4）雲手手法是兩手交錯向左或向右畫立圓，同時伴隨旋臂翻掌。手臂經過面前畫圓時應半屈成弧，距頭不要過近。向下畫弧時，肘微屈，臂自然伸直。

【易犯錯誤】

（1）側行步出現「八字腳」或兩腳靠攏的錯誤。

（2）眼神隨畫弧的上手移動時，沒有張弛的變化，始終緊張、死板地盯著手掌。

（3）兩臂的運動不是在腰脊的帶動下運轉，形成腰不旋轉，單純兩臂掄擺的錯誤。

圖 82　　　　　　　圖 83　　　　　　　圖 84

（4）下肢的動作與手臂的動作沒有協調配合，造成上下脫節，扭擺腰胯。

十一、單　鞭

1.轉體勾手

上體右轉重心移向右腿，左腳跟提起；右手經頭前向右畫弧，至右前方掌心翻轉變勾手；左手向下經腹前向右畫弧雲轉至右肩前，掌心轉向內。眼看勾手（圖 82、圖 83）。

2.轉體上步

上體稍左轉；左腳向左前方上步，腳跟落地；左手經面前向左畫弧，掌心向內。眼看左手（圖 84）。

3.弓步推掌

上體繼續左轉；重心前移，左腳踏實，左腿屈弓，右腿自然蹬直，腳跟外展，成斜向左前方的弓步；左手經面前翻轉向前推出，腕與肩平；左肘與左膝上下相對。眼看左手（圖 85）。

十二、高探馬

1. 跟步翻手

後腳向前收攏半步，腳前掌著地，距前腳約一腳長；右勾手鬆開，兩手翻轉向上，兩臂前舉，肘關節微屈。眼看左手（圖86）。

圖85

2. 後坐卷肱

上體稍右轉；重心後移，右腳踏實，右腿屈坐，左腳跟提起；右臂屈肘，右手卷收至頭側，高與頭平，掌心斜向下。眼看左手（圖87）。

3. 虛步推掌

上體左轉，右肩前送；右手經頭側向前推出，腕與肩同高，手心向前；左臂屈收，左手收至腹前，掌心向上。眼看右手（圖88）。

圖86

圖87

圖88

【攻防含義】

當對方右拳或右掌擊來，我用左前臂外旋，壓住其腕或前臂，並順勢向下、向後引帶，右手乘勢直擊其面。故「高探馬」又稱「撲面掌」。

【教學要點】

（1）虛步推掌應在轉腰順肩的配合下完成。身體保持中正、舒展，動作協調一致。

（2）本勢和「倒卷肱」比較，有以下三點區別：

①「倒卷肱」是順步的虛步推掌，即前推掌和前虛腿在身體同側；而本勢則是拗步的虛步推掌，前推掌和前虛腿在身體異側。故本勢推掌的順肩程度要略小於「倒卷肱」，上體才能舒適自然。

②本勢推掌手指高與眼平，較之「倒卷肱」推掌要略高一些。

③本勢左掌撤收時肩部鬆沉，用手前臂外側向後下方旋轉沉帶，肘部收至腰側，手收在腹前，而不像「倒卷肱」那樣把手收至腰側。

【易犯錯誤】

（1）身體後坐時，過分轉頭看後方的右手，造成歪頭扭頸。

（2）定勢時兩腿伸直，重心升高。

（3）右臂過於靠緊身體，夾肋緊腋。

十三、右蹬腳

1. 穿手上步

上體左轉；左腳提收後再向左前方邁出，腳跟著地；右手稍向後收，左手經右手背向右前方穿出，兩手交叉，腕關

節相交，左掌心斜向上，右掌心斜向下。眼看左手（圖89）。

圖 89

2. 分手弓腿

重心前移，左腳踏實，左腿屈弓，右腿自然蹬直；兩手同時向左右分開，掌心向前，虎口相對，兩臂外撐。眼看右手（圖90）。

3. 抱手收腳

右腳收至左腳內側，腳尖點地；兩手向腹前畫弧相交合抱，舉至胸前，右手在外，兩掌心皆向內。眼看右前方（圖91）。

4. 分手蹬腳

左腿支撐，右腿屈膝上提，右腳腳尖上勾，腳跟用力慢慢向右前上方蹬出；左腿微屈，右腿伸直；兩手手心向外撐開，兩臂展於身體兩側，肘關節微屈，兩腕與肩平；右腿與右臂上下相對，方向為右前方約30°。眼看右手（圖92）。

圖 90

圖 91

圖 92

【攻防含義】

用手分撥開對方的進攻，隨即用腳蹬踹對方。

【教學要點】

（1）蹬腳的動作比較複雜，難度也比較大，要求較強的腿部力量和支撐平衡能力。在教學時應重點抓住「穩」和「協調」兩個關鍵。

要做到穩。首先，收腳時要穩定重心，初學者利用腳尖點地，調整重心到位，逐步做到收腳不落地也能控制好重心。再者，提膝、蹬腳的動作要勻速緩慢，不可突然加速，以免失去平衡。同時還要注意加強基本功的操練，提高樁步的穩固性和韌帶柔韌性。

要做到「協調」應抓住六個一致，即「穿掌與收腳一致；上步與翻手一致；弓腿與分手一致；收腳步與抱手一致；提膝與舉抱一致；蹬腳與分手撐臂一致」。在做動作中，抓住了這六個一致，整個動作就會協調。

（2）本勢手臂的動作較為複雜。在「穿掌—分手—合抱—撐開」的整個過程中，雙手兩次交叉和分開，在教學中應將畫弧的路線、前臂的旋轉等細節交代清楚。

第一動的穿掌應隨著轉體先微向右再向左上步，左手經右手背向前上方伸穿。兩手手背相對，兩腕交叉，與肩同高，兩肘微屈。

第二、三動的分手與抱手，是一個完整的兩臂回環過程。分手時，兩手邊內旋翻掌，邊經面前向左右畫弧分開。隨之兩手不停頓地一邊外旋翻掌，一邊向下經腹前交叉全抱舉於胸前。

第四動分手外撐動作，兩手右前、左後地分開畫弧，舉手不要超過頭的高度。兩肘保持微屈。這時重心上升，支撐

腿自然伸直。

本勢「穿、分、抱、撐」的掌法變化，在教學中可單獨抽出來練習，學生較容易掌握。

（3）此勢的眼神處理應是，第一動眼看左手；第二動眼看右手；第三動眼看右前方的蹬腳方向；第四動眼看右手。

（4）定勢時頂頭立腰，蹬腳高於水平，重心保持穩定。初學者一時做不到，不必勉強。教師應因人而異，循序漸進地提出要求。

【易犯錯誤】

初學者在做此勢時容易出現的錯誤較多。

（1）單腿支撐不穩。

（2）上體後仰或前傾。

（3）撐開的兩臂一高一低。

（4）獨立的左腿過於彎曲。

（5）右臂和右腿上下不相對應。

（6）肩部緊張上聳，胸部緊張憋氣。

（7）彎腰低頭。

上述錯誤的主要原因是全身緊張，勉強用力，身體素質達不到要求造成的，教師應根據具體情況，區別對待，加以糾正和幫助。

十四、雙峰貫耳

1. 屈膝併手

右腿屈膝回收，腳尖自然下垂；左手經頭側向體前畫弧，與右手併行落於右膝上方，掌心皆向上，指尖向前。眼看前方（圖93）。

圖 93　　　　　　圖 94　　　　　　圖 95

2.上步落手

右腿向右前方上步，腳跟落地，腳尖斜向右前方約30°；兩手收至兩腰側，掌心向上（圖94）。

3.弓步貫拳

重心前移，右腳踏實，右腿屈弓，左腿自然蹬直，成右弓步；兩手握拳從兩側向上、向前畫弧擺至頭前，兩臂半屈成弧，兩拳相對成鉗形，相距同頭寬，前臂內旋，拳眼斜向下。眼看前方（圖95）。

【攻防含義】

兩拳自腰間同時向前上方畫弧擺打，橫擊對方太陽穴。

【教學要點】

（1）定勢方向應與右蹬腳的方向一致。

（2）落腳前支撐的左腿先屈蹲，降低重心，然後右腳再向前上步落地。

（3）貫拳時力點在拳面，兩拳眼斜向下，立身中正，沉肩墜肘。

【易犯錯誤】

（1）雙手握拳過緊或過鬆。

（2）貫拳時兩臂平直，拳眼相對。

（3）定勢時聳肩縮脖，低頭拱背，俯身突臀。

十五、轉身左蹬腳

1. 轉體分手

重心後移，上體左轉；左腿屈坐，右腳尖內扣；兩拳鬆開，左手經頭前向左畫弧，兩臂微屈舉於身體兩側，掌心向外。眼看左手（圖96）。

2. 收腳合抱

重心右移，右腿屈膝後坐，左腳收至右腳內側，腳尖點地；兩手向下畫弧，於腹前交叉合抱，舉至胸前，左手在外，兩手心皆向內。眼看前方（圖97）。

圖 96

圖 97

3. 分手蹬腳

右腿支撐，左腿屈膝高提，左腳腳尖上勾，腳跟用力向左前上方慢慢蹬出；兩臂內旋，兩掌心轉向外，左前右後畫弧分開，兩臂微屈舉於身體兩側；左腿蹬直，與左臂上下相對。眼看左手（圖98）。

【攻防含義】

轉身撥開對方的進攻，隨即用左腳蹬踹對方。

【教學要點】

（1）轉體分手時，上體保持正直，右腳盡量內扣，重心移動要充分。同時兩手向兩側畫弧分開，右手不要隨之左擺。

（2）左蹬腳與右蹬腳的方向相對稱，與中軸線保持約30°的斜向。

（3）其餘同右蹬腳。

【易犯錯誤】

（1）轉身時低頭彎腰，身體前俯。

（2）轉身時重心左右移動不充分，兩腿虛實轉換不清。

（3）其餘同右蹬腳。

圖98

圖99

十六、左下勢獨立

1. 收腳勾手

左腿屈收，左腳下垂收於右小腿內側；上體右轉；右臂稍內合，右手變勾手；左手經頭前畫弧擺至右肩前，掌心向右，指尖向上。眼看右勾手（圖99）。

2. 屈蹲開步

右腿屈膝半蹲，左腳腳掌落地，沿地面向左側伸出，隨

圖 100

圖 101

即全腳踏實，左腿伸直；左手落於右肋側。眼看勾手（圖100）。

3. 仆步穿掌

右腿屈膝全蹲，上體左轉成仆步；左手經腹前沿左腿內側向左穿出，掌心向外，指尖向左。眼看左手（圖101）。

4. 弓腿起身

重心移向左腿；左腳尖外撇，左腿屈膝前弓，右腳尖內

圖 102

扣，右腿自然蹬伸，重心恢復至弓步高度；左手繼續前穿並向上挑起；右勾手內旋，背於身後，勾尖朝上。眼看左手（圖102）。

5. 獨立挑掌

上體左轉，重心前移；右腿屈膝前提，腳尖自然下垂，

左腿微屈獨立支撐，成左獨立步；
左手下落按於左胯旁；右勾手變
掌，經體側向前挑起，掌心向左，
指尖向上，高與眼平，右臂半屈成
弧，肘關節與右膝上下相對。眼看
右手（圖103）。

圖103

【攻防含義】

對方左手打來，我用右勾手刁
住其腕，隨之蹲身下勢，左腿、左
掌插入對方襠下將對方掀起。

對方左手擊來，我用右掌向上
挑開對方，隨即右腿屈提，用膝關節向前頂撞對方。

【教學要點】

（1）教學中應抓住兩個重點：一是仆步步型要正確，
二是重心升降和移動要平穩連貫。為了使仆步轉獨立步時身
體平穩過渡，仆步的兩腳前後應保持一腳長的距離，以仆出
腿的腳尖和下蹲腿的腳跟置於中軸線上為宜。重心由仆步轉
向前弓腿時，兩腳要注意盡量外撇和內扣，這樣便可輕鬆地
完成提腿獨立。

（2）仆步前要先把左腳收靠在右小腿內側。初學時可
以收腳點地，穩定重心，逐漸過渡為腳不著地。此時視線隨
左手右移，轉看右勾手。勾手的方向是側後方約45°。

（3）左腳仆出時應沿地面向左伸出。仆步完成時右腿
全蹲，左腿伸直，兩腳全腳掌踏實地面。

（4）向左穿掌時，左臂先屈後伸，身體微向前傾，以
助其勢。

（5）定勢時，右臂要舒展撐圓，左手向下沉按，左臂

太極拳規範教程

微屈。獨立腿微屈站穩，前提腿大腿高於水平。上體保持正直、舒展。

【易犯錯誤】

（1）屈蹲開步時眼看左側，轉頭過早，上體傾斜。

（2）仆步時左腳掌外側「掀腳」，右腳跟離地「拔跟」。

（3）由仆步轉弓腿時，右腳不是腳尖內扣，而是後蹬腳跟，致使兩腿距離過大，屈膝提腿困難。

圖 104

或是左腳沒有充分外撇，造成獨立支撐不穩，上體緊張歪扭。

（4）仆步時右腿屈蹲不到位，出現彎腰、抬臀、低頭等錯誤。

十七、右下勢獨立

1. 落腳勾手

右腳落於左腳右前方，腳前掌著地；上體左轉，左腳以腳掌為軸隨之扭轉；左手變勾手提舉於身體左側，高與肩平；右手經頭前畫弧擺至左肩前，掌心向左。眼看左手（圖104）。

2. 屈蹲開步

右腳提收至左小腿內側，然後以腳前掌落地，沿地面向右伸出，隨即右腿伸直，右腳全腳踏實；右手落至左肋側。眼看勾手（圖105）。

圖 105

圖 106

太極拳規範教程

3. 仆步穿掌

左腿屈膝全蹲，上體右轉成右仆步；右手經腹前沿右腿內側向右穿出，掌心向外，指尖向右。眼看右手（圖106）。

4. 弓腿起身

重心移向右腿；右腳尖外撇，右腿屈膝前弓，左腳尖內扣，左腿自然蹬直，重心恢復至弓步高度；右手繼續前穿並向上挑起；左勾手內旋，背於身後，勾尖向上。眼看右手（圖107）。

圖 107

5. 獨立挑掌

上體右轉，重心前移；左腿屈膝前提，腳尖向下，右腿微屈獨立支撐，成右獨立步；右手下落按於右胯旁；左勾手變掌，經體側向體前挑起，掌心向右，指尖向上，高與眼

平；左臂半屈成弧，肘關節與左膝相對。眼看左手（圖108）。

【教學要點】

（1）第一動右腳應落在左腳右前方約20公分處，這樣當左腳跟內轉之後，右腳的位置恰在左腳弓內側。

（2）向左轉身時，身體重心應始終落在左腿上。

（3）右腿仆出時應先提起右腳再伸出，不要直接擦地而出。

圖108

【易犯錯誤】

（1）第一動落腳後重心移向右腿，造成以右腿為軸轉身，轉後重心再移向左腿。

（2）右手向下畫弧，經腹前擺至左肩前。

十八、左右穿梭

右穿梭

1. 落腳抱手

圖109

左腳向左前方落步，腳尖外撇，上體左轉；左手翻轉向下，右手翻轉向上，兩手在左肋前上下相抱。眼看左手（圖109）。

2. 上步錯手

上體右轉；右腳提收，經左腳內側向斜前方上步，腳跟

著地;右手由下向前上方畫弧;左手由上向後下方畫弧,兩手交錯。眼看右手(圖110)。

3. 弓步架推

上體繼續右轉;重心前移,右腳踏實,右腿屈膝前弓,成右弓步;右手翻轉上舉,架於右額角前上方,掌心斜向上;左手推至體前,高與鼻平。眼看左手(圖111)。

圖110

左穿梭

1. 轉體撇腳

重心稍後移,右腳尖外撇,上體右轉;右手下落於頭前,左手稍向左畫弧,落至腹前,準備「抱球」。眼看右手(圖112)。

2. 抱手收腳

兩手在右肋前上下相抱;左腳收至右腳內側。眼看右手(圖113)。

圖111

3. 上步錯手

上體左轉;右腳向左斜前方上步,腳跟著地;左手由下向前上方畫弧,右手由上向後下方畫弧,兩手交錯。眼看左手(圖114)。

4. 弓步架推

上體繼續左轉;重心前移,左腳踏實,左腿屈膝前弓,

太極拳規範教程

圖 112

圖 113

圖 114

成左弓步；左手翻轉上舉，架於右
額角前上方；右手推至體前，高與
鼻平。眼看右手（圖 115）。

【攻防含義】

對方出手打來，我一手向上挑
架，同時另一手向前出擊。

【教學要點】

（1）左右穿梭是拗步推掌，
弓步方向和推掌方向一致，與中軸
線約成 30°斜角。兩腳的橫向寬度
保持 30 公分左右，兩腳不可過
窄，以利重心穩定，上體鬆正。

圖 115

（2）本勢的手法是一手上架，一手前推。上架手翻掌
舉於額前上方，力點在前臂。前推手先收到肋前或腰間蓄
勁，而後隨轉腰順肩向前推出。

【易犯錯誤】

（1）架掌時聳肩抬肘，上體歪扭。

（2）定勢時，推掌方向與弓步方向不一致。

（3）左穿梭右腳尖外撇過大，造成上步困難。

十九、海底針

1. 跟步提手

右腳向前收攏半步，腳前掌落地，距前腳約一腳長；隨後重心後移，右腿屈坐，上體右轉，左腳跟提起；右手下落經體側屈臂抽提至耳旁，掌心向左，指尖向前；左手向右畫弧下落至腹前，掌心向下，指尖斜向右。眼看前方（圖116）。

2. 虛步插掌

上體左轉，向前俯身；右手從耳側向前下方斜插，掌心向左，指尖斜向下；左手經左膝前畫弧摟過，按至大腿外側；左腳稍前移，腳前掌著地成左虛步。眼看右手（圖117）。

【攻防含義】

當對方右手打來，我用左手摟開對方右手，右手直插對方襠部，用指尖戳擊對方。

圖116

圖117

太極拳規範教程

【教學要點】

（1）虛步插手時上體要舒展伸拔，上體前傾角度不超過45°。

（2）兩手的動作路線是：右手隨轉體在體側畫一個立圓，左手隨轉體下落，經體前畫平弧按於左胯旁。插掌時力點放在指尖。

（3）跟步後，右腳隨轉體後坐，以前腳掌為軸內轉腳跟。

圖118

定勢時虛步前腳正向前方，右腳外撇約45°。

【易犯錯誤】

（1）右手插掌易做成「前劈」或「下砍」的動作。

（2）腰肢脫節，動作散亂，沒有用腰部的轉動來帶動和協調全身的動作。

（3）定勢時出現低頭、彎腰、兩腿虛實不清等錯誤。

二十、閃通臂

1. 提手收腳

上體恢復正直；右腿屈膝支撐，左腳回收，以腳尖點地落至右腳內側；右手上提至身前，指尖朝前，掌心向左；左手屈臂收舉，指尖貼近右腕內側。眼看前方（圖118）。

2. 弓步推

左腳前邁一步成左弓步；左手推至體前，與鼻尖對齊；右手撐於頭側上方，掌心斜向上，兩手前後分展。眼看左手（圖119）。

【攻防含義】

我用右手将對方右腕，左手推擊對方肋部。兩手同時推撐，腰、腿、臂同時發力。「閃」形容快如閃電，「通臂」或「通背」是指勁力通達於兩臂或肩背，全身形成一個整體。

【教學要點】

（1）上下肢的配合應協調一致，同時到位。

圖 119

（2）閃通臂是順弓步，兩腳左右不宜過寬，前臂、前腿要上下相對。弓步與推掌方向皆為正前方。

【易犯錯誤】

（1）架掌時聳肩抬肘。

（2）定勢時扭胯側身，做成側弓步。

（3）腳快手慢，上下動作不合拍。

二十一、轉身搬攔捶

圖 120

1. 轉身扣腳

重心後移，右腿屈坐，左腳尖內扣，身體右轉；兩手向右側擺動，右手擺至身體右側，左手擺至頭側，兩掌心均向外。眼看右手（圖120）。

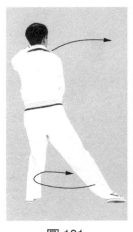 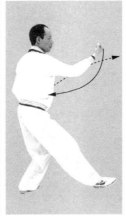 

圖 121　　　　　圖 122　　　　　圖 123

2. 坐腿握拳

重心左移，左腿屈坐，右腳以腳掌為軸扭直；右手握拳向下、向左畫弧收於左肋前，拳心向下；左手撐舉於左額前上方。眼向右平視（圖 121）。

3. 擺步搬拳

右腳提收至左腳踝關節內側，再向前邁出，腳跟著地，腳尖外撇；右拳經胸前向前搬壓，拳心向上，高與胸平，肘部微屈；左手經右前臂外側下落，按於左胯旁。眼看右拳（圖 122）。

4. 轉體收拳

上體右轉，重心前移；左腳跟提起；右臂內旋，右拳向右畫弧至體側，拳心向下，右臂半屈；左臂外旋，左手經左側向體前畫弧，掌心斜向上。眼平視前方（圖 123）。

5. 上步攔掌

左腳向前上步，腳跟著地；左掌攔至體前，高與肩膀平，掌心向右，指尖斜向上；右拳翻轉收至腰間，拳心向

圖 124

圖 125

上。眼看左掌（圖 124）。

　　6. 弓步打拳

　　上體左轉；重心前移，左腿屈弓，左腳踏實，右腿自然蹬直，成左弓步；右拳向胸前打出，肘微屈，拳心轉向左，拳眼向上；左手微收，掌指附於右前臂內側，掌心向右。眼看右拳（圖 125）。

　　【攻防含義】

　　對方左手打來，我用右搬拳格擋阻截，並旋臂右帶；對方右手打來，我復以左掌攔阻，以左手向右推開對方手臂，截斷對方攻勢；隨即用右拳直擊對方。

　　【教學要點】

　　（1）此勢包含有搬拳、攔掌和打拳三個手法，在教學中須將三個手法的規格及用法向學生講明，以便正確掌握動作要領。

　　（2）搬攔捶的轉身動作要做到虛實清楚，轉換輕靈，重心平穩。轉換中要注意重心的移動、腳的扣轉、腿的屈

伸，切不可重心起伏，上體搖擺。

（1）攔掌、收拳時兩臂畫弧過大，與轉腰配合不協調。

（2）轉身時右腿不屈坐，出現挺髖、重心升高及上體歪斜等錯誤。

二十二、如封似閉

圖 126

1. 穿手翻掌

左手翻轉向上，從右前臂下向前穿出；同時右拳變掌，也翻轉向上，兩手交叉伸舉於體前。眼看前方（圖 126）。

2. 後坐引收

重心後移，右腿屈坐，左腳尖翹起；兩臂屈收，兩手邊分邊後引，分至與肩同寬，收至胸前，掌心斜相對。眼看前方（圖 127）。

圖 127

3. 弓步按掌

重心前移，左腿屈弓，左腳踏實，右腿自然蹬直成左弓步；兩手翻轉下落，經腹前向上、向前推出，與肩同寬，腕高與肩平，掌心向前，五指向上。眼看前方（圖 128）。

【攻防含義】

當對方雙手推來時，我兩手交叉插入其兩臂之間，順勢

引進，同時旋臂分手化解對方攻勢，使其落空。當對方欲抽退擺脫時，我隨即雙手前按，乘勢追擊。

圖 128

【教學要點】

（1）後坐引手時，兩手要屈肘旋臂後引，不可前臂上卷，兩肘夾肋。

（2）按掌時，兩掌要平行向前，沿弧線向前推出。

【易犯錯誤】

（1）後坐引收時右腿屈坐不夠，上體挺髖後仰。

（2）按掌時身體前俯。

二十三、十字手

1. 轉體扣腳

上體右轉，重心右移，右腿屈坐，右腳尖內扣；右手向右分擺至頭前。眼看右手（圖129）。

2. 弓腿分手

上體繼續右轉；右腳尖外

圖 129

撇，右腿屈弓，左腿自然伸直，成右橫襠步（側弓步）；右手繼續向右畫弧，擺至身體右側，兩臂平舉於身體兩側，掌心皆向外，指尖斜向上。眼看右手（圖130）。

太極拳規範教程

圖 130

圖 131

3. 交叉搭手

上體左轉，重心左移；左腿屈弓，右腿自然伸直，腳尖內扣；兩手下落畫弧，在腹前交叉，抱舉於胸前，右手在外，掌心向內；兩臂撐圓，兩腕交叉成斜向的十字，高與肩平。眼平視雙手（圖131）。

4. 收腳合抱

上體轉正；右腳提起向左收回半步，腳前掌落地，隨之

圖 132

全腳踏實，兩腿慢慢直立，體重平均放於兩腿，兩腳平行向前，與肩同寬，成開立步；兩手交叉合抱於胸前。眼平視前方（圖132）。

【攻防含義】

雙手胸前合抱，既是封閉防守，又是伺機而發，以應付

對方的進攻。

【教學要點】

（1）此勢的手、腰轉動和重心移動幅度比較大，同時配合兩腳的扣轉、外撇和收併。整個動作要保持平穩連貫，完整一氣，中途不要斷勁。

（2）收腳合抱時，上體保持端正，不可向前彎腰。兩臂要撐圓，不可抱得過緊。

【易犯錯誤】

（1）第一、二動身體右轉時，動作不連貫，中途停頓。

（2）重心左右移動中，兩腿直立，低頭彎腰，上體搖晃。

（3）合抱動作聳肩、夾肘，兩臂沒有掤滿。

二十四、收　勢

1. 翻掌分手

兩臂內旋，兩手翻轉向下左右分開，與肩同寬。眼平視前方（圖 133）。

2. 垂臂落手

兩臂徐徐下垂，兩手落於大腿外側。眼平視前方（圖 134）。

3. 併步還原

左腳輕輕提起與右腳併攏，腳前掌先著地，隨之全腳踏實，恢復成預備姿勢。眼看前方（圖 135）。

【教學要點】

（1）翻掌分手時，兩手應邊分邊翻轉。

（2）併步還原時，左腳應注意「點起點落」，輕勻沉

圖 133　　　　　圖 134　　　　　圖 135

穩。

【易犯錯誤】

（1）翻掌分手時腕關節屈折挽花。

（2）垂臂落手時兩臂屈伸，兩手收按。

（3）併步時身體左右搖晃。

第四節　簡化太極拳配樂演練

一、配樂的效果

配樂演練是二十四式太極拳推廣以後產生的新事物，也是群眾在太極拳活動中的發展創造。在優美樂曲伴奏下打起太極拳，人們感到情緒高漲，身體舒鬆，因而配樂練習越來越受到歡迎。

概括起來，配樂練習有以下幾個優點：

（1）消除緊張情緒。初練拳者往往精神緊張，思想不

能入靜。配樂練習可誘導學生精力集中，情緒放鬆，減少外界干擾，提高學練效果。

（2）控制速度。初學者往往動作越做越快，不能自控。隨著音樂練習，按照樂曲的節奏，可使動作與樂曲相合，做到拳速均勻緩慢。

（3）使集體練習整齊統一。集體練習由於人數多，水準參差不齊，很難步調統一。尤其是成百上千人的集體練習，用口令是難以指揮的，利用音樂伴奏，使大家按照音樂節拍行動，可以保證集體演練整齊統一。

（4）利用音樂手段。教師從口令指揮中解放出來，可以更細心地觀察學生的動作，以便發現和解決問題。

（5）優美動聽的樂曲對人的神經系統、消化系統及心理都有良好的刺激，活躍人的鍛鍊情緒，不僅有利於身體健康，更有利於心理健康。

（6）在音樂的協調推動下，可以提升意念活力，增強意念引導作用，從而提升打拳動作質量。

然而，也有些人對配樂持反對態度，認為音樂會對打拳者思想入靜和意念活動造成干擾，會使人養成依賴配樂的習慣，並且音樂對個人打拳速度、發揮風格、運用勁力會形成束縛和破壞。

我們認為：配樂與否應該視具體條件而定。對於初學者和集體練習、集體表演，配上音樂會收到良好效果，受到歡迎。對於有一定技術水準的個人練習，則不宜勉強配樂。

另外，音樂內容是否得當、練習者對音樂的理解和修養水準、不同架式太極拳的風格和特點，都會在很大程度上影響配樂效果。所以，太極拳配樂要從實際出發，不能強求一律。

二、配樂的方式和要求

一般來說，配樂有兩種方式：一種是只配曲調，不求節拍。這種配樂比較容易。打拳時只需要樂曲情調旋律和太極拳運動風格相吻合，起到烘托作用即可，不要求與音樂同步合拍。

另一種配樂是曲調節拍皆要與打拳吻合，起到樂曲指揮作用。這種配樂比較困難。由於太極拳先有動作，而且動作長短不一，現成樂曲很難適應。因而必須由領會和掌握太極拳全套動作的人專門譜曲才能完成。這種專門為太極拳譜曲的配樂練習必須做到：

（1）音樂旋律與太極拳風格一致，表現出柔緩舒鬆、行雲流水的特點和民族風格。

（2）音樂節奏與太極拳動作相適應，音節的長短，要依據動作內容作出必要的適應變化。

（3）打拳者也要理解音樂，在動作速度和幅度上作出必要規定和調整。演練時知音而動，不能自行其是，與音樂脫節。

1990 年在北京召開的第 11 屆亞運會開幕式上，中日兩國太極拳愛好者做了精彩的二十四式太極拳表演。其中成功因素之一就是 1500 名表演者的動作與樂曲高度和諧，在樂曲統一指揮下，不僅每個動作的起止，連步法的移動、手法的抱分，都與音樂節拍相合，收到了很好的效果，成為二十四式太極拳配樂演練的典範。

三、簡化太極拳配樂對照

李偉才　曲

1=G 4／4 2／4

前奏

  tr   *rit*

5 － 3235 6561 ｜ 2 － － 212 ｜ 3 6 5645 ｜

3 － － 32 ｜ 1 0 6 0 ｜ 3· 5 6 3 126 ｜

（預備）　　　　　　　起　勢（八拍）

〔開步〕

（0 6 6 5 3 5 6）　　　　　　　　（0 3 3 3 2 1 6）

5 － － － ｜ 1· 7 6 6 5324 ｜ 3 － － － ｜

野　馬　分　鬃（一）（八拍）

〔收腳〕　　　　〔出步〕

2· 1 2 3 5· 6 ｜ 3 6 6 5 3 5 2· 3 ｜ 3·5 6 1 2 3 126 ｜

野　馬　分　鬃（二）　　（八拍）　　　野　馬　分　鬃（三）（八拍

〔收腳〕〔出步〕　　　　　　　　　　〔收腳〕

（0 6 6 5 3 5 6）

5　－　－　－｜1·2　3 5　2 3　7 6｜1　－　－　0 1 7｜

　　　　　　　白鶴 亮 翅（七拍半）　　　　　　摟膝

〔出步〕　　　　〔跟步〕　　　　〔點地〕

66 0 5 4　3 3　0 2 3｜1·2　6 5 4　3·　2 2｜3·　　2 3｜

拗步（一）（十拍）　　　　　　　　　　　　摟膝

　　　　〔收腳——出步〕

5 5 0 3 5　6 6 0 5｜6·3　1 2 6　5·　1 2｜3·2　1 2 7　6·　1｜

拗步（二）（八拍）　　　　　摟膝 拗步（三）（八拍）

　　〔收腳——出步〕　　　　　　　　　〔收腳—

（23 5356）

3·2　3 2　3 5　6·5 6｜1 1　0 6 1　2 2 0 5｜3·5　6 5 3 2　1　－｜

　　　手揮 琵　琶（八拍半）

出步〕　　　〔跟步〕　　　　　　　　〔落〕

♩＝96

1·2　3 2　3 5　2 2　3 2｜1·3　2 3　5 7 6　－｜1056　1061　2012　3 3｜

倒卷肱（一）（八拍）　　　　　　　　倒卷肱（二）（八拍）

　　　〔收腳—退步〕　　　　　　　　　〔收腳—

太極拳規範教程

$\overset{\cdots}{5}$ $\overset{\cdot}{6}$ $\overset{\cdot}{5}$ $\overset{\cdot}{3}$ $\underline{2\ 3}$ $\underline{5\ 4}$ $\underline{3}$ $-$ | $\overset{\cdot}{3}$ $\overset{\cdot}{6}$ $\underline{6\ 5}$ $\underline{3\ 2}$ $\underline{3\ 2}$ $\underline{1\ 7}$ $\overset{\cdot}{7}$ | $\overset{\cdot}{6}$ $\overset{\cdot}{3}$ $\underline{3\ 5}$ $\underline{1\ 2}$ 2 $-$ |

倒卷肱(三)（八拍）

退步〕　　　　　　　　　　〔收腳—退步〕

a tempo　　　　　　　　　　♩ = 72

$\underline{5035}$ $\underline{6056}$ $\underline{1061}$ $\underline{2020}$ | $3\cdot\overset{\cdot}{5}$ $\underline{6\ 5}$ $\underline{6\ 1}$ 5 $-$ | $3\cdot\overset{\cdot}{5}$ $\overset{\cdot}{6}$ $\overset{\cdot}{3}$ $\underline{1\ 7}$ $6\cdot\overset{\cdot}{5}$ |

倒卷肱(四)（八拍）　　　　　　　　　左攬雀尾(二十六拍)

〔收腳—退步〕　　　　　　　　　　　　　〔收腳—

$\overset{\cdot}{6}$ $\overset{\cdot}{6}$ $\underline{5324}$ 3 $-$ | $2\cdot\overset{\cdot}{3}$ $\underline{5\ 6}$ $\underline{3523}$ $\underline{1\cdot\overset{\cdot}{2}}$ | $\overset{\cdot}{3}$ $\overset{\cdot}{6}$ $\underline{6635}$ $2\cdot3$ |

出步〕（掤）　　　　（捋）　　　　　（擠）

$6\cdot\overset{\cdot}{3}$ $\underline{2\ 3}$ $\underline{1\ 7}$ $6\cdot\overset{\cdot}{1}$ | $\overline{5\ 3\ 5}$ $\underline{6\ 1}$ $\underline{5\ 4}$ $3\cdot2$ | $\overset{2/4}{3\cdot}$ 2 |

（按）

$\overset{\cdot}{1}$ $\overset{\cdot}{1}$ $\overset{\cdot}{2}$ $\underline{3\ 6}$ $\underline{5\ 4}$ | $3\cdot\overset{\cdot}{5}$ $\overset{\cdot}{6}$ $\overset{\cdot}{3}$ $\underline{1\ 7}$ $6\cdot$ $\overset{\cdot}{5}$ | $\overset{\cdot}{6}$ $\overset{\cdot}{6}$ $\underline{5\ 3}$ $\underline{2\ 4}$ 3 |

右攬雀尾(二十八拍)

〔收腳—出步〕（掤）

2·3 5·6 3523 1·2 | 3 6 6535 2 · 3 | 6·3 2317 6 · 1 |

(掤)　　　　　　(擠)　　　　　　　　　　　(按)

2/4　　　4/4

5 3 5 6 1 5 4 3 · 5 | 3 · 　 5 | 2 1 2 3 2 3 5 3 5 6 5 6 |

單　鞭（十二拍）

7·3 2 3 6 5 · 3 | 5·3 5 6 7 2 6 － | 3 3 5 6 7 · 6 |

雲　手（一）（八拍）

〔收腳—出步〕

7 2 5 6 7 　 － | 2 2 5 7 6 · 5 6 | 7 2 5 7 6 · 5 6 |

雲　手（二）（八拍）

〔併步〕　　　　　〔開步〕　　　　　〔併步〕

1 · 6 5 3 　 5 | 6·1 5 6 4 3 　 － | 2 1 2 3 2 3 5 3 5 6 5 6 |

雲　手（三）（八拍）　　　　單鞭（八拍）

〔開步〕　　　〔併步〕

1 1 3 2 3 6 5 － | 3 2 3 1 2 7 6 · 1 | 5 3 5 6 1 5 4 3 － |

高探馬（八拍）

〔出腳〕〔跟步〕　　　　　　　　　　〔點地〕

第四章　簡化太極拳（二十四式）教學

太極拳規範教程

2/4　　　4/4

2 1 2 3 2 3 5 3 5 6 5 6 | 7·3 2 3 6 | 5 3 5 6 7 2 6 － |

右蹬腳（十拍）

〔收腳〕　　〔出腳〕　　　　〔收腳〕　〔提腳〕〔蹬腳〕

3 5 6 1 2 7 6 1·3 | 2 3 5 1 2 6 1 5 － | 6154 3 3 2317 6 6 |

雙峰貫耳〔八拍〕　　　　　　　轉身左蹬腳（十拍）

　　　　〔落腳〕

7·3 2 3 6 5·6 7 2 6 | 1 － 6 1 2 3 | 5 7 6 5 6 4 3 2 |

左下勢獨立（十四拍）

　　　〔提腳〕〔蹬腳〕　　〔伸腿〕　　　〔仆步—

3 6 5 3 2 5 3 2 | 6 1 2 3 2 3 5 2 － | 5 6 1 2 6 1 2 3 |

　　　　　　　　　　　　　右下勢獨立（十六拍）

穿掌〕　〔弓腿〕〔獨立〕　　　〔落腳〕　　〔提腳〕

5 7 6 5 6 4 3 2 | 3 6 5 3 2 5 3 2 | 6 5 6 1 6 2 5 － |

〔側伸〕　〔仆步—穿掌〕　　　〔弓腿〕〔獨立〕

（從容地）

1·2 3235 2 2 32 | 1·3 2357 6 － | 1056 1061 2012 3030 |

穿梭（一）（八拍）　　　　　　穿梭（二）（八拍）

〔落腳〕　〔收腳〕〔出步〕　　　　　　　　〔收腳〕

$$\underset{5653}{\cdots} \ \underset{2354}{\cdots} \ 3 \ - \ | \ 3 \ 6 \ \underline{6 \ 5} \ \underline{3 \ 2} \ \underline{3 \ 2} \ | \ 1 \ 7 \ | \ \underline{6 \ 3} \ \underline{3 \ 5} \ \underline{1} \ | \ 2 \ - \ |$$

海 底 針(八拍)

〔出步〕　　　　〔跟步〕　　　〔落腳〕　　　　〔點地〕

$$5 \ 3 \ 5 \ 6 \ | \ \underline{1 \ 6} \ \underline{1 \ 2} \ 2 \ 3 \cdot \underline{5} \ \underline{6 \ 5} \ \underline{6 \ 1} \ | \ 5 \ - \ | \ 3 \cdot \ 5 \ \underline{6 \ 3} \ \underline{1 \ 2 \ 6} \ |$$
2/4

閃通臂（六拍）　　　　　　　　轉身搬攔捶

〔收腳　出步〕

$$5 \ - \ - \ \overset{(\underline{0 \ 6} \ \underline{6 \ 5} \ \underline{3 \ 5 \ 6})}{-} \ | \ \underline{1 \cdot} \ 7 \ \underline{6 \ 6} \ \underline{5 \ 3} \ \underline{2 \ 4} \ | \ 3 \ - \ \overset{(\underline{0 \ 3} \ \underline{3 \ 3} \ \underline{2 \ 1 \ 6})}{-} \ |$$

（十六拍）

〔收腳—落步〕　　　　　　　〔收腳〕　〔出步〕

$$\underline{2 \cdot} \ \underline{1} \ 2 \ 3 \ | \ 5 \cdot \ \underline{6} \ | \ 3 \ \underline{6 \ 6} \ \underline{5 \ 3} \ 5 \ | \ 2 \cdot \ 3 \ | \ 3 \cdot \underline{5} \ 6 \ \underline{1 \ 2} \ \underline{3 \ 1 \ 2 \ 6} \ |$$

如封似閉（八拍）　　　　　　十字手（十拍）

$$5 \ - \ - \ \overset{(\underline{0 \ 6} \ \underline{6 \ 5} \ \underline{3 \ 5 \ 6})}{-} \ | \ \underline{1 \cdot} \ \underline{2} \ 3 \ \underline{5 \ 2} \ \underline{3 \ 7 \ 6} \ | \ 1 \ - \ - \ 6 \ 0 \ 5 \ 0 \ \|$$

收勢（十拍）

〔收步〕〔起立〕　〔分手〕〔落手〕　　　〔併步〕

四、簡化太極拳動作路線示意圖

太極拳規範教程

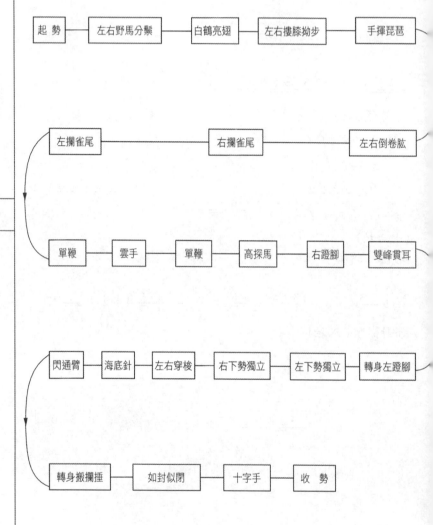

起 勢 ─ 左右野馬分鬃 ─ 白鶴亮翅 ─ 左右摟膝拗步 ─ 手揮琵琶 ─

左攬雀尾 ───── 右攬雀尾 ───── 左右倒卷肱

單鞭 ─ 雲手 ─ 單鞭 ─ 高探馬 ─ 右蹬腳 ─ 雙峰貫耳 ─

閃通臂 ─ 海底針 ─ 左右穿梭 ─ 右下勢獨立 ─ 左下勢獨立 ─ 轉身左蹬腳 ─

轉身搬攔捶 ─ 如封似閉 ─ 十字手 ─ 收 勢

第五章　四十八式太極拳教學

第一節　四十八式太極拳簡介

《四十八式太極拳》是國家體育運動委員會繼《簡化太極拳》之後，組織編寫的第二套太極拳教材。

一、編寫過程

為了滿足廣大群眾健身鍛鍊的需要，豐富太極拳內容，提升技術水準，國家體委武術處於 1976 年 4 月成立了太極拳編寫小組，從調查研究入手，開始了新教材編寫工作。

編寫小組經由走訪、座談、調查，廣泛聽取了群眾、專家、體育工作者、醫務工作者的意見，提出了新編太極拳的指導思想：

第一，堅持增強人民體質的方向。發揚「簡化太極拳」的成功經驗，立足健身，面向大眾，適應需要，提升水準，推動發展。做到普及與提升的統一。

第二，堅持繼承發展的方針。既要發揚優良傳統，兼採各家流派，形成統一風格。又要吸取群眾創造，表現時代特點，突破固定模式。力爭新教材傳統與創新結合，使群眾喜見樂從。

第三，堅持群眾路線和科學求是態度。在編寫中要依靠群眾，尊重科學，反覆試驗，廣泛聽取意見。把科學性和群

眾性貫徹工作始終。

新教材初稿寫成後，首先在北京市 5 個區組織了試驗教學，參加者包括不同年齡、不同水準的太極拳愛好者 350 餘人。大家反響熱烈，既肯定了成功之處，也提出了很多有益意見。編寫小組逐條整理研究。特別對套路的風格、技術構成、健身價值、難度、運動量進行了認真分析和測定，擬定了改進方案。不久，編寫組又在哈爾濱全國武術運動會上，向各地運動員、教練員更廣泛地徵求意見。其後繼續做了多次修訂，直至 1976 年底《四十八式太極拳》最終定稿，完成了編寫工作。

二、教材特點

四十八式太極拳作為簡化太極拳的繼續和提升，在運動要領上，兩者都發揚了傳統太極拳輕鬆柔和、勻緩自然、綿綿不斷的特點。在技術上，四十八式太極拳明顯地豐富了內容，提高了難度，加大了運動量，強化了健身作用。在風格上也有顯著變化，它在楊式大架太極拳的基礎上，同時汲取了其他流派太極拳的特點和技法，形成了沉而不僵，活而不浮，嚴而不死，華而不亂的獨特風格。

概括起來，四十八式太極拳教材具有以下特點：

1.內容充實簡練

整個拳套共有四十八個姿勢動作，比「簡化太極拳」二十四式增加了一倍。其中包括拳、掌、勾三種手型；弓步、虛步、仆步、歇步、丁步、半馬步、獨立步、開立步、橫襠步九種步型；分腳、蹬腳、拍腳、擺蓮腳四種腿法以及多種多樣的手法、步法。這些動作既體現了太極拳的主要內容，又減少了傳統套路中存在的動作重複，一般左式右式各出現

一次。全套練習時間為 8～10 分鐘。

2. 動作圓活舒展

四十八式太極拳的動作不僅採用了楊式太極拳的立圓轉換，而且多次運用吳式、孫式等傳統套路的平圓手法。如單鞭、挒擠勢中的雲轉和穿抹；進步栽捶、左右穿梭、右蹬腳等動作的平圓立圓變換銜接，使動作更加圓活協調，富於變化。在步法上，四十八式在穩定輕靈的基礎上，汲取了武式、孫式等流派的撤步、跟步練法，增加了步法的靈活性。在姿勢造型上，四十八式力求做到舒展大方、氣勢完整。如斜身靠、獨立跨虎、白蛇吐信、轉身大挒等拳勢，既表現了武術特點，又有很好的藝術造型。

3. 鍛鍊均衡全面

四十八式注意了鍛鍊的全面性。一些典型動作，如單鞭、雲手、搬攔捶等，在左式的基礎上增加了對稱的右式，這就克服了某些傳統套路偏於一側、左右不均的「一頭沉」現象。再從兩腿負荷上看，全套弓步共出現 29 次，其中左弓步 15 次，右弓步 14 次；虛步共出現 12 次，其中左虛步 7 次，右虛步 5 次；仆步、獨立步共出現 6 次，其中左右腿各負重 3 次，這樣基本上做到了兩腿負荷平衡，鍛鍊全面。

此外，在手法運用上還注意加大了拳法比重，各種拳法約占全部動作的三分之一，大大突破了傳統套路中「太極五捶」的侷限。

4. 編排嚴謹合理

整個拳套分為六段，出現兩次高潮。第一段包括七個式子，著重於基本手型手法、步型步法的練習，重點動作是挒擠勢，表現了拳套的基本風格。第二段包括第八式至第十三式，增加了步法、身法的靈活轉換，重點動作是推掌，體現

了套路的豐富變化。第三段包括第十四式至第十九式，是拳套的第一次高潮。動作起伏轉折較大，重點動作是難度較大，協調性較強的拍腳伏虎。第四段包括第二十式至第二十八式，重點動作是左、右蹬腳和掩手撩拳。第五段包括第二十九式至第三十六式，重點動作是左右穿梭。四、五兩段側重了平衡、柔韌和協調性完整性練習，如分腳、蹬腳、撩拳、穿梭等動作，都對有關素質和身體機能提出了較高要求。第六段是整個拳套的最後高潮，包括最後十二個式子。其中有三種手型、七種步型、一種外擺腿法、一種平衡、多種手法、步法和身法的順逆、直橫、起伏轉換。這一段的特點是內容豐富，新動作多，變化複雜，造型優美，重點是轉身大将、轉身擺蓮兩個旋轉性動作。

整套拳以「白鶴亮翅」為開門勢，經過三個往返，兩次高潮，最後以「将擠按」「十字手」趨於和緩而收勢。在編排上層層相疊，疏密相間，一氣呵成。

5. 易於普及開展

四十八式太極拳在內容、風格上都力求與「簡化太極拳」銜接適應。「簡化太極拳」的全部動作，都被「四十八式」直接採用或稍做變化後採用，這就使廣大群眾學會「簡化太極拳」以後，可以比較容易地繼續學習四十八式太極拳。試點經驗證明，一般同好在掌握「簡化太極拳」的基礎上，用十幾個學時就可學會。

在選材上，四十八式太極拳盡量選擇群眾熟悉喜愛、開展較廣的姿勢動作。對於一些難度較大的動作和發勁動作，如拍腳伏虎、掩手撩拳等，都規定了不同的練法和幅度，以適應不同體質、不同愛好的群眾特點，為四十八式太極拳的普及開展創造了有利條件。

三、技術分析

動作名稱	手型	步型	承重	手法	步法	腿法	取材來源
起勢							
1　白鶴亮翅	掌	虛	右	分	退		24式
2　左摟膝拗步	掌	弓	左	摟、推	上		24式
3　左單鞭	勾掌	弓	左	刁、推	上		楊、吳
4　左琵琶勢	掌	虛	右	合	跟		24式
5　捋擠勢（三）	掌	弓	右左右	捋、擠	上		楊式
6　左搬攔捶	拳掌	弓	右	搬攔打	進		24式
7　左捋擠按	掌	弓	左	捋擠按	上		24式
8　斜身靠	拳	弓	右	靠	上		陳式
9　肘底捶	拳掌	虛	右	劈	上跟		楊式
10　倒卷肱（四）	掌	虛	左右左右	推	退		24式
11　轉身推掌（四）	掌	丁	左右左右	推	上跟		孫式
12　右琵琶勢	掌	虛	左	合	撤		24式
13　摟膝栽捶	拳	弓	右	栽	上跟		楊式
14　白蛇吐信（二）	掌	歇	雙	推	擺		新楊式
15　拍腳伏虎（二）	拳	弓	左右左右	貫	蓋上	拍	楊式
16　左撇身捶	拳	弓	左	撇	上		楊式
17　穿拳下勢	拳掌	仆	左	穿	開		陳式
18　獨立撐掌（二）	掌	獨立	右左	撐	上提		陳吳
19　右單鞭	勾掌	弓	右	勾、推	退		楊吳
20　右雲手（三）	掌	開	雙	雲	側行上		24式
21　右左分鬃	掌	弓	右左	分	上		24式

22	高探馬	掌	虛	右	推	跟	24式
23	右蹬腳	掌		左		蹬	24式
24	雙峰貫耳	拳	弓	右	貫	上	24式
25	左蹬腳	掌		右		蹬	24式
26	掩手撩拳	拳	弓	左	撩	上	陳式
27	海底針	掌	虛	右	插	跟	24式
28	閃通背	掌	弓	左	推	上	24式
29	右左分腳	掌		左右		分	楊式
30	摟膝拗步（二）	掌	弓	右左	摟、推	上	24式
31	上步擒打	拳	弓	左	擒、打	上	新
32	如封似閉	掌	弓	左	按	跟上	孫式
33	左雲手（三）	掌	開	雙	雲	側行	24式
34	右撇身捶	拳	弓	右	撇	撤	楊式
35	左右穿梭	掌	弓	左右	架、推	上	吳孫
36	退步穿掌	掌	弓	左	穿	跟退	吳楊
37	虛步壓掌	掌	虛	左	壓	碾腳	孫式
38	獨立托掌	掌	獨立	左	托	提	陳式
39	馬步靠	拳	半馬	右	靠	上	新
40	轉身大捋	拳	側弓	左	捋、肘	撤	新
41	撩掌下勢	掌、勾	丁、仆、虛	左右	撩、穿	跟開	新
42	上步七星	拳、勾	虛	左	架	上退	楊式
43	獨立跨虎	勾	獨立	右	挑	提	吳式
44	轉身擺蓮	掌		左		扣、擺	楊式
45	彎弓射虎	拳	弓	右	打	上	楊式
46	右搬攔捶	拳	弓	左	搬攔打	上擺	24式
47	右掤捋擠按	掌	弓	右	捋擠按	上上	24式
48	十字手 收勢	掌	開	雙	抱	併	24式

第二節 四十八式太極拳動作名稱

起 勢

第一段
一、白鶴亮翅
二、左摟膝拗步
三、左單鞭
四、左琵琶勢
五、捋擠勢（三）
六、左搬攔捶
七、左掤捋擠按

第二段
八、斜身靠
九、肘底捶
十、倒卷肱（四）
十一、轉身推掌（四）
十二、右琵琶勢
十三、摟膝栽捶

第三段
十四、白蛇吐信（二）
十五、拍腳伏虎（二）
十六、左撇身捶
十七、穿拳下勢

十八、獨立撐掌（二）
十九、右單鞭

第四段
二十、右雲手（三）
二十一、右左分鬃
二十二、高探馬
二十三、右蹬腳
二十四、雙峰貫耳
二十五、左蹬腳
二十六、掩手撩拳
二十七、海底針
二十八、閃通背

第五段
二十九、右左分腳
三十、摟膝拗步（二）
三十一、上步擒打
三十二、如封似閉
三十三、左雲手（三）
三十四、右撇身捶
三十五、左右穿梭
三十六、退步穿掌

第三節　四十八式太極拳動作圖解及教學要點

起　勢

1. 預備勢

身體自然直立；兩腳併攏，頭頸正直，下頦內收，胸腹放鬆，肩臂鬆垂；兩手輕貼在大腿外側。精神集中，眼向前平視，呼吸保持自然（圖1）。

2. 左腳開立

左腳向左輕輕分開半步，與肩同寬，腳尖向前（圖2）。

3. 兩臂前舉

兩手慢慢向前平舉，手指微屈，手心向下。兩臂舉至與肩同高，距離約同肩寬，肘微下

圖1　　　　　　圖2

太極拳規範教程

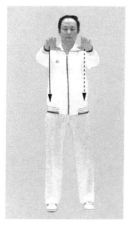

圖 3　　　　　　圖 3 附圖　　　　　　圖 4

垂（圖 3、圖 3 附圖）。

　　4. 屈腿按掌

　　上體保持正直，兩腿緩慢屈膝半
蹲；兩掌輕輕下按，落至腹前，掌心向
下，掌膝相對。眼平視前方（圖 4、圖
4 附圖）。

　　【教學要點】

　　（1）「起勢」是太極拳最主要的
基本動作，武術家們稱之為「無極勢」
或「太極樁」。「無極」指太極生成前
的狀態，《太極拳論》有「無極生太
極」之說。樁功是武術主要基本功之一。人們常把「起勢」
作為太極拳入門訓練手段，可以增強腿部力量，養成中正安
舒體態，掌握心靜體鬆要領和調整呼吸能力。

圖 4

圖 4 附圖

　　（2）屈膝高度要因人而異。一般說來，大腿與地面成
45°～60°角。整個拳套，除少數動作外，應大體保持高度一

致，不要忽高忽低。

【易犯錯誤】

（1）上體前俯或後仰。

（2）屈蹲緊張，挺胸突臀。

圖5

第一段

一、白鶴亮翅

1. 抱手收腳

上體微左轉；身體重心移至左腿，右腳提收於左腳內側；左掌微上提，左臂屈收在左胸前；右掌經腹前向左畫弧，兩掌左上右下，掌心相對，在左胸前成抱球狀；同時右腳提起並內收。眼看左掌（圖5）。

2. 退步抱手

右腳向右後方退一步，腳前掌著地（圖6）。

3. 坐腿分手

重心後移，腰隨之右轉；右掌自左下方向右上方畫弧；左掌經右肩前向下畫弧。眼看右掌（圖7）。

4. 虛步亮掌

上體微左轉，面向前方；

圖6

圖7

兩掌繼續向右上、左下方向畫弧，左掌按於左胯旁，掌心向下，指尖向前；右掌提至頭前右上方，掌心向內，兩臂皆保持弧形；同時左腳稍向內

圖 8

圖 8 附圖

移，腳前掌著地，膝部微屈，成左虛步。眼向前平視（圖8、圖8附圖）。

【教學要點】

（1）虛步時屈腿落胯，收髖斂臀，上體端正舒展，臀部與後腳跟大體相對。兩腿前虛後實，後腿承擔大部體重，後腳與後膝斜向前方約 45°，膝部不要過於內扣或外展。

（2）兩臂「抱球」和分展，臂皆要舒展半屈或微屈成弧。腳步進退要輕起輕落；重心移動要均勻平穩。

【攻防用意】

左手抓住對方右腕，右手伸至對方腋下或托其肘關節，轉身橫捩對方。

【易犯錯誤】

（1）虛步重心過高，前腿挺直，虛實不清。

（2）上體前俯、後仰。

（3）用力緊張。

（4）定勢鬆軟不展。

二、左摟膝拗步

1. 轉腰擺手

上體微向左轉，面向前方；左掌經體前畫弧下落；右掌經體側畫弧上舉（圖9）。

2. 擺手收腳

上體向右轉；右掌經下向右後上方畫弧，舉至與耳同高，掌心斜向上；左掌向上經頭前向右畫弧至右肩前，掌心向下；左腳同時收至右腳內側。眼看右掌（圖10）。

圖9

3. 上步收掌

上體微左轉；左腳向前邁出一步，腳跟著地，兩腳橫向距離約30公分；同時左掌下落；右掌屈收至耳側。頭轉看前方（圖11）。

4. 弓步摟推

身體重心前移，左腿屈弓，右腿自然蹬直成左弓步；同時右掌自肩上向前推出，指尖高與鼻平；左掌向下經左膝前摟過，按於左胯旁，掌心向下，指尖向前；上體正直，鬆腰落

圖10

圖11

圖 12

圖 12 附圖

胯。眼看右掌（圖 12、圖 12 附圖）。

【教學要點】

（1）弓步時兩腿前屈後蹬，後腿自然伸直，腳尖斜向前方約 45°；前腿膝關節與腳尖大體垂直。為了保持重心穩定，弓步的兩腳橫向寬度，應根據動作和勁力需要，保持 10～30 公分的橫向距離。

（2）定勢時，右臂微屈，肘關節下沉。掌型應五指微屈，自然分開，虎口成弧形，掌心內含。上體保持鬆正舒展，頂頭沉肩，含胸豎脊。

【攻防用意】

對方右腳踢來，我用左手摟開對方右腳，右手隨之推擊對方胸部。

【易犯錯誤】

（1）低頭彎腰，手眼脫節。

（2）右臂僵直，緊張用力。

（3）後腿彎曲，後腳掀底拔跟。

圖 13　　　　　　　圖 14　　　　　　　圖 15

（4）兩腳併在一條線上或左右交叉，造成上體緊張歪扭。

（5）掌指鬆軟過屈。

三、左單鞭

1. 扣腳帶手

重心後移，左腳尖翹起內扣，上體隨之右轉；右臂隨轉體屈收至胸前，掌心向下；左掌向體側畫弧，掌心斜向下；頭隨體轉。眼看右手（圖 13）。

2. 收腳穿手

左腳落實，身體重心移至左腿，右腳收至左腳內側；同時左手向體前畫弧，屈收至胸前，掌心向下；右手外旋向上，從左肘下方向左穿出。眼看左手（圖 14）。

3. 上步搭手

上體右轉，右腳向右前方邁出一步（假設面向南起勢，上步方向正西），腳跟著地，兩腳橫向距離約 10 公分；同

時右手舉於左肩前，掌心向內；左掌附於右腕內側。眼看右手（圖15）。

4. 弓腿平雲

上體右轉，重心前移成右弓步；兩掌同時自左向前畫半個平圓，右掌心斜向上，左掌心斜向前；上體保持中正，弓腿鬆腰。眼看右掌（圖16）。

圖 16

5. 坐腿平雲

上勢不停。重心後坐，右腳尖上翹，上體繼續右轉；右掌自前向右、向後屈肘再畫半個平圓，掌心向上；左掌仍附於右腕內側，隨右手畫平圓。眼看右掌（圖17）。

圖 17

圖 18

6. 轉腰旋掌

右腳內扣，上體左轉；同時右臂內旋，右掌旋轉畫弧至左肩前，掌心向左；左掌隨之翻轉向上，仍附於右腕內側。眼看右掌（圖18）。

7. 轉體按掌

重心移於右腿，上體右轉；右掌向右前方推按；左手仍附於右腕，掌心向上。眼看右掌（圖19）。

8. 勾手收腳

右手屈腕捏指成勾手；左手收於右肘內側，掌心向內；同時左腳收至右腳內側。眼看左手（圖20）。

圖 19

9. 轉體上步

身體左轉，左腳向左前方（偏北）邁出一步，腳跟落地；左掌收至頭前，掌心向內。眼看左掌（圖21）。

10. 弓步推掌

重心前移成左弓步，同時上體繼續左轉；左臂內旋，左掌翻轉向前推出，指尖高與鼻平，左臂與左腿上下相對。眼看左掌（圖22）。

圖 20

【教學要點】

（1）手向前畫弧平雲時，臂要隨之伸展；向後平雲時，臂要屈收。整個平雲過程要轉腰帶臂，身手協調，上體保持鬆正，重心前後移動，兩腿虛實分明。

（2）收腳時，初學者可以在支撐腳內側輕輕點地，以利重心穩定。熟練以後，應做到收腳不落不停，以利動作連

貫。

（3）最後成弓步時，隨轉腰蹬腿，後腳跟可以後展調整。後腿伸直要自然，膝關節不可僵挺。兩臂伸展時，注意沉肩垂肘保持微屈。

【攻防用意】

對方左手打來，我用右手平雲，向外、向後化解其力。隨之翻掌前按或抓住對方（刁手），用左掌反擊，勢如單鞭。

【易犯錯誤】

（1）平雲手時腰腿配合不協調。

（2）上體俯仰歪斜，聳肩、抬肘、歪頭。

（3）收腳過猛，落腳過重，重心轉移突然。

（4）定勢時挺胸展胯，伸臂挺直，上體側傾。

四、左琵琶勢

1. 跟步擺手

腰部微向左轉，右腳提起跟進半步，腳前掌著地，落在左腳後面；同時左掌向內、向下畫弧至左胯前；右勾手變掌，向左、向前平擺至體前，掌心斜向上。眼看前方（圖23）。

圖 21

圖 22

圖 23　　　　　　圖 24　　　　　　圖 25

2. 坐腿帶手

　　重心後移，上體右轉，右腳落實，左腳跟提起；同時右掌隨轉腰屈肘回帶，掌心轉向下；左掌向外、向前上方畫弧，舉至體前，掌心斜向下。眼看前方（圖 24）。

3. 虛步合掌

　　左腳稍向前移動，腳跟著地，成左虛步；同時兩肘鬆沉合勁，兩臂半屈前舉，左掌成側立掌停於面前，掌心向右，指尖斜向上，高與眉相對；右掌也成側立掌，屈臂合於胸前，掌心與左肘相對。眼看左掌（圖 25）。

【教學要點】

　　（1）提腳落腳皆要輕起輕落，點起點落。

　　（2）合掌時要沉肩、垂肘、塌腕、舒指，兩臂半屈成弧。

　　（3）定勢身型要屈腿落臀，頂頭豎脊，上體中正。

【攻防用意】

　　對方右手打來，我用右手順勢捋其腕部，待其臂伸直，

左手托其肘關節，兩手合力，反關節拿制對方。

【易犯錯誤】

（1）駝背弓腰，兩臂緊屈。

（2）前腿挺直，上體後仰。

五、捋擠勢（三）

1. 移腳穿手

左腳稍向左外挪動，仍用腳跟著地，上體稍左轉；左手外旋，掌心向上；右手內旋，掌心向下，自左前臂上方穿出（圖26）。

圖 26

2. 弓腿抹掌

重心前移成左弓步，上體右轉；右掌自左向右前方畫弧平抹，掌心斜向下；左掌向後畫弧，收至右肘內側下方。眼看右掌（圖27）。

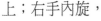

圖 27

圖 28

3. 捋手收腳

上體左轉；兩掌自前向下、向後捋手，左掌捋至左胯側；右掌捋至右腹前；同時右腳收於左腳內側。眼看右前方（圖28）。

圖 29　　　　　圖 30　　　　　圖 31

4. 上步搭手

右腳向右前方（東南）邁出一步，腳跟著地；同時兩前臂旋轉（左臂內旋，右臂外旋），兩掌翻轉屈臂上舉，掌心相對，合於胸前，左掌指附於右腕內側。頭看前（東南）方（圖 29）。

5. 弓步前擠

右腳落實，重心前移成右弓步；兩臂同時向前擠出，兩臂撐圓；左掌指貼於右腕，掌心向外，指尖斜向上；右掌橫於體前，掌心向內，高與肩平。眼看右腕，成右捋擠勢（圖 30）。

6. 扣腳穿手

重心後移，右腳尖翹起內扣；同時上體左轉，右掌翻轉向上；左掌稍向後屈收，再經右前臂上方穿出（圖 31）。

7. 弓腿抹掌

重心前移成右弓步，上體左轉；左掌自右向左前方畫弧平抹，掌心斜向前下；右掌微向後畫弧，收至左肘內側下

圖 32　　　　　　圖 33　　　　　　圖 34

方。眼看左掌（圖 32）。

8. 捋手收腳

上體右轉；兩掌自前向下、向後捋，右掌捋至右胯側；左掌捋至左腹前；同時左腳收至右腳內側。眼看左前方（圖 33）。

9. 上步搭手

左腳向左前方（東北）邁出一步，腳跟著地；同時左臂外旋，右臂內旋，兩掌翻轉屈收合舉於胸前，掌心相對，右掌指附於左腕內側。頭轉看前（東北）方（圖 34）。

10. 弓步前擠

左腳踏實，重心前移成左弓步；兩臂同時向前擠出，兩臂撐圓，左掌橫於體前，高與肩平，掌心向內；右掌向外，指尖斜向上，附於左腕內側。眼看左腕，成左捋擠勢（圖 35）。

11. 扣腳穿手

重心後移，上體右轉，左腳尖翹起內扣。同時左手外旋

圖 35

圖 36

向上；右手先向後屈收，再經左前臂上方穿出（圖36）。

12. 弓腿抹掌

同 7 動「弓腿抹掌」（圖37）。

13. 捋手收腳

同 8 動「捋手收腳」（圖38）。

14. 上步搭手

同 9 動「上步搭手」（圖39）。

圖 37

15. 弓步前擠

同 10 動「弓步前擠」（圖40）。

【教學要點】

（1）捋擠勢左右輪換重複三次，其上步及弓步方向皆

| 圖 38 | 圖 39 | 圖 40 |

為斜前方約 45°。步法轉換要求輕靈平穩，虛實分明。收腳時屈髖屈膝，以腰帶腿，以腿帶腳。收至支撐腳內側時，初學者可以點地支撐，熟練後應提而不落。出腳時腳跟輕落，穩定重心，行步如臨淵。穿掌時扣腳以中線為準，不宜過大。抹掌以斜前 45°為準，也不要過大。

（2）手腳配合要協調。做到：穿掌與扣腳一致；抹掌與弓腿一致；捋手與收腳一致；搭手與上步一致；前擠與弓步一致。整個過程都要與腰部的轉動協調一致。

（3）定勢時應頂頭沉肩，鬆腰豎脊，兩臂撐圓。弓步應保持兩腳 10～20 公分寬度。

【攻防用意】

（1）對方攻來，我乘勢雙手向後牽引對方為捋。

（2）對方向後掙脫，我以一手前臂外側貼緊對方，另一手助力發勁，將對手擠出。

【易犯錯誤】

（1）捋手過大，兩手擺至身後。

（2）擠手伸臂過直，力點不在前臂外側。

（3）扣腳、抹掌擺幅過大。

（4）後捋時腰部無旋轉。

（5）側身前擠，擠靠不分。

（6）定勢時低頭、聳肩、俯身；弓步兩腳沒有寬度。

六、左搬攔捶

1. 撇腳分手

重心後移，右腳尖外展，上體右轉；同時左掌向左前（正東）伸展，掌心斜向下；右掌向下、向右畫弧，掌心朝上（圖41）。

圖41

2. 收腳握拳

重心前移，左腳收於右腳內側；右掌向右後畫弧，再向上翻擺停於體前，掌心向下，高與肩平；左掌變拳向下、向右畫弧收於右腰前，拳心向下。眼看右手（圖42）。

圖42

3. 擺步搬拳

左腳向前上步，腳跟著地，腳尖外擺；左拳隨之向前（正東）搬出，拳心翻向上，高與胸平；右掌經左前臂外側順勢按至右胯旁。眼看左拳（圖43）。

4. 轉腰收拳

重心前移，左腳踏實，上體左轉；左拳內旋向左畫弧回

太極拳規範教程

圖 43

圖 44

收；右掌外旋向右畫弧前擺。眼看前方（圖44）。

5. 上步攔掌

右腳收經左腳內側向前上步，腳跟著地；同時左拳外旋收至左腰間，拳心向上；右掌經右側畫弧向體前攔出，掌心向左，指尖斜向上，高與肩齊。眼看右掌（圖45）。

6. 弓步打拳

上體右轉，重心前移，成右

圖 45

弓步；左拳由腰間向前打出，拳眼向上，高與胸齊；右掌同時收於左前臂內側，拳心斜向左下方。眼看左拳（圖46）。

【教學要點】

（1）撤腳分手要與轉腰、後移重心協調一致。兩手畫

弧分開應前後、上下對稱，畫成
兩個相交的立圓。

（2）左拳搬出後應內旋向
左畫弧，再外旋卷收至腰間；
右掌前攔時應外旋向右畫弧，再
內旋攔於體前。兩手擺動連貫自
然，並與轉腰配合。

（3）手腳配合要協調。做
到：搬拳與擺步一致；攔掌與
上步一致；打拳與弓步一致。整
個過程與腰部旋轉協調配合。

圖46

【攻防用意】

（1）搬拳—用拳向外格擋或向下壓制對方進攻。

（2）攔掌—伸手向內格擋，攔截對方。

（3）打拳—立拳由後向前沖打進攻。

【易犯錯誤】

（1）握拳拳面不平，用力過緊、過鬆。

（2）擺步時前膝僵直，挺胸突臀，上體傾斜。

（3）攔掌手眼脫節。

（4）弓步打拳俯身聳肩，後腳拔跟。

七、左掤捋擠按（攬雀尾）

1. 撇腳分手

重心後移，上體右轉，右腳尖外撇；右前臂外旋，右掌
向下、向右畫弧，掌心向上；左拳變掌前伸，前臂內旋，掌
心轉向下。眼看左手（圖47）。

太極拳規範教程

圖 47　　　　　圖 48　　　　　圖 49

2. 抱手收腳

　　右腳落實，重心前移，左腳收於右腳內側；同時左掌向下畫弧至右腰前，掌心向上；右掌向下、向右畫弧收卷至胸前，掌心向下，高與肩平，兩掌成「抱球」狀。眼看右掌（圖48）。

3. 轉體上步

　　上體微左轉，左腳向左前方（正東）邁出一步，腳跟輕落。眼看左掌（圖49）。

圖 50

4. 弓步掤手

　　上體繼續左轉，重心前移；左腿屈弓，右腿後蹬，腳跟後展，成左弓步；同時左前臂向前掤出（即左臂呈弧形，用前臂外側向前上方承架），高與肩平，掌心向內；右掌向下按於右胯旁。眼看左前臂（圖50）。

5. 轉腰擺臂

腰微向左轉；左掌前伸並翻掌向下；右前臂外旋，右掌心經腹前向上、向前畫弧，擺伸至左前臂下方，掌心向上。眼看左手（圖51）。

6. 轉體後将

上體右轉，重心後坐；兩掌同時向下經腹前向右後方畫弧後将；右掌将至身體側後方，掌心斜向上，高與肩平；左掌将至右肩前，掌心斜向內，左前臂屈於胸前；同時右腿屈蹲，上體後坐於右腿。頭轉看右掌（圖52）。

圖 51

7. 轉體搭手

上體左轉，向正前方（正東）；右臂屈於胸前，掌心向內；右掌屈收，掌心向外，掌指向前搭近左腕內側。眼平視前方（圖53）。

8. 弓步前擠

重心前移，左腿屈弓，右腿

圖 52

自然蹬直，成左弓步；右手推送左前臂向體前擠出，兩臂撐圓，與肩同高。眼看左腕（圖54）。

9. 後坐引手

右掌經左腕上方伸出，兩掌左右分開，與肩同寬，掌心向下；隨即上體後坐，重心移至右腿，左腳尖翹起；兩臂屈

太極拳規範教程

圖 53

圖 54

收，兩掌收至胸前，掌心斜向下方。眼向前平視（圖55）。

10. 弓步前按

重心前移，左腳踏實，左腿屈弓，成左弓步；同時兩掌落經腹前再向前、向上沿弧線推出，按至體前，腕高與肩平，掌心向前，指尖向上，兩手與肩同寬。眼平視前方（圖56）。

圖 55

圖 56

【教學要點】

（1）掤手時左臂半屈成弧，力點在前臂外側。捋手時兩手向身體側後方擺開。搭手及引手時，上體保持端正，收髖斂臀，面向前方。前擠、前按時，頂頭豎脊，鬆腰落胯。擠手時兩臂撐圓。按手時舒指塌腕，沉肩墜肘。抱手時兩臂半屈，圓滿相抱。

（2）手法與重心移動要協調配合。前掤、前擠、前按皆要重心前移成弓步；後捋、引手（後掤）要後腿屈坐，重心後移。

（3）本勢包括掤、捋、擠、按四個不同手法的分勢。每個分勢完成時，肢體要舒展，勁力要貫注，動作要沉穩，表現出由虛轉實的變化。然而太極拳動作要求如行雲流水，綿綿不斷，所以，各分勢間不可有明顯停頓間斷，應做到勢斷勁不斷，勁變意不斷。

【攻防用意】

本勢（攬雀尾或攬扎衣）包括了太極拳最基本的四種攻防手法。

（1）掤—屈臂向前迎架承接對手。

（2）捋—對手攻來，我一手牽其腕，一手扶其肘，順勢向後牽引。

（3）擠—對手抽身後退，我用前臂貼緊對方，後手助力，向前擠壓。

（4）按—本意為向下用力。太極拳中常以向後、向下引手（後掤），分解其力，乘對方落空失重，再向前發力推放，稱為前按。

【易犯錯誤】

（1）抱手鬆軟或緊張。

（2）臂過直，力點不準。

（3）後捋與轉腰、坐腿脫節。

（4）搭手重心前移。

（5）側身前「擠」，擠靠不分。

（6）引手時展髖後仰，或突臀前俯。

（7）引手、推按時兩手直收直送，未走弧形。

（8）前按時兩手有開合或上挑動作。

（9）弓步兩腳過寬（超過 20 公分）或過窄（併於一線乃至左右交叉）。

（10）重心移動不充分、不平穩，造成上體前俯後仰、忽高忽低。

第二段

八、斜身靠

1. 轉體分手

重心移向右腿，左腳尖內扣，身體右轉；右掌由左向右畫弧至身體右側，兩掌對稱地分舉在身體兩側，兩肘微屈，掌心向外。眼看右掌（圖 57）。

2. 收腳抱手

身體重心移於左腿，右腳收於左腳內側；同時右掌向下、向左畫弧收至體前，高與肩平；左掌同時收至體前，與右掌腕部交搭，抱成斜十字形（右掌在

圖 57

外），兩掌心皆
向內。眼看前方
（圖58）。

3. 上步握拳

上體微右
轉，右腳向右前
方（西偏北）邁
出一步，腳跟著
地；同時兩手握
拳，前臂微內
旋，拳心向下。
眼看前方（圖59）。

圖58

圖59

4. 弓步撐靠

重心前移，右腿屈弓，左
腿自然蹬直，腳跟隨之後展，
成右弓步；同時兩拳分別向右
上和左下方撐開，右拳撐於右
額角前，拳心斜向外；左拳撐
於左胯旁，拳心斜向身後；上
體轉向西南。眼看左前方（圖
60）。

圖60

【教學要點】

（1）定勢弓步方向為西偏北約30°，上體轉向西偏南約
30°。上體保持中正，力點在右上臂外側。

（2）轉身時，重心右移及左腳內扣要充分到位。

【攻防用意】

左手抓住對方右腕，右臂插入對方右腋下，貼身頂靠對

手。

【易犯錯誤】

（1）分手時只扭頭未轉腰。

（2）轉體分手時低頭彎腰，右腿屈蹲不到位。

（3）定勢扭臀轉胯，做成側弓步。

（4）撐靠時上體側倒。

九、肘底捶

1.轉體擺掌

重心左移，上體左轉，右腳尖隨之內扣；隨之右拳變掌，前臂外旋，掌心轉向上並向內掩裹，畫弧左擺至體前；左拳同時變掌，掌心向下，外擺畫弧。眼看右掌（圖61）。

2.抱手收腳

重心右移，上體右轉，左腳收至右腳內側；右掌翻轉向下，屈收於右胸前；左前臂外旋，左掌掌心翻轉向上，經腹前向右畫弧至右腰前，與右掌上下相對或「抱球」狀。眼看右掌（圖62）。

3.擺步左格

上體左轉，左腳向左前方（正東）擺腳上步，腳跟著地，腳尖外撇；左掌經右前臂下方向左上方畫弧格擋，掌心向內，高與鼻齊；右掌經左胸前畫弧按至右胯旁。眼看左掌

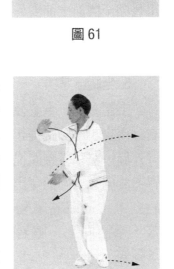

圖61

圖62

（圖63）。

4. 跟步右攔

上體繼續左轉；左腳踏實，重心前移至左腿，右腳跟進半步，腳前掌著地落在左腳後面；左前臂內旋，左掌向左、向下畫弧至體側，掌心向下；右掌向右、向前畫弧攔至體前，前臂外旋，掌心斜向上，高與鼻平。眼看前方（圖64）。

圖63

5. 坐腿穿掌

上體右轉，重心後移，右腳落實，左腳跟提起；左臂外旋，左掌經腰間從右前臂內側向上、向前穿出，掌心向上；同時右掌變拳下落，拳眼向上。眼看左掌（圖65）。

6. 虛步劈掌

左腳稍前移，腳跟著地，成左虛步；左掌成側立

圖64

掌向前劈出，掌心向右，指尖向上，高與眉齊；右拳落至左肘內側下方，拳眼向上。眼看左掌（圖66）。

【教學要點】

（1）整個動作以腰為軸，帶動四肢，連貫一氣，不可間斷。

（2）擺掌、抱手與轉腰、坐腿密切配合，上體做到鬆活端正。

（3）定勢時，虛步兩腿虛實分明，上體中正舒展，下肢屈蹲穩定，兩臂圓滿半屈。

【攻防用意】

先用左掌格開對方，再用右掌攔截擒握，最後左掌向前劈打對手頭部。力點在掌沿。

【易犯錯誤】

（1）轉體時低頭彎腰。

（2）擺腳上步時弧線繞步，上體歪扭。

（3）定勢時上體前俯或後仰。

（4）劈掌時兩臂夾緊，屈收過近。

圖 65

圖 66

十、倒卷肱（四）

1. 轉體撤手

上體右轉；右拳變掌，翻轉向上，由前向下經右腰側向後畫弧，舉於身體右後方，與肩同高，肘部微屈；左掌同時翻轉向上；左腳輕輕提起；頭隨體轉，眼看右側（圖67）。

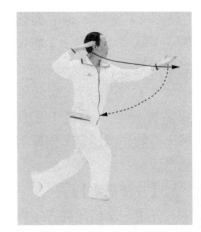

圖 67　　　　　　　　　圖 68

2. 退步卷肱

　　左腳輕提，腳尖下垂，向後退步，腳前掌著地；隨之右臂卷屈，右掌收至肩上頭側，掌心斜向前下方。眼看左手（圖 68）。

3. 虛步推掌

　　上體左轉，重心後移；左腳踏實，右腳跟外展扭直，體重移向右腿，成右虛步；同時右掌經耳側向前推出，掌心向

圖 69

前，高與肩平；左手向下、向後收至左胯旁，掌心向上。眼看右掌（圖 69）。

4. 轉體撇手

　　上體左轉；左掌向下、向後畫弧，舉於身體左後方，與肩同高，掌心仍向上；同時右臂外旋，右掌心轉向上。頭隨

圖 70

圖 71

體轉，眼看左側（圖 70）。

5. 退步卷肱

右腳輕輕提起向後退一步，前腳掌著地；隨之左臂卷屈，左掌收至肩上頭側，掌心斜向前下方。眼看右手（圖71）。

6. 虛步推掌

上體右轉，重心後移；右腳踏實，左腳腳跟外展扭直，體重坐於右腿，成左虛步；同時左掌經耳側向前推出，掌心向前，高與肩平；右掌向下、向後收至右胯旁。眼看左掌（圖72）。

7. 轉體撤手

動作同 1 動（圖 73）。

8. 退步卷肱

動作同 2 動（圖 74）。

圖 72

圖 73

圖 74

圖 75

圖 76

9. 虛步推掌

動作同 3 動（圖 75）。

10. 轉體撇手

動作同 4 動（圖 76）。

圖 77

圖 78

11. 退步卷肱

動作同 5 動（圖 77）。

12. 虛步推掌

動作同 6 動（圖 78）。

【教學要點】

（1）退步時控制好重心，平穩過渡。提腳落腳要輕穩柔和，腳前掌先落地，然後重心後移，後腳踏實，體重移向後腿，做到虛實轉換清楚，同時兩腳之間要保持 10 公分的橫向距離。

（2）上體保持鬆正舒展，高度一致。兩手前推後收要走弧線，於胸前上下交錯而過，動作要連貫、均勻、柔緩。

【攻防用意】

對手打來，我順勢退步向後牽引對方，另一手隨之向前反擊。

【易犯錯誤】

（1）重心起伏。

| 圖 79 | 圖 80 |

太極拳規範教程

（2）退步沉重突然。

（3）兩腿交叉，上體歪扭。

（4）兩手直推直收。

十一、轉身推掌（四）

1. 轉體擺掌

左腳撤至右腳後，腳前掌著地，以右腳跟和左腳掌為軸向左後方轉體；左掌向右畫弧上舉，再落至右胸前，掌心向下；右掌由下向右上方畫弧上舉，高與頭平，掌心向上。頭轉看左前（西北）方（圖79）。

2. 上步收掌

左腳向左前（西北）方上步，腳跟著地；同時右掌屈收至肩上頭旁，掌心斜向前下方；左手略向下按。眼看左前方（圖80）。

3. 丁步推掌

重心前移，上體左轉；左腳踏實，右腳跟進，落於左腳

圖 81　　　　　　圖 82　　　　　　圖 83

後側，腳前掌著地成丁步；同時左掌經左膝前上方摟過，按
於左胯旁，掌指向前；右掌經耳側向前推出，掌指向上，掌
心向前，指尖高與鼻平。眼看右掌（圖81）。

4.轉體擺掌

　　以左腳跟、右腳掌為軸向右後轉體，轉身後重心仍在左
腿；同時左臂外旋，左掌向左、向上畫弧上舉，掌心向上，
高與頭平；右掌下落至左胸前，掌心向下。眼看左掌（圖
82）。

5.上步收掌

　　右腳向右前（東南）方上步，腳跟著地；同時左掌屈收
至肩上頭旁，掌心斜向前下方；右手略向下落。眼看右前
（東南）方（圖83）。

6.丁步推掌

　　上體右轉，重心前移；右腳踏實，左腳跟進，收落在右
腳後面，腳前掌著地，成丁步；右掌經右膝前上方摟過，掌
指向前，按於右胯旁；左掌經耳側向前推出，掌指向上，掌

圖84　　　　　　　圖85　　　　　　　圖86

心向前，指尖高與鼻平。眼看左掌
（圖84）。

7. 轉體擺掌

上體左轉 90°，右腳尖內扣；右
掌向右畫弧上舉，掌心向上，高與頭
平；左掌落至右胸前，掌心向下。眼
看右掌（圖85）。

8. 上步收掌

同2動，惟方向東北（圖86）。

9. 丁步推掌

同3動，惟方向東北（圖87）。

圖87

10. 轉體擺掌

同4動，惟方向西南（圖88）。

11. 上步收掌

同5動，惟方向西南（圖89）。

圖 88

圖 89

12. 丁步推掌

同6動,惟方向西南(圖 90)。

【教學要點】

(1)四次轉身推掌方向成對稱的四角,與中軸線斜向45°。

(2)身體轉動要輕靈平穩,圓活連貫,重心移動不要過大。轉動中以前腳跟和後腳掌為軸依次碾轉,轉身後重心仍在原支撐腳。

圖 90

(3)本式定勢為後丁步(點步),體重大部落於前腿,後腳腳前掌輕輕點地,落於前腳內側後方。兩腳前後、左右皆要保持約10公分間隔。

(4)轉動中身型始終保持屈腿落胯,正身豎脊,高度

不變。

（5）推掌動作與收腳跟步應上下同時完成。

【攻防用意】

對方從身後踢來，我速轉身，一手摟開對方之腿，一手向前推向對方。

【易犯錯誤】

（1）跟步過近，兩腳皆用腳掌碾轉。

（2）轉身突然，低頭彎腰。

（3）推掌緊張，挺胸突臀，俯身直臂。

（4）先推掌、後跟步，手腳脫節。

十二、右琵琶勢

1. 撤步錯手

左腳向左後方撤退半步，重心後移，上體左轉；左臂屈收，左掌帶至左胸前，掌心斜向下；右掌隨之向右、向上畫弧至體前，掌心斜向下。頭隨體轉，向前平視（圖91）。

2. 虛步合掌

右腳稍向內移動，腳跟著地，膝微屈，體重坐於左腿，成右虛步；上體微右轉，右臂外旋下沉，右掌成側立掌舉於體前，指尖與眉心相對；左掌自左胸前向前合於右肘內側，掌心向右，指尖斜向上。上體側向正西，眼看右掌（圖92）。

【教學要點】

定勢時，兩臂輕輕沉合，注意頂頭、豎頸、沉肩、豎脊，兩臂撐圓，上體正直。虛步方向轉為正西。

【攻防用意】

對方左手打來，我一手牽對方手腕，另一手扶肘，順勢

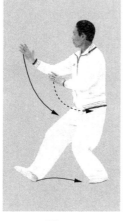

圖 91　　　　　　圖 92　　　　　　圖 93

後捋。待對方手臂伸直時，兩手向內
合力，反關節拿制對方。

【易犯錯誤】

（1）駝背弓腰，兩臂緊屈。

（2）前腿挺直，上體後仰。

（3）方向未轉向正西。

十三、摟膝栽捶

1. 收腳捋手

上體左轉，右腳收於左腳前，腳

圖 94

尖點地；兩掌下捋至腹前，左掌心向

上，右掌心向下。頭隨體轉，向前平視（圖93）。

2. 上步搭手

右腳前上半步，腳跟著地；兩掌翻轉搭於胸前，右掌心
向內；左掌指附於右腕內側。眼看右掌（圖94）。

圖 95　　　　　　　　　圖 96

3. 跟步平雲

上體右轉，重心前移；隨之左腳跟進落於右腳後面，腳前掌著地；兩掌同時自左向前畫弧平雲，右掌心向上，高與肩平；左掌心向下附於右腕內側。眼看右掌（圖95）。

4. 轉體擺臂

重心移向左腿，右腳跟提起，上體左轉；左前臂外旋，左掌向下、向後畫弧上舉至身體左後方，手心斜向上，高與頭平；右掌經頭前向左畫弧至左肩前，掌心向下。眼看左掌（圖96）。

5. 上步收拳

上體右轉，右腳向前上步，腳跟著地；左臂屈收，左手握拳收於肩上頭側，拳眼向內，拳心斜向前下方；右掌落至腹前。眼向前（正西）平視（圖97）。

6. 弓步栽拳

上體右轉，重心前移；右腳落實，右腿屈弓，左腿蹬直，成右弓步；右掌經右膝前上方摟過，按於右胯旁；左拳

經耳側向前下方打出，拳眼向右，拳面斜向前下，高與腹平。上體略前傾，眼看前下方（圖98）。

【教學要點】

（1）兩臂擺動先由左向右畫平圓，再由前向後畫立圓，銜接力求圓活，以腰運臂。

圖 97

（2）定勢時上體前傾不可超過45°，步型為拗弓步。凡拗弓步步型兩腳要保持約30公分的較大寬度，以利於重心穩定。上體仍要頂頭舒脊，自然伸拔。

（3）拳自上向下打出稱為「栽拳」或「栽捶」。栽拳時腕關節伸直，力點在拳面。

【攻防用意】

對方從前下方打來，我右手摟開對方攻勢，左拳斜向前下還擊。

圖 98

【易犯錯誤】

（1）手與腰動作不配合。

（2）栽拳時屈腕。

（3）低頭彎腰，前俯過大。

（4）轉體擺臂時上體傾斜。

第三段

十四、白蛇吐信（二）

1. 轉體扣腳

重心後移，上體左後轉，右腳尖翹起內扣；左拳向上提收；右掌上托。眼看左掌（圖99）。

2. 轉體搬腳

重心右移，上體繼續向左後轉動；左腳提起原地向外搬轉，腳跟落地；同時左拳變掌擺向身體右側，高與肩平，掌心向上；右掌收於肩上，掌心向下。眼看左掌（圖100）。

圖99

3. 歇步推掌

上體再左轉，兩腿交叉相疊，右膝接近左腿膝窩，兩腿交盤屈蹲，右腳跟碾轉提起，成歇步；左掌下落，收至左腰前，掌心向上；右掌經耳側向前推出，高與胸平，掌心向前。眼看右掌（圖101）。

圖100

4. 擺臂舉掌

重心前移；左掌向側後方畫弧上舉，與肩同高，掌心向上。頭轉看左掌（圖102）。

5. 上步收掌

右腳向前擺腳上步，腳跟著地；左掌屈收至肩上頭旁，掌心斜向前下方。眼看右掌（圖103）。

太極拳規範教程

圖 101

圖 102

圖 103

圖 104

6. 歇步推掌

上體右轉，重心前移；兩腿交叉相疊，左膝貼近右腿膝窩，兩腿交盤屈蹲，左腳跟碾轉提起，成歇步；左掌經耳側向前推出，掌心向前，高與胸平；右掌向後收至右腰前，掌心向上。眼看左掌（圖 104）。

【教學要點】

（1）左腳向外搬轉時，應原地提起，橫落體前。

（2）轉身和上步時要保持上體正直，重心平穩。

（3）歇步時上體扭轉，兩腿半蹲貼緊，重心略偏於前腿。

【攻防用意】

對方從身後打來，我轉身用左手接住，順勢後引，隨之轉腰用右手反擊。如對方還擊，我再用右手接住，上步轉腰，左手出擊。

圖 105

【易犯錯誤】

（1）轉身和上步時上體歪扭，聳肩揚肘。

（2）重心起伏過大。

（3）歇步時轉體不夠，兩腿未夾緊或後腿跪地。

十五、拍腳伏虎（二）

1. 上步掄掌

重心前移，左腳向前上步；左掌稍下落；右掌向後、向上畫弧掄擺，舉於身體右後方，高與頭平，掌心向上。眼向右平視（圖 105）。

2. 掄掌拍腳

左腳落實，重心前移，左腿支撐，右腳向前、向上踢擺，腳面自然展平；右掌經頭側向前畫弧掄擺，於頭前擊拍右腳面；左掌向後、向上畫弧掄擺，舉於身體左後方，掌心

圖 106

圖 107

圖 108

圖 109

向後，高與肩平。眼看右掌（圖 106、圖 107）。

3. 蓋步擺掌

　　右腳向左前方蓋步落地，左腳在右腳將落地之際隨即後屈提起；同時兩掌一齊向右平擺，掌心均向下。眼看右掌（圖 108、圖 109）。

4. 上步擺掌

左腳向左（正北）落腳上步；兩掌同時向下擺動。眼看前方（圖110）。

5. 弓步貫拳

重心前移，上體左轉；左腿屈弓，右腿蹬直，成左弓步；同時兩手握拳，經腹前向左、向上畫弧，右拳停於左肋前，拳心向下；左拳經體側向右屈肘平貫，停於左額前，拳

圖110

心斜向外。眼先看左側，再轉看右前方（正東）（圖111、圖111附圖、圖112、圖112附圖）。

6. 扣腳穿掌

重心後移，左腳尖內扣，上體右轉；同時兩拳變掌，左掌收於胸前，掌心斜向上；右掌掌心斜向下，從左前臂上方

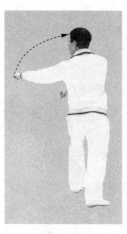

圖111

圖111附圖

圖112

圖 112 附圖

圖 113

圖 114

圖 115

穿出。眼看左掌（圖 113）。

7. 上步掄掌

左腳落實，上體右轉，重心移向左腿，右腳提起經左腳內側向前（正東）上步；左掌向下、向後、向上畫弧掄擺至頭側，掌心向前，準備拍腳；右掌向前、向下畫弧掄擺，停於右胯旁。眼向前平視（圖 114、圖 115）。

圖 116　　　　　　　　　　圖 117

8. 掄掌拍腳

　　重心前移，上體右轉；左腳向前、向上踢擺，腳面展平；左掌經頭側掄擺，向前擊拍左腳面；右掌向後、向上畫弧掄擺，舉於身體右後方，高與肩平，掌心向後。眼看左掌（圖 116、圖 117）。

9. 蓋步擺掌

　　左腳向右前方蓋步落地，右腳在左腳將落地之際隨即後屈提起；同時兩掌一齊向左平擺，兩掌心均向下。眼看左掌（圖118、圖 119）。

10. 上步落掌

　　右腳向右側

圖 118　　　　　　　　圖 119

（正南）落腳上步；兩掌下落。眼看前方（圖120）。

11. 弓步貫拳

重心前移，上體右轉；右腿屈弓，左腿蹬直成右弓步；同時兩掌握拳經腹前向右、向上畫弧，左拳停於右肋前，拳心向下；右拳經體側向左屈肘平貫，停於右額前，拳心斜向外。頭先看右側，再轉看左前方（正東）（圖121、圖122）。

圖 120

【教學要點】

（1）掄掌應與轉腰、順肩、上步協調配合。掄擺路線應自下向後、向上、向前成立圓。舉掌時臂應自然半屈。

（2）拍腳高度應在頭前擊響，準確響亮。初學者拍腳應因人而異，逐步提高。

（3）蓋步指一腳經支撐腳前向異側落地。插步指一腳經支撐腳後向異側落地。本勢蓋步將落地時，另一腳應迅速屈提，輕柔換跳，做到平穩柔緩，富有彈性。此動也可採用插步落腳練法。

圖 121

圖 122

（4）貫拳指拳經體側畫弧，向前圈擺擊打。力點在拳面。定勢時貫拳與弓步同時完成。弓步方向分別為正北和正南，頭轉看正東。

【攻防用意】

（1）拍腳——拳腳並用，上打下踢對方。

（2）貫拳——下手抓握按住對方，上拳橫貫圈打對方頭部。或兩拳皆向對方橫貫，上擊額角下打肋。

【易犯錯誤】

（1）掄掌時肩緊臂直，橫向掄擺，與轉腰不合。

（2）拍腳緊張憋氣，低頭彎腰。

（3）蓋步落腳方向過橫，兩腿夾緊，上體歪扭。

（4）蓋步落腳無騰空或縱跳過大。

（5）定勢扭胯，做成側弓步。

十六、左撇身捶

1. 轉體穿手

重心後移，右腳內扣，上體左轉；同時右拳變掌，掌心斜向上，收於胸前；左拳也變掌，掌心斜向下，從右前臂上方穿出。眼向前看（圖123）。

2. 弓腿分手

右腳踏實，身體重心移於右腿；左掌向上、向前畫弧，掌心向下；右掌向下、向後畫弧，掌心向上，兩手分至身體兩側。眼看左掌（圖124）。

圖123

圖 124　　　　　　圖 125　　　　　　圖 126

3. 收腳握拳

上體右轉；左腳收至右腳內側；左手握拳下落收至腹前，掌心向內，拳眼向右；右掌向上、向體前畫弧，掌心向下，附於左臂內側。眼看左前方（圖 125）。

4. 上步舉拳

上體微左轉；左腳向左前方（東北）邁出一步，腳跟著地；左拳屈臂上舉於胸前，拳心向下。眼看左前方（圖 126）。

5. 弓步撇拳

重心前移，左腿屈弓，右腿蹬直，成左弓步；左拳向前翻轉撇打，高與頭平，拳心斜向上；右掌附於左前臂內側。眼看左拳（圖 127）。

圖 127

【教學要點】

（1）撇拳前，左掌應向正東方向穿出。分手時，兩手反向交叉畫立圓。

（2）弓步撇拳斜向東北約 45°。左臂微屈，腕關節順直，頂頭沉肩，上體伸拔。兩腳之間保持約 10 公分橫向寬度。

【攻防用意】

劈頭蓋臉，向前撇打對方頭部。力點在拳背。

【易犯錯誤】

（1）分手做成後捋。

（2）弓步兩腿交叉，上體歪扭。

（3）撇拳腕關節屈折。

十七、穿拳下勢

1. 轉體分手

重心後移，左腳尖外撇，上體左轉；左拳變掌向上、向左畫弧；右掌向下、向右畫弧，兩手向體側分開，掌心皆向下。眼看左掌（圖 128）。

2. 提腳收拳

左腳落實，重心前移，右腳收於左腳內側；兩掌握拳，繼續畫立圓，左拳向下、向右畫弧收於腹前；右拳向上、向左畫弧合於頭前，拳心皆向內。眼看右拳（圖 129、圖 129 附圖）。

圖 128

圖 129

圖 129 附圖

圖 130

圖 130 附圖

3. 伸腳穿拳

　　右拳掩肘下落至腹前；左拳經右前臂外側上穿至頭前。同時左腿屈蹲，右腳向右側（正東偏南）伸出，全腿伸直，全腳著地。眼看左拳（圖 130、圖 130 附圖）。

4. 仆步穿拳

左腿全蹲，右腿鋪直，兩腳全腳著地，腳尖平行向前或稍外展；上體右轉；右拳經腹前沿右腿內側向右側穿出；左拳向左上方伸舉，高與頭齊，兩拳皆成立拳，拳眼向上。眼看右拳（圖131、圖131附圖）。

圖 131

【教學要點】

（1）提腳收拳時，兩肘向內掩裹，肘尖向下。初學者收腳後右腳尖可點地支撐。

（2）右腳側伸時先屈蹲左分，右腳貼近地面伸落，不可擦地或高抬。

（3）仆步為武術常用步型。老年人可以左腿半蹲成半仆步。

圖 131 附圖

（4）右穿拳時上體伸展，略向前傾。

【攻防用意】

對方右拳打來，我用左拳向上格擋，隨之向右仆步下蹲，右拳沖打對方小腹或襠部。

【易犯錯誤】

（1）右腳開步時腳跟擦地。

（2）向上穿拳時聳肩揚肘。

圖 132　　　　　　　　　　圖 133

（3）仆步穿拳時抬臀、彎腰、低頭。

（4）仆步時左腳拔跟，右腳掀底，右腿彎曲，左膝內扣。

十八、獨立撐掌（二）

1. 弓腿挑拳

重心前移，右腳尖外展，左腳尖內扣，右腿屈弓，左腿伸直；同時右拳略向上挑；左拳稍向下落，兩拳眼仍向上。眼向前看（圖 132）。

2. 提腳穿掌

右腳蹬地，左腳提起，上體右轉；右拳變掌，內旋下落；左拳變掌，經腰側向前、向上，經右臂內側穿出，掌心向內。眼向前看（圖 133）。

3. 獨立撐掌

身體獨立向前；右腿微屈站穩，左腿屈膝提至體前，腳尖向下，成右獨立步；同時右掌下落按於右胯前，指尖向

圖 134　　　　　圖 135　　　　　圖 136

左；左掌沿體前從右前內側上穿，再翻掌撐於頭前上方，指尖向右，掌心斜向上。眼向前看（圖134）。

4. 落腳上步

上體右轉；左腳向前（偏左）上步，腳跟著地；左掌前落；右掌翻轉向上，收於右腰間。頭轉看右前方（圖135）。

5. 提腳穿掌

重心前移，左腳蹬地，右腳提起；左掌落至體前，掌心向下，與肩同高；右掌向前、向上穿伸，掌心向內。眼看前方（圖136）。

6. 獨立撐掌

重心前移，身體獨立向前；左腿微屈站穩，右腿屈膝提至體前，腳尖向下，成左獨立步；右掌掌心向內，沿體前從左前臂內側上穿，再翻掌撐於頭前上方，指尖向左，掌心斜向上；左掌下落，按於左胯前，指尖向右。眼向前看（圖137）。

【教學要點】

（1）獨立步時重心上升，支撐腿微屈，前提腿大腿高提，高於水平，小腿內收，腳面展平。

（2）向上穿掌時，要配合腰部的輕輕旋轉。撐掌時，上體正向前（東）方，端正伸拔，頭向上頂，肩部鬆沉；兩掌屈腕舒指，上撐下按，對稱用力。

圖 137

【攻防用意】

對方兩手打來，我用兩手上下撐開，隨之大腿屈膝前提，用膝頂撞對方。

【易犯錯誤】

（1）獨立步時上體後仰，小腿前舉，腳尖上勾。

（2）由仆步向前弓腿時，兩腳尖轉動不充分，造成提腳困難，重心不穩。

（3）定勢屈腿團身，姿勢不展。

十九、右單鞭

1. 退步探掌

右腳後退一步，右腿伸直，左腿屈弓，成左弓步；同時右掌翻轉前落，停於胸前，掌心向上；左掌經右掌上方向前伸探，掌心向下，高與肩平。眼看左掌（圖 138）。

圖 138

圖 139 圖 140

2. 坐腿後将

重心後移，上體右轉；兩掌自前向下、向後畫弧将回，收至腹前。頭隨體轉（圖 139）。

3. 旋臂搭手

左掌經腹前翻轉上舉，高與胸平，掌心向內；右掌同時翻轉上舉，掌心向前，掌指附於左腕內側。眼看左手（圖 140）。

4. 弓腿平雲

重心前移，左腿屈膝前弓，上體左轉；左掌自右向前畫平圓，高與肩平，掌心斜向上；右掌指附於左腕內側隨之畫圓。眼隨視左掌（圖 141）。

5. 坐腿平雲

重心後移，左腳尖上翹，上體左轉；左掌繼續屈肘向左、向

圖 141

圖 142　　　　　圖 143　　　　　圖 144

後畫平圓，掌心向上；右掌仍附於左腕，隨左手轉動。眼看左掌（圖 142）。

6. 轉腰旋掌

左腳內扣落實，上體右轉；同時左臂內旋，左掌旋轉畫弧擺至右肩前，掌心向右；右掌隨之翻轉向上，仍附於左腕內側。眼看左掌（圖 143）。

7. 轉體按掌

重心移向左腿，上體左轉；左掌劃平弧向左前方推按；右手附於左腕處不變。眼看左掌（圖 144）。

8. 勾手收腳

左手屈腕捏成勾手；右手收於左肘內側，掌心向內；同時右腳收至左腳內側。眼看勾手（圖 145）。

圖 145

9. 轉體上步

上體稍右轉；右腳向右前方（西偏北）邁出一步，腳跟著地；右掌收至頭前，掌心向內。眼看右掌（圖146）。

10. 弓步推掌

重心前移成右弓步；同時上體右轉；右掌隨轉體翻掌向前推出，掌指向上，掌心向前，指高與鼻平，右肘右膝上下相對。眼看右掌（圖147）。

圖146

【教學要點】

（1）探掌時向前弓腿；捋手時向後坐腿。向前平雲時弓腿；向後平雲時坐腿。重心隨之移動，手腿配合，虛實分明。

（2）整個平雲手過程應轉腰運臂，身手協調，左掌畫一平圓。向前平雲時兩臂隨之伸展；向後平雲時兩臂隨之屈收。同時保持身體端坐，中正安舒。

圖147

（3）最後成弓步推掌時，應轉腰弓腿，後腳跟外展後蹬。兩臂伸展時含胸沉肩，肘關節微屈。

【攻防用意】

對方右手打來，我用左手平雲撥開，向外、向後化解其

圖 148

圖 149

力。隨之翻掌向前抓住對方，右掌如單鞭一樣猛擊對方。

【易犯錯誤】

（1）右腳退步時舉腿後撩，左腿未屈。落地後重心立即後坐。

（2）平雲手時上體俯仰歪斜，聳肩抬肘，腰部未旋轉配合。

（3）定勢時挺胸展胯，伸臂過直，上體側傾。

第四段

二十、右雲手（三）

1. 轉體擺掌

上體左轉，重心左移，右腳尖內扣；右掌向下、向左畫弧擺至左肩前，掌心向內；左勾手鬆開變掌，掌心向外。眼看左手（圖148、圖149）。

圖 150

圖 151

2. 轉體右雲

上體右轉，重心右移；右掌經面前向右畫弧，掌心向內；左掌向下經腹前向右畫弧，掌心斜向下。視線隨右掌移動（圖 150）。

3. 翻掌收腳

上體繼續右轉；右掌雲到身體右側，前臂內旋，掌心轉向外；左掌向上畫弧雲至右肩前，掌心翻轉向內；同時左腳

圖 152

向右腳收攏成小開步，兩腳平行，相距 10～20 公分，腳尖向前。眼看右掌（圖 151）。

4. 轉體左雲

重心左移；左掌經面前向左畫弧，掌心向內；右掌經腹前向左畫弧，掌心斜向下。視線隨左手移動（圖 152、圖

152 附圖）。

5. 翻掌開步

上體繼續左轉；左掌雲至身體左側，掌心翻轉向外；右掌向上畫弧雲至左肩前，掌心翻轉向內；同時右腳向右側跨步分開，前腳掌內側著地。眼看左掌（圖153）。

6. 轉體右雲

同 2 動「轉體右雲」（圖154）。

圖 152 附圖

7. 翻掌收腳

同 3 動「翻掌收腳」（圖155）。

8. 轉體左雲

同 4 動「轉體左雲」（圖156）。

9. 翻掌開步

同 5 動「翻掌開步」（圖157）。

圖 153

圖 154

圖 155

圖 156

圖 157

圖 158

10. 轉體右雲

同 2 動「轉體右雲」（圖 158）。

11. 翻掌收腳

同 3 動「翻掌收腳」（圖 159）。

【教學要點】

（1）兩掌上下同時向右、向左成立圓擺動，稱做「立

雲手」。雲手時，上手高不過頭，下手低不過襠，兩臂半屈，上體正直，以腰運臂，頭隨手轉，動作均匀連貫。

圖 159

（2）本勢步法為「側行步」，兩腳平行依次向右移動。右腳向右伸出為開步；左腳向右收攏為併步。開步和併步腳都要輕提輕落，腳前掌內側先著地。重心要平穩，體重逐漸右移。併腳後成小開步，兩腳平行向前，保留 10～20 公分間距。

【攻防用意】

對方右手打來，我伸右手迎接，隨之轉腰向右雲撥和翻掌牽帶；左手在下面同時助力，向右推送對方。對方左手打來，我左手雲撥牽帶，右手在下向左助力。

【易犯錯誤】

（1）腰不旋轉，手、腰脫節。

（2）重心起伏。

（3）挺胸突臀，上體前俯。

（4）翻掌突然。

（5）落腳沉重。

（6）兩腳八字，收腳併緊。

（7）屈臂過大，手距頭近。

二十一、右左分鬃

1. 轉體抱手

重心移至左腿，右腳提起，上體左轉；兩掌繼續向左雲

圖 160　　　　　圖 161　　　　　圖 162

轉，雲至體前時，兩掌翻轉上下相對，在左胸前「抱球」。
眼看左掌（圖 160）。

2. 轉體上步

上體微右轉，右腳向前邁出一步。眼看左掌（圖
161）。

3. 弓步分掌

上體右轉，重心前移；右腿屈弓，左腿蹬直，成右弓
步，兩腳橫向距離約 30 公分；兩掌隨轉體分別向右上和左
下分開，右掌高與眼平，掌心斜向上；左掌按於左胯旁，掌
心向下，指尖向前。眼看右掌（圖 162）。

4. 轉體撇腳

重心後移，右腳尖外撇，上體微右轉；隨之兩掌開始翻
轉。眼看右掌（圖 163）。

5. 收腳抱手

重心前移，上體右轉；左腳收至右腳內側；同時右臂內
旋，掌心向下；左臂外旋，掌心向上，兩掌右上左下在右胸

| 圖 163 | 圖 164 | 圖 165 |

前「抱球」。眼看右掌（圖
164）。

6. 轉體上步

上體左轉；左腳向前邁出
一步。眼看右掌（圖 165）。

7. 弓步分掌

上體左轉，重心前移；左
腿屈弓，右腿蹬直，成左弓
步，兩腳橫向距離約 30 公
分；兩掌隨轉體分別向左上和
右下分開，左掌高與眼平，掌
心斜向上；右掌按於右胯旁，指尖向前。眼看左掌（圖
166）。

圖 166

【教學要點】

（1）本勢前手用意為分靠，較前掤動作應向外開展一
些，指尖與胸對齊，前臂斜向上，腰扭轉幅度也較大，所以

229

第五章　四十八式太極教學

兩腿跨度應加大至 30 公分。

（2）弓步時，分掌和弓腿要協調一致。後腿邊蹬直，腳跟隨之外展。前腳方向朝前（正西），後腳斜向前方 45°～60°。

【攻防用意】

對方左手打來，我用左手牽住其腕向下採按，同時右腳上步至對方身後，右前臂伸至對方左腋下，轉腰發力向右分靠，掀倒對方。左分鬃勢用意相同，力點皆在上手前臂外側，惟左右相反。

【易犯錯誤】

（1）轉體撇腳時只坐腿，未轉腰。

（2）收腳抱手時收腳太晚，上體歪扭。

（3）弓步分掌時挺胸展胯，兩臂僵直。

二十二、高探馬

1. 跟步展手

右腳向前收攏半步，腳前掌落地；左掌心翻轉向上；右掌向後、向上畫弧平舉，高與肩平，掌心向上，兩手分展於體前和側後方。眼向前平視（圖 167）。

2. 虛步推掌

重心後移，右腳踏實，上體先微向右轉，再向左轉；左腳稍向前移步，腳前掌著地，成左虛步；左掌下落收至腹前，掌指向前，掌心向上；右掌屈臂卷收，經肩上耳旁

圖 167

太極拳規範教程

向前推出，掌心斜向前下方，指尖
高與眼平。眼看右掌（圖168）。

【教學要點】

（1）坐腿和虛步時，腰部要
自然地左右轉動。重心移動要平
穩，上體要鬆正。

（2）本勢與「倒卷肱」勢皆
為虛步推掌。其區別是本勢為前進
推掌；步型為拗虛步；前手高與頭
平，又稱「撲面掌」或「探掌」；
後手收至腹前。

圖 168

【攻防用意】

對方打來，我用左手順勢後
引，右手直攻其面部。

【易犯錯誤】

（1）虛步重心過高，兩腿不
屈，虛實不分。

（2）俯身突臀，挺胸直臂。

二十三、右蹬腳

1. 轉腰擺掌

上體右轉；左腳輕輕提起；右

圖 169

掌向右、向後畫弧平擺；左掌翻轉向下、向左、向前畫弧平
擺。眼看右掌（圖169）。

2. 移腳穿掌

左腳向左移動半步，腳跟著地；同時左臂外旋，掌心向
上、向前畫弧收於胸前；右掌經胸前從左前臂上方穿出。眼

圖 170　　　　　　　　圖 171　　　　　　　　圖 172

看右掌（圖170）。

3. 弓腿分手

左腳落實，重心前移，左腿前弓；右掌向上、向右立圓畫弧，掌心向下；左掌向下、向左立圓畫弧，掌心向上。眼看右掌（圖171）。

4. 收腳抱手

右腳收於左腳內側，上體稍向右轉；右掌向下，左掌向上繼續立圓畫弧，至胸前時兩腕相交，兩掌合抱成斜十字，右掌在外，掌心均向內。眼看右前方（圖172）。

5. 分手蹬腳

左腿微屈站穩，右腿屈膝提起，右腳向右前方（西偏北）慢慢蹬出，腳尖上勾，力點在腳跟；兩掌分別向右前和左後方畫弧分開，撐舉在身體兩側，肘部微屈，腕與肩平，掌心均向外，右臂與右腿上下相對。眼看右掌（圖173）。

【教學要點】

（1）蹬腳時保持上體中正自然，支撐穩定，蹬腳高度

應超過水平，蹬腳方向為斜前約30°。同時兩手要經頭前翻舉畫弧分開。

（2）蹬腳前兩掌先平圓畫弧擺動，穿掌後兩掌變立圓分擺合抱。前後銜接應圓活連貫，並與腰部旋轉協調配合。

（3）初學者收腳後腳尖可以點地；蹬腳時高度因人而異。

【攻防用意】

用右手撥開對方，同時右腳向對方蹬踹。

圖 173

【易犯錯誤】

（1）擺掌過大，伸臂過直。

（2）擺掌、分手與轉腰不配合。

（3）左腳移步後兩腿交迭，前腳外撇，後腳拔跟，做成「歇步」。

（4）蹬腳時，上體前俯後仰，揚手彎腿，緊張憋氣。

圖 174

二十四、雙峰貫耳

1. 收腳併手

右腿屈膝，右腳收回，腳尖自然下垂；左臂外旋，左掌由後向上、向前畫弧下落；右掌也同時翻轉向上，與左掌平行並落於右膝上方。眼向前平視（圖174）。

圖 175 圖 176

2. 落腳握拳

右腳向前方（西偏北約 30°）落下，腳跟著地；兩掌下落收至腰間，屈握變拳。眼看前方（圖 175）。

3. 弓步貫拳

右腳落實，重心前移，成右弓步；兩拳同時經體側畫弧向前貫打，高與耳齊，兩拳眼斜向下，相距同頭寬，兩臂成鉗形。眼看前方（圖 176）。

【教學要點】

（1）貫拳為拳經體側向前上方畫弧擺打，力點在拳面。本勢兩拳同時鉗形貫打，雙臂半屈，方向與右蹬腳一致。

（2）落腳時先降低重心，右腳收落，沿地面向前邁出一步。

（3）貫拳時兩臂先內旋伸擺，再向前圈打。定勢時頂頭沉肩，上體正直，兩臂撐圓。

【攻防用意】

兩拳向前揮擺，貫打對方兩額。

【易犯錯誤】

（1）收腳時小腿前揚，腳尖上翹。

（2）落腳沉重。

（3）定勢時低頭、聳肩、揚肘、俯身。

二十五、左蹬腳

1. 轉體分手

重心後移，上體右轉；右腳尖外展；兩拳變掌向左右畫弧分開，掌心皆轉向外。眼看左掌（圖177）。

2. 收腳抱手

重心前移，左腳收於右腳內側；同時兩掌分別經左、右兩側向下、向內畫弧，在胸前交叉合抱成斜十字形，左掌在外，掌心均向內。眼看左前方（圖178）。

3. 分手蹬腳

右腿微屈站穩，左腿屈膝提起，左腳向左前方（西偏南30°）慢慢蹬出，腳尖上勾，力點在腳跟；兩掌分別向左前和右後方畫弧分開，撐舉在身體兩側，肘部微屈，腕與肩

圖177

圖178

圖179　　　　　　　　　　　　圖180

平，左臂與左腿上下相對。眼看左掌（圖179）。

【教學要點】

同二十三勢右蹬腳，惟動作左右相反，方向為西偏南。

二十六、掩手撩拳

1.落腳掩手

左腳收回落於右腳內側，腳尖點地；上體微向右轉；兩掌自兩側向上、向內畫弧，合掩於頭前；同時右掌變拳，兩手均轉向內。眼看前方（圖180）。

2.上步收拳

左腳向左前方（西南）邁出一步，腳跟著地，上體向右擰轉；同時兩手向懷中掩裹下落，合抱於右腰前，右拳落於左掌心，兩手均轉向上。眼看前下方（圖181、圖181附圖）。

3.弓步撩拳

上體左轉，重心前移；左腿屈弓，右腿蹬伸，成左弓

圖181　　　　圖181附圖　　　　圖182

步；左掌握拳隨轉體收至左腰間，拳心向上；右拳隨轉體向前（正西）下方直臂撩出，拳高與腹平，拳眼向左，拳面斜向下。眼看右拳（圖182）。

【教學要點】

（1）拳由下向前、向上弧線擺動打出，力點在拳背，稱為「撩拳」。本勢撩拳方向為前（正西）下方；弓步方向為西偏南。撩拳後要轉腰順肩，上體略前傾。本勢也可採取快速發力練法。發力要注意周身完整，腰腿先行，前臂彈抖，鬆快圓活。無論採取何種練法，拳都應從腰間經腹前撩出，臂由屈而伸，與轉腰蹬腿協調一致。

（2）兩手掩落至腰間時，兩前臂要貼緊腹部，兩手相抱。

【攻防用意】

對方打來，我兩手相合頭前掩護防守，隨之右拳前撩對方腹部。

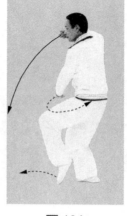

圖 183　　　　　　圖 184　　　　　　圖 185

【易犯錯誤】

（1）撩拳前右拳向後擺動，抽引蓄力。

（2）俯身過大，超過 45°。

（3）低頭聳肩，轉腰不足。

（4）撩拳腕關節彎曲。

二十七、海底針

1. 跟步擺掌

右腳向前收攏半步，在左腳側後方落下，腳前掌著地；右拳變側掌下落，掌心向左；左拳變掌左擺，掌心向下。眼看前下方（圖 183）。

2. 坐腿提掌

重心後移，右腳踏實，上體右轉，身體重心後移至右腿，左腳提起；左掌由左向前畫平弧，擺至腹前；右掌由下經體側向上畫弧，屈臂提至右耳旁。眼看前方（圖 184）。

3. 虛步插掌

左腳前移半步，腳前掌著地，成左虛步；同時上體左轉；右手從耳側向前下方插掌，四指併攏，指尖斜向前下方，掌心向左；左手向左畫弧，從左膝前上方摟過，按於左胯旁，掌指向前。眼看右掌（圖185）。

【教學要點】

（1）四指併攏，指尖著力，掌由後向前或向前下方伸出為「插掌」。本勢插掌向前下方，轉腰順肩，頂頭拔脊，上體前傾約 30°。

（2）跟步和坐腿時，要配合腰部旋轉。定勢時，右肩前順，上體可稍向前傾。

【攻防用意】

左手摟開對方，右掌直插對方襠部。

【易犯錯誤】

（1）虛步兩腿虛實不清。

（2）插掌低頭彎腰，上體前俯超過 45°。

（3）插掌時屈腕下劈。

二十八、閃通背

1. 提掌上步

上體伸直；左腿提收後向前上步，腳跟著地；右掌上提至頭前，左掌指附於右腕內側。眼看前方（圖186）。

2. 弓步推掌

左腳落實，重心前移，成左弓步；右掌經面前翻掌上撐，停於頭

圖 186

側上方，掌心向上，指尖向左；左掌經胸前向前推出，掌心向前，高與鼻平。眼看左掌（圖187）。

圖 187

【教學要點】

右掌上提與轉腰、直體配合一致。弓步與推掌同時完成，方向皆向前（正西）方，上體保持鬆正。

【攻防用意】

對方右手打來，我用右手上撐後帶，同時左掌向前攻擊。

【易犯錯誤】

（1）弓步推掌時側身扭髖，做成側弓步。

（2）右掌上提聳肩抬肘。

（3）右掌上撐時右臂過屈，聳肩歪頭。

第五段

二十九、右左分腳

1. 轉體分手

重心後移，左腳尖充分內扣，上體右後轉；兩手向兩側畫弧分開，掌心向外，眼看右手（圖188）。

2. 收腳抱手

重心左移，右腳收於左腳

圖 188

太極拳規範教程

圖 189

圖 189 附圖

內側；兩手向下、向體前畫弧，在腹前交叉合抱後，舉於胸前成斜十字形，右掌在外，掌心均向內。眼看右前方（正東偏南）（圖 189、圖 189 附圖）。

3. 分手分腳

左腿微屈站穩，右腿屈膝提起，右腳向右前方（東偏南）慢慢踢出，腳面展平；同時兩掌向右前方和左後方畫弧分開，撐舉於身體兩側，掌心皆向外，腕高與肩平，

圖 190

肘部微屈，右臂與右腿上下相對。眼看右掌（圖 190）。

4. 落腳穿掌

右小腿屈收，右腳下落向右前方（東偏南）上步，腳跟著地；上體右轉；右前臂外旋，右掌轉向上，稍向內收；左掌下落經左腰側向前、向上畫弧，從右前臂上方穿出，掌心

圖 191

圖 192

向前下方。眼看右掌（圖 191）。

5. 弓腿分手

右腳落實，重心前移，上體左轉，左腿蹬直；左掌向上、向前畫弧，掌心向下；右掌向下、向後畫弧，掌心向上。眼看左掌（圖 192）。

6. 收腳抱手

左腳收至右腳內側；左掌向下、右掌向上同時繼續立圓

圖 193

畫弧，至胸前時兩掌腕部交叉合抱成斜十字形，左掌在外，掌心皆向內。眼看左前方（圖 193）。

7. 分手分腳

右腿微屈站穩，左腿屈膝提起，左腳向左前方（東偏北）慢慢踢出，腳面展平；兩掌同時向左前方和右後方畫弧

分開，撐舉於身體兩側，掌心皆向外，腕高與肩平，肘部微屈，左臂與左腿上下相對。眼看左掌（圖194）。

【教學要點】

（1）分腳又稱「踢腳」，力在腳尖前伸擺踢。分腳時，保持上體中正，支撐腿穩定，前擺腿高於水平（初學者因人而宜），方向為斜前方約30°。兩臂微屈，分撐於兩側。

圖194

（2）落腳穿掌時，右腳應先落後上。分手合抱時，兩手畫立圓，並與轉腰相配合。分手分腳時，兩手在頭前先翻後分，柔緩連貫。

【攻防用意】

用前手撥開對方，隨之提腳前踢，向對方攻擊。

【易犯錯誤】

（1）轉身時低頭彎腰。

（2）分腳時重心不穩，緊張憋氣，上體後仰，兩臂挺直或屈舉。

（3）前腿與前臂方向不合。

（4）前舉腿不直，支撐腿過屈。

（5）右腳落地過重。

（6）落地後弓腿做成「歇步」。

（7）分手時翻腕直推，不走弧線。

三十、摟膝拗步（二）

1.落腳擺掌

左小腿屈收，左腳落於右腳內側，上體右轉；右掌翻轉上舉，高與頭平；左掌經頭前向右畫弧落於右肩前，掌心向下。眼看右掌（圖195）。

2.上步收掌

上體左轉；左腳向前邁出一步，腳跟著地；左掌下落；右掌屈收於肩上，掌心斜向前下方。眼看前方（圖196）。

圖195　　　　　　圖196

3.弓步摟推

重心前移，上體右轉；左腳落實，左腿屈弓，成左弓步，兩腳跨度約30公分；左掌下落經左膝前上方摟過，按於左胯旁，掌指向前；右掌經耳側向前推出，掌心向前，高與鼻平。眼看右掌（圖197）。

4.轉體撇腳

重心後移，左腳尖外撇，上體左轉；兩前臂外旋，右掌

圖197

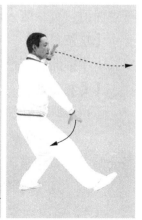

| 圖 198 | 圖 199 | 圖 200 |

畫弧左擺；左掌翻轉向上。眼看右掌（圖198）。

5. 收腳擺掌

上體左轉，重心前移；左腳踏實，右腳收於左腳內側；左掌向後、向上畫弧，舉於身體左後方，與肩同高，掌心向上；右掌擺至左肩前，掌心向下。眼看左掌（圖199）。

6. 上步收掌

上體右轉，右腳向前邁出一步；右掌下落；左掌屈收至左肩上。眼看前方（圖200）。

7. 弓步摟推

重心前移成右弓步；上體右轉；右掌經右膝前上方摟過；左掌經耳側向前推出。眼看左掌（圖201）。

【教學要點】

本勢步型為拗弓步，兩腳左

圖 201

右應保持較寬距離，以利轉腰順肩，上體鬆正，重心穩定。

【攻防用意】

下手摟開對方進攻，上手向前攻擊。

【易犯錯誤】

（1）轉體時低頭彎腰。

（2）摟手推掌用力緊張，上體前俯，兩臂伸直。

（3）弓步掀腳拔跟。

（4）弓步兩腳併於一線或左右交叉，上體歪扭。

三十一、上步擒打

1. 撇腳穿掌

重心後移，右腳尖外撇；左掌翻轉向上，微向後收；右掌經胸前從左前臂上方向前穿出，掌心斜向下。眼看前方（圖202）。

圖202

2. 弓腿抹掌

右腳落實，重心前移，上體右轉；右掌自左向右畫弧平抹；左掌向右、向後畫弧收於腹前。眼看右掌（圖203）。

3. 上步握拳

左腳提起前上一步，腳跟著地；右掌向右畫弧，握拳收於右腰間，拳心向上；左掌向左、向前畫弧，扣腕握拳停於體前，拳心向

圖203

圖 204　　　　　　　　圖 205

下，拳眼斜向內，高與肩平。眼看左拳（圖 204）。

　　4. 弓步打拳

　　左腳落實，上體左轉，重心前移，成左弓步；右拳自腰間向前立拳打出，拳眼向上，高與肩平；左拳向後收於右腕下方，拳眼向內，拳心向下。眼看右拳（圖 205）。

　　【教學要點】

　　（1）兩掌穿抹及向左、右、前、後畫弧擺動應連貫圓活，並與轉腰協調配合。

　　（2）左手擒握要翻掌扣腕握拳。右拳沖打應自腰間旋轉打出。

　　（3）弓腿和上步皆應屈腿落胯、上體正直，與轉腰相合。

　　【攻防用意】

　　我左腳上步，左手向前擒握對方，隨之右拳向前沖打。

　　【易犯錯誤】

　　（1）右手抹掌握拳擺動過大，向身後畫弧。

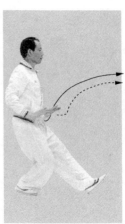

圖 206　　　　　　圖 207　　　　　　圖 208

（2）上步時俯身、挺胸、突臀。

（3）打拳轉腰過大，左拳置於右肘下。

三十二、如封似閉

1. 跟步翻掌

右腳向前跟進半步，腳前掌著地；兩拳同時變掌，翻轉向上，兩腕交叉，舉於體前。眼向前平視（圖206）。

2. 坐腿收掌

重心後移，右腳落實，右腿屈坐；兩掌平行分開，屈臂收至胸前，寬不過肩。眼看前方（圖207）。

3. 上步翻掌

左腳前上半步，腳跟著地；同時兩前臂內旋，兩手翻轉下落於腹前，掌心向下。眼看前方（圖208）。

4. 弓步前按

左腳踏實，重心前移，成左弓步；兩掌同時向體前推按，與肩同高同寬。眼看前方（圖209）。

【教學要點】

（1）坐腿收掌時，兩手要邊收邊分邊翻轉。並與屈肘後引相配合。不可肘部不動，前臂揚起卷收。

（2）重心移動要清楚。收掌與坐腿，按掌與弓腿，都要協調一致，同時完成。

（3）定勢時鬆腰豎脊，頂頭豎頸，沉肩垂肘，塌腕舒掌，上體中正。

圖 209

【攻防用意】

對方雙手打來，我兩手伸至對方兩手之間，向後分化掛開。待對方落空抽身之際，我迅速翻掌前按攻擊。

【易犯錯誤】

（1）跟步落腳沉重。

（2）收掌前臂上揚。

（3）上步俯身、低頭、突臀。

（4）前按時兩手開合或兩手上挑。

（5）收掌按掌直來直往。

三十三、左雲手

1. 轉體擺掌

上體右轉，重心右移，左腳尖內扣；右掌自左經頭前向右畫弧，掌心向外；左掌自左經腹前向右畫弧，掌心轉向內。視線隨右掌轉動（圖 210）。

圖 210　　　　　　　　　　圖 211

2. 轉體左雲

上體左轉，重心左移；左掌向上經頭前向左畫弧，掌心向內；右掌向下經腹前向左畫弧，掌心斜向下。視線隨左掌移動（圖 211）。

3. 翻掌收腳

上體繼續左轉；左掌雲至身體左側，掌心翻轉向外；右掌雲至左肩前，掌心翻轉向內；同時右腳向左收攏半步，成小開步，

圖 212

兩腳平行向前，相距 10～20 公分。眼看左掌（圖 212）。

4. 轉體右雲

上體右轉，重心右移；右掌經頭前向右畫弧，掌心向內；左掌下落經腹前向左畫弧，掌心斜向下。眼隨視右手（圖 213）。

太極拳規範教程

圖 213

圖 214

5. 翻掌開步

上體繼續右轉；右掌雲至身體右側，掌心翻轉向外；左掌雲至右肩前，掌心翻轉向內；同時左腳向左分開側跨一步，前腳掌內側著地，腳尖仍向前。眼看右掌（圖214）。

6. 轉體左雲

同2動「轉體左雲」（圖215）。

圖 215

7. 翻掌收腳

同3動「翻掌收腳」（圖216）。

8. 轉體右雲

同4動「轉體右雲」（圖217）。

9. 翻掌開步

同5動「翻掌開步」（圖218）。

圖 216

圖 217

圖 218

圖 219

10. 轉體左雲

同 2 動「轉體左雲」（圖 219）。

11. 翻掌收腳

同 3 動「翻掌收腳」，惟右腳收攏時，腳尖內扣約 45°
落地（圖 220）。

圖 220　　　　　　　　　圖 221

【教學要點】

（1）兩臂雲手與旋腰轉體、移動重心協調配合，頭、眼、身、手、步形成相互配合的整體。

（2）兩手雲擺路線成交叉立圓，動作要均勻連貫；翻掌要柔緩，與收腳、開步相呼應，同時完成。

（3）其他要點同二十式右雲手，惟側行方向左右相反。第三次收腳併步時右腳內扣約 45°，便於銜接下個動作。

三十四、右撇身捶

1.退步探掌

重心右移，左腳向身後（西北）退一步，右腿屈弓，左腿伸直；左掌翻轉朝上，向體前畫弧收於腹前；右掌翻轉朝下，經左前臂上方向前伸探於體前，高與肩平。眼看右掌（圖 221）。

圖 222　　　　　　圖 223　　　　　　圖 224

2. 轉體分手

重心後移，上體左轉；左掌向下、向後畫弧，舉於身體左後方，掌心向上，高與肩平；右掌畫弧下落於體側。眼看左掌（圖 222）。

3. 收腳握拳

右腳收至左腳內側，腳尖點地；右手握拳收到小腹前，拳心向內，拳眼向左；左掌向上、向體前畫弧下落，翻掌附在右前臂內側。目視前方（圖 223）。

4. 上步舉拳

身體微右轉；右腳仍向原地（東南）邁出，腳跟著地；同時右臂屈肘上舉，右拳舉於左肩前，拳心向下，拳眼向內；左掌仍附於右前臂內側。眼看右前方（圖 224）。

5. 弓步撇拳

重心前移，右腳踏實，右腿屈弓，左腿蹬直，成右弓步；同時右前臂翻擺，右拳經頭前向前撇打，高與頭平，拳心斜向上；左掌仍附於右前臂內側。眼看右拳（圖 225）。

【教學要點】

（1）弓步與撇拳方向為東南斜向 45°。兩腳保持約 10 公分橫行寬度。撇拳時，肘關節微屈，腕關節順直，力點在拳背。

（2）探掌、分手、收拳、撇拳皆要與轉腰協調配合。

【攻防用意】

右臂抬舉，前臂翻擺，右拳劈頭蓋臉向前擊打對方，稱做「撇打」。

圖 225

【易犯錯誤】

（1）退步探掌時重心後坐。

（2）收腳向後拖地。

（3）舉拳聳肩、揚肘。

（4）弓步兩腳併成一線或左右交叉。

（5）撇拳屈腕，力點不清。

三十五、左右穿梭

1. 扣腳穿手

重心後移，右腳尖翹起內扣，上

圖 226

體左轉；左掌從右前臂上方穿出，掌心斜向下；右拳同時變掌，微向後收，掌心斜向上。眼看前方（圖 226）。

2. 弓腿抹掌

上體繼續左轉；右腳落實，重心前移，右腿屈弓；左掌向左前方畫弧平抹；右掌收於左肘內側下方，兩掌心斜相

圖 227　　　　　圖 228　　　　　圖 229

對。眼看左掌（圖 227）。

　　3. 收腳捋手

　　上體右轉；兩掌自前向下、向後捋回，右掌捋至右胯旁，掌心向上；左掌捋至腹前，掌心斜向下；同時左腳收至右腳內側。眼看右前方（圖 228）。

　　4. 上步搭手

　　左腳向左前方（東北）邁出一步，腳跟著地；同時左前臂外旋，掌心向內；右前臂內旋，掌心向外，兩掌屈臂上提至胸前，掌心相對，右掌指輕附於左腕內側。眼看左掌（圖229）。

　　5. 跟步平雲

　　重心前移，上體左轉；右腳向前跟進半步，腳掌落在左腳側後方；兩掌自右向前畫平圓，左掌心向上，右掌心向下，高與肩平。眼看左掌（圖230）。

　　6. 坐腿平雲

　　重心後坐，左腳跟提起，上體左轉；左臂屈肘，左掌向

圖 230　　　　　圖 231　　　　　圖 232

左、向後畫平圓，掌心向上，收於左肩前；右掌仍附於左腕內側。眼看左掌（圖 231）。

7. 上步收掌

上體微左轉，左腳向左前（東北）方邁出一步，腳跟著地；右掌屈肘收至右腰間；左掌轉腕內旋，舉於頭前，兩掌心皆向前。眼看左前方（圖 232）。

8. 弓步架推

上體左轉，重心前移；左腳踏實，左腿屈弓，成左弓步；左

圖 233

掌翻舉上架於左額側上方，掌心斜向上；右掌向前推出，掌心朝前，高與鼻平。眼看右掌（圖 233）。

9. 扣腳穿手

重心後移，左腳尖內扣，上體右轉；左臂外旋，左掌下

圖 234

圖 235

落於體前，手心斜向上；右掌稍回收，再從左前臂上方穿出。眼看左掌（圖 234）。

10. 弓腿抹掌

左腳落實，重心前移，左腿屈弓，上體右轉；右掌向右前方畫弧平抹；左掌收於右肘內側下方，兩掌心斜相對。眼看右掌（圖 235）。

11. 收腳捋手

圖 236

右腳收至左腳內側，上體左轉；兩掌自前向下、向後捋回，左掌捋至左胯旁，掌心向上；右掌捋至腹前，掌心向下。眼看左前方（圖 236）。

12. 上步搭手

右腳向右前方（東南）邁出一步，腳跟著地；右前臂外旋，掌心向內；左前臂內旋，掌心向外，兩掌屈肘上提收至

| 圖 237 | 圖 238 | 圖 239 |

胸前，左掌指輕輕附於右腕內側。眼看右手（圖237）。

13. 跟步平雲

重心前移，上體右轉；左腳向前跟進半步，腳前掌落在右腳側後方；兩掌自左向前畫平圓，右掌心向上；左掌心向下，高與肩平。眼看右掌（圖238）。

14. 坐腿平雲

重心後坐，右腳跟提起，上體右轉；右臂屈肘向右、向後畫平圓，收至右肩前；左掌仍附於右腕內側。眼看右掌（圖239）。

15. 上步收掌

上體稍右轉；右腳向右前方（東南）邁出一步，腳跟著地；左掌屈肘收至左腰間；右掌轉腕內旋，舉於頭前，兩掌心皆向前。眼看右前方（圖240）。

圖 240

16. 弓步架推

上體右轉，重心前移；右腳踏實，右腿屈弓，成右弓步；右掌翻舉上架於右額側上方，掌心斜向上；左掌向前推出，高與鼻平，掌心向前。眼看左掌（圖241）。

圖 241

【教學要點】

（1）本勢前半為左穿梭，後半為右穿梭。方向分別為東北和東南方，斜向45°。

（2）手腳配合要協調相隨。應做到：扣腳（扣至與中線大體平行）與穿掌一致；弓腿與抹掌一致；下捋與收腳一致；翻掌搭手與上步一致；向前平雲與跟步一致；向後平雲與坐腿一致；前推、上架與弓步一致。同時注意手腳動作與轉腰轉體相配合。

（3）本勢步型為拗弓步，兩腳橫向跨度應保持30公分左右，以利上體鬆正，重心穩定。

【攻防用意】

對方左手打來，我用左手先平雲外撥，再上舉架開，隨之右手推向對方胸前。右穿梭用意相同，惟左右相反。

【易犯錯誤】

（1）上體歪扭不正。

（2）架掌聳肩揚肘。

（3）向前平雲俯身弓腰；向後平雲抬肘歪頭。

（4）推掌時側擺畫弧，遠離身體。

（5）弓步兩腳併於一線或左右交叉。

（6）弓步、推掌、視線三者方向不一致。

圖 242

圖 242 附圖

三十六、退步穿掌

1. 坐腿擺掌

　　重心後移，上體左轉；右腳尖翹起內扣；左掌向左、向後畫弧至腰側，掌心向下；右臂外旋，右掌翻擺落於體前，掌心斜向上。眼看右掌（圖242、圖242附圖）。

2. 退步穿掌

　　右腳提起經左腳內側向後

圖 243

（正西）退一步，右腿伸直，左腿屈弓，成左弓步；上體右轉，左腳扭直；同時右掌翻轉下按，落於左肘下方；左掌翻轉向上收至腰間，再經右前臂上方向前、向上穿出，掌心斜向上，高與頭平。眼看左掌（圖243）。

【教學要點】

（1）重心後坐要充分，左腳收提要輕穩，後退時要貼近地面，弓步及穿掌方向皆為正東。

（2）手沿大腿、手臂或軀幹伸出稱做「穿掌」。本勢右掌向下壓按，左掌先收經腰間，再沿右前臂上方穿出，力點在指尖。穿掌與退步應協調一致，同時完成。

【攻防用意】

對方左手打來，我用右掌壓按，隨之左掌前穿，攻擊對方喉部或面部。

【易犯錯誤】

（1）坐腿時俯身、突臀。

（2）退步時右腳後舉上撩。

（3）穿掌手快腿慢。

（4）定勢低頭彎腰，前腳尖外撇。

第六段

三十七、虛步壓掌

1. 轉體舉掌

重心後移，左腳尖內扣，上體右後轉；同時右掌收至腹前；左掌上舉於頭側。頭後轉平視（圖244）。

圖244

2. 虛步壓掌

重心移向左腿，身體繼續後轉；右腳提起稍向右移動，前腳掌著地，腳尖向前，成右虛步；上體向下鬆沉，微向前俯；左掌經頭前自上而下橫壓於

右膝上方，掌心向下，指尖向左，拇指向內；右掌按於右胯旁，指尖向前。眼看前下方（圖245）。

【教學要點】

轉身成虛步時，重心移動要充分，兩腿虛實要清楚，右腳稍向右調整移動。定勢時屈腿落胯，轉腰順肩，上體稍前傾。

【攻防用意】

對手從身後打來或踢來，我轉身用左掌下壓，阻攔破壞對方。

圖245

【易犯錯誤】

（1）虛步兩腳交叉，上體歪扭。

（2）左掌壓至身體右側。

（3）左腳內扣不足，敞襠開胯。

（4）低頭彎腰，重心升高。

（5）上體前俯超過45°。

（6）壓掌未順肩轉腰。

三十八、獨立托掌

左腳蹬地，左腿微屈站穩；上體左轉；右腿屈膝上提，腳尖自然下垂，成左獨立步；右掌翻轉上托，舉於體前，掌心向上，高與胸平；左掌向左、向上畫弧，撐於體側，高與胸平，掌心向左，兩掌指尖皆向前。眼看右掌（圖246）。

圖247

【教學要點】

（1）蹬起、轉腰、托掌三者要協調一致。定勢時鬆腰、沉氣、含胸、豎脊、沉肩、頂頭，上體中正。

（2）獨立步時重心升高，支撐腿微屈；前提腿大腿高於水平，小腿內收，腳尖下垂。重心保持穩定。

（3）掌自上向下用力稱「壓掌」；自下向上用力稱「托掌」。壓、托掌力點皆在掌心。

【攻防用意】

對方左拳打來，我用右掌上托其肘，破壞其力；隨之屈膝提腿頂撞對方。

【易犯錯誤】

（1）屈腿團身，手臂不展。

（2）獨立時上體後仰，小腿前伸，腳尖上翹。

三十九、馬步靠

1.落腳擺掌

右腳在體前擺步橫落，腳尖外撇，重心前移，左腳跟提起，上體右轉；右臂內旋，右掌向下、向右畫弧；左臂外旋，左掌向上、向右畫弧。眼平視前方（圖247）。

2.上步握拳

左腳收經右腳內側向左前方（西南）邁出一步，腳跟著地；右掌翻轉向右、向上畫弧舉至頭側；左掌向右畫弧，握拳落於腹

圖247

圖 248　　　　　　　圖 249　　　　　　圖 249 附圖

前，拳心向下。眼看左前方（圖 248）。

3. 馬步沖靠

　　左腳踏實，重心前移至兩腿之間成半馬步；上體稍左轉，短促發力；左臂微屈，上臂著力向左前方沖靠，停於身體左側，左拳置於左膝內側，拳眼向內，拳面向下；右掌落於左肘彎處，掌心向前，推助左臂向前靠出。眼看左前方（圖 249、圖 249 附圖）。

　　【教學要點】

　　（1）本勢步型為半馬步。前腳方向西南，後腳方向西北，兩腳步幅同弓步，夾角約成 90°。兩腿屈蹲，重心落於兩腿之間，略偏於後腿。上體斜向前腳方向。

　　（2）以肩部、背部或上臂沖撞對方稱做「靠」，是太極拳主要攻擊方法之一。本勢用左上臂向前（西南）沖靠，可以採用發力練法，也可以柔緩自然不發力。無論何種練法，定勢時都要鬆腰、實腹、沉氣、屈腿、撐襠、落臀，做到樁步穩定，上體正直。周身完整。

【攻防用意】

我左腳插入對方襠內，左臂貼住對方身體，腰腿發力，右手助送，以左上臂向前撞靠對手。

【易犯錯誤】

（1）屈臂頂肘，力點不準。

（2）重心前移成弓步。

（3）兩腳平行，身體側向，成馬步。

（4）聳肩抬肘，上體後倒。

四十、轉身大捋

1. 撇腳翻掌

左腳尖外撇，上體左轉，重心移向前腿，右腳跟提起；左拳變掌，兩掌微向後收，再翻轉畫弧上舉，左臂內旋，掌心向前；右臂外旋，掌心向上。眼看前方（圖250）。

圖 250

2. 併步接手

上體左轉，重心前移；右腳向前併步收於左腳內側，兩腳平行，相距約10公分，身體向南站起，重心仍偏於左腿；兩掌同時向上提舉接引，左掌屈臂舉於右胸前，掌心向前；右掌側伸舉於身體右側，掌心向上，高與肩平。眼看右掌（圖251）。

圖 251

| 圖 252 | 圖 253 | 圖 253 附圖 |

3. 轉身大捋

上體左後轉；右腳跟外展，右腿屈膝下蹲，左腳向側後（西北）方退一步，腳尖外展著地；兩掌隨轉體向左畫弧平捋，成轉身大捋動作。右掌伸向右前（東南）方，高與肩平；左掌停於右肘內側下方，兩掌心左右斜相對。眼看右掌（圖 252）。

4. 弓步滾肘

上體繼續左轉，重心移向左腿；右腳跟外展，右腿蹬直，成側弓步；兩掌隨轉體繼續左捋，隨之握拳，左前臂外旋，左拳向左畫弧收於左腰間，拳心向上；右前臂也外旋，滾肘下壓，右臂半屈成弧，右拳舉於體前，拳心斜向上，高與胸齊。眼看右拳（圖 253、圖 253 附圖）。

【教學要點】

（1）側弓步又叫橫襠步。兩腳左右開立，腳尖平行向前或略成八字形。一腿屈弓，膝關節與腳尖同一方向；另一腿側伸直。體重偏於屈弓腿。本勢側弓步斜向西北 45°。

（2）滾肘指前臂外旋滾壓對方，力點在前臂外側。

（3）併步、轉體、退步、平捋、滾肘等環節要銜接連貫，一氣呵成，勿使停頓。更要做到以腰為軸，周身協調完整。定勢時轉腰、順肩，屈腿落胯，沉肩墜肘。右臂前壓及目視方向為東北。

【攻防用意】

左手接住對方左腕，右手扶其左肘，轉身撤步向左旋轉平捋。在轉捋中左手反擰其臂，右前臂滾壓其肘關節，迫使對手撅臂前跌。

【易犯錯誤】

（1）屈臂向後拉扯。

（2）右腳扣腳併步。

（3）定勢成弓步。

（4）右臂過屈，前臂上舉，力點不清。

（5）側弓腿內扣夾襠。

四十一、撩掌下勢

1. 轉體旋臂

上體右轉，重心右移；右臂內旋屈肘上舉，右拳停於頭前，拳心向外；左臂內旋，左拳向身後穿出，拳心向後。眼看前方（圖254）。

2. 轉體擺掌

上體左轉，重心左移；左腳尖外展，右腳尖內扣；左拳翻轉變掌，向左、向前畫弧，

圖254

掌心向右;右拳也變掌,向右、向下畫弧,掌心由後轉向前。頭隨體轉,眼看前方(圖255)。

3. 丁步撩掌

右腳向前收攏半步,停在左腳側後方,腳前掌點地,成丁步;右掌直臂畫弧前擺,向前下方撩出,掌心斜向上,高與小腹平;左掌翻轉後收,輕附於右前臂上,掌心向下,虎口向內。面向西北,眼看前下方(圖256、圖256附圖)。

圖 255

4. 轉體擺掌

重心後移,右腳落實,上體右轉,左腳輕輕提起;右掌向上經頭前向右畫弧,擺至身體右前方,掌心向內;左掌附於右前臂內側隨之擺動。眼看右手(圖257)。

圖 256

圖 256 附圖

圖 257

圖 258

圖 258 附圖

圖 259

圖 259 附圖

5. 勾手伸腿

上體繼續右轉;右腿屈蹲,左腳向左側伸出;右掌翻捏轉成勾手,伸於身體右前方;左掌收於右肘內側,掌心向內。眼看勾手(圖 258、圖 258 附圖)。

6. 仆步穿掌

左腿向左(西偏南)伸直,右腿全蹲成左仆步;上體左轉,左掌下落經腹前順左腿內側向前穿出,掌心向外;右勾手舉於右後方,與頭同高。眼看左掌(圖 259、圖 259 附

圖）。

【教學要點】

（1）掌由下向前上方擺動稱「撩掌」。本勢撩掌方向為西北 45°，臂、掌伸向前下方。撩掌前身體左轉與兩腳的展、扣要協調一致。左手身後畫弧不要過大。收腳跟步時合胯屈腿，右腳輕提輕落。

（2）仆步穿掌時，先伸出左腿，然後轉身穿掌。右腿要全蹲（老年人可以半蹲），上體稍向前傾。兩腳要全腳著地，並前後交錯，保持一腳長的幅度。

【攻防用意】

本勢包括兩部分。

（1）對方從左側打來，我轉身用左掌攔截壓住，右掌向前撩打對方襠部。

（2）對方右側打來，我轉身向右抓住對方左手，右手直插對方襠部。

【易犯錯誤】

（1）撩掌低頭彎腰。

（2）勾手轉腕耍花。

（3）丁步兩腳太近。

（4）仆步抬臀低頭，掀腳拔跟。

四十二、上步七星

1. 弓腿挑掌

重心前移，上體左轉；左腳尖外展，右腳尖內扣，右腿自然蹬直，左腿屈弓；左掌向上、向前挑起，高與肩平；右臂內旋下落，勾尖向上，停於身後。眼看左掌（圖 260）。

圖 260　　　　　　　　　　　圖 261

2. 虛步架拳

上體轉向正前方。右腳向前上一步，腳前掌落地，成右虛步。左掌變拳微向內收，拳心向內；右勾手變拳，自後向前、向上架起，拳心向外，兩拳腕部相交成斜十字拳，右拳在外，高與肩平，兩臂半屈撐圓。眼看前方兩拳（圖 261）。

【教學要點】

轉體弓腿時，左腳尖盡量外展，右腳尖盡量內扣。右腳上步時，合胯屈膝，提落輕穩。定勢時，屈腿落胯，沉肩墜肘，上體舒拔。

【攻防用意】

對方向我劈打，我雙拳交叉，向上迎架防守。

【易犯錯誤】

（1）起身時低頭、彎腰、抬臀。

（2）架拳時屈臂夾肘，或聳肩抬肘。

（3）虛步挺膝夾襠，挺胸突臀，上體前俯。

圖 262	圖 263

四十三、獨立跨虎

1. 退步擺掌

右腳向右後方退一步，腳掌著地；兩拳變掌，左掌上舉，掌心向上；右掌下落，掌心向下。眼看前方（圖262）。

2. 坐腿擺掌

重心後移，上體右轉；右掌向下、向右畫弧，停於右胯外側，掌心向下；左掌經頭前向右畫弧，掌心向右。頭隨體轉，向右平視（圖263）。

3. 轉體擺掌

左腳向後收攏半步，腳前掌點地，上體左轉；左掌向下畫弧，經腹前再向左畫弧按至左胯側後方；右掌向上畫弧，經頭前再向右、向下畫弧，落於左胯側前方，掌心向上。頭隨身體轉動，眼看左下方（圖264）。

4. 獨立舉腿

上體舒直，右腿獨立，微屈站穩；左腿向前提舉，控於

體前，膝關節微屈，踝關節內翻，腳面展平；右掌向前、向上挑掌，掌心向左，指尖向上，高與肩平，與左腿上下相對；左掌變勾手同時上提，舉於左後方，高與肩平。上體左轉，面向左前方（西南）平視（圖265）。

圖 264

【教學要點】

（1）本勢為傳統吳式太極拳的代表性動作。前舉腿應高於水平，腳面展平，腳底內翻。上體舒正左轉，右手與左腳上下相對，掌心與腳底左右相向。

（2）擺掌搊臂與轉腰轉體密切配合，以腰為軸，帶動兩臂。

（3）舉腿前收腳轉體，重心略下降，上體略向前傾。舉腿挑掌應向前（西）方。

圖 265

【攻防含意】

本勢由退步裡合拍腳演化而來。原意為右手自右向左煽打對方頭部；左腳自左向右擺擊對方頭部。

【易犯錯誤】

（1）擺掌不轉腰，腰手脫節。

（2）舉腿偏向西北。

（3）定勢時上體後仰，腳尖上翹，腳底不扣，手腳不

圖 266

圖 266 附圖

合，身體未轉向西南。

（4）舉腿過屈或過直。

四十四、轉身擺蓮

1. 扣步擺掌

上體右轉，左腳內扣，落在右腳前外側。左勾手變掌，手心轉向上，隨轉體向右畫弧平擺；右掌翻轉向下，隨轉體向右屈肘平擺。眼平看前方（圖266、圖266附圖）。

圖 267

2. 轉體穿掌

兩腳前掌為軸，身體向右後轉；左掌擺至體前；右掌翻轉向上，經胸前從左肘下方向左穿出，兩掌掌心皆朝上。頭隨體轉，眼平看前方（圖267）。

3. 轉體擺掌

身體繼續右轉至正南，重心移向左腿，右腳跟提起；右掌穿出後向上、向右畫弧，經頭前時前臂內旋，掌心轉向右，舉於身體右側，高與肩平；左掌自右臂內側屈收至右肩前，掌心也轉向右。眼看右掌（圖268）。

4. 擺腿拍腳

左腿支撐，上體左轉，右腿提起向左、向上、向右作扇形外擺，腳面展平；同時兩掌自右向左平擺，在頭前先後拍擊右腳面。眼看兩掌（圖269）。

圖 268

【教學要點】

（1）兩掌穿擺與身體轉動協調一致。扣腳落地時上體右轉，屈腿合襠，腳前掌內扣，落於右腳外側，相距不可太遠。轉體時兩腿稍屈，上體保持正直，轉動靈活連貫，向右後方約轉270°至正南。

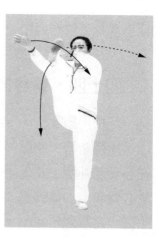

圖 269

（2）拍腳要準確響亮，高度在胸、頭之間，因人而異。上體微向前傾。

【攻防用意】

對方從身後打來，我轉身擺掌撥開，隨之右腳提起，自左向右擺動，擊打對方頭部。

太極拳規範教程

【易犯錯誤】

（1）左腳落地上體未轉，腳尖不扣，兩腿交叉。

（2）轉體時重心過高，上體搖晃，兩腳併於一線或左右交叉。

（3）拍腳低頭、彎腰、屈腿、擊拍落空。

四十五、彎弓射虎

1. 收腳擺掌

上體左轉；右腳屈收，右腿屈膝提於身體右側，腳尖自然下垂，左腿獨立支撐；兩掌拍腳後繼續左擺，左掌擺至身體左側，高與肩平；右掌擺於左肩前，掌心皆向左。眼看左掌（圖270）。

2. 落腳上步

上體右轉；左腿屈蹲，右腳下落向右前方（西偏北）上步，腳跟著地；兩掌畫弧下落。眼看前方（圖271）。

圖 270

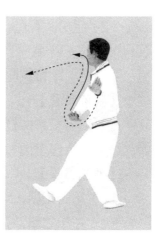

圖 271

3. 弓腿握拳

上體右轉，重心前移；右腿屈弓；兩掌同時向下、向右畫弧，擺至身體右側時兩掌變拳。眼看右拳。

4. 弓步打拳

上體左轉，重心繼續前移成右弓步；左拳經面前內旋，向左前方（西南）打出，拳心斜向外，拳眼斜向下，高與鼻

平；右拳屈收經頭側向左前方打出，停於右額前，拳心向外，拳眼斜向下。眼看左拳（圖272）。

【教學要點】

（1）拳打出後，拳眼向上叫「立拳」；前臂內旋，拳心向下叫「平拳」；前臂外旋，拳心向上叫「仰拳」；前臂內旋，拳眼斜向下叫「反拳」。本勢打拳為雙手反拳沖打，弓步方向為右前方（西偏北）約30°，打拳方向為左前方（西南）約45°。

圖272

（2）定勢時鬆腰、舒脊、沉肩、墜肘、轉頭，上體略前俯。手、腿、腰協調配合，同時完成。

【攻防用意】

向左前方雙拳沖打。左拳攻擊對方胸部，右拳攻擊對方頭部，力點皆在拳面。

【易犯錯誤】

（1）扭胯扣腿，步型做成側弓步。

（2）左拳立拳沖打。

（3）右拳做成「架拳」或「擺拳」。

（4）落腳沉重。

（5）先弓步後打拳，腿快手慢。

四十六、右搬攔捶

1. 轉體穿掌

左腿屈坐，重心後移，右腳尖內扣，上體左轉；左拳變

圖 273

圖 274

掌翻轉向上，收至胸前；右拳也變掌，從左前臂上方向前穿出。眼看右掌（圖 273）。

2. 收腳握拳

上體左轉，右腳收至左腳內側；左掌下落經腰間再向上、向右畫弧，屈臂收至右胸前，掌心向下；右掌經頭前向右、向下畫弧，握拳收至左肋前，拳心向下。眼看左腕（圖274）。

3. 擺步搬拳

上體稍右轉；右腳向前上步，腳跟著地，腳尖外擺；右拳隨之向前（正西）翻轉搬出，高與胸平，拳心向上；左掌經右前臂外側下落，按於左胯旁，掌指向前。眼看右拳（圖275）。

圖 275

圖 276

圖 277

4. 轉腰收拳

上體右轉，重心前移；右腳踏實；右拳內旋向右畫弧後收；左掌外旋向左畫弧前擺。眼看前方（圖276）。

5. 上步攔掌

左腳收經右腳內側向前上步，腳跟著地；右拳外旋收至腰間，拳心向上；左掌畫弧向體前攔出，掌心向右，指尖斜向上，高與肩平。眼看左掌（圖277）。

圖 278

6. 弓步打拳

上體左轉，重心前移；左腿前弓，成左弓步；右拳向前打出，拳眼朝上，高與胸平；左掌後收，附於右前臂內側，拳心斜向右下方。眼看右拳（圖278）。

圖279

圖280

【教學要點】

（1）轉體穿掌時要扣回右腳，以利提收。必要時，收腳前左腳尖適當外展，便於上體左轉。

（2）其他要點同六式左搬攔捶，惟左右相反。

四十七、右掤捋擠按（攬雀尾）

1.撇腳分手

重心後移，左腳尖外撇，上體左轉；左臂外旋，左掌向下、向左畫弧，掌心向上；右拳變掌前伸，掌心翻轉向下。眼向左平視（圖279）。

2.抱手收腳

左腳落實，重心前移，左腿屈弓，右腳收至左腳內側；同時右掌向下、向左畫弧至腹前，掌心向上；左掌向右、向上再翻轉向左畫弧至右胸前，掌心向下，兩掌在體前「抱球」。眼看左掌（圖280）。

圖 281

圖 282

3. 轉體上步

上體微向右轉；右腳向右前方（正西）邁出一步，腳跟輕落。眼看左臂（圖 281）。

4. 弓步掤手

上體繼續右轉，重心前移；右腿屈弓，成右弓步；兩掌分開，右前臂向體前掤出，高與肩平，掌心向內；左掌落按於左胯旁。眼看右前臂（圖 282）。

5. 轉腰擺臂

上體微向右轉；右手前伸，掌心翻轉向下；左前臂外旋，左掌經腹前向上、向前畫弧，擺至右前臂下方，掌心向上。眼看右掌（圖 283）。

6. 轉體後捋

上體左轉，重心後移；左腿

圖 283

圖 284

圖 285

屈坐；兩手同時向下經腹前向左後方畫弧後将，左掌将至身體側後方，掌心斜向上，高與肩平；右掌将至左肩前，掌心向內。頭轉看左掌（圖 284）。

7. 轉體搭手

上體右轉，正對前方（正西）；右掌屈舉胸前，掌心向內；左掌屈收，掌指向前搭近右腕內側，掌心向前。眼向前看（圖 285）。

8. 弓步前擠

重心前移，右腿屈弓，左腿蹬直，成右弓步；左手推送右前臂向體前擠出，兩臂半屈撐圓，與肩同高。眼看右腕（圖 286）。

9. 後坐引手

左掌經右腕上伸出，兩掌

圖 286

圖 287

圖 288

左右分開，與肩同寬，掌心向下；隨即上體後坐，重心移向左腿，右腳尖翹起；兩臂屈肘，兩掌收至胸前，掌心斜向前下。眼向前平視（圖287）。

10. 弓步前按

重心前移，右腳落實，右腿前弓，成右弓步；兩掌落經腹前再向前、向上沿弧線推出，腕高與肩平，掌心向前，手同肩寬。眼向前平視（圖288）。

【教學要點】

同七式左掤捋擠按，惟左右相反。

四十八、十字手

1. 轉體分手

上體左轉，重心左移；右腳尖內扣，左腳尖外展，右腿側弓，左腿蹬直；左掌經面前畫弧左擺，右掌同時向右側撐開，兩手分舉於體側，肘微屈，掌心均向外。眼看左手（圖289）。

圖 289

圖 290

2. 轉體合抱

重心右移，左腳尖內扣，上體右轉；兩掌向下、向內畫弧，在腹前兩腕交搭，兩臂合抱，舉於胸前，左臂在外，兩掌心均向內。眼看前方（圖 290）。

3. 收腳舉抱

左腳內收半步，兩腳平行向前，與肩同寬，兩腿慢慢直立成開立步，上體轉正，與起勢方向相同；兩手交叉合抱舉於體前，高與肩平，兩臂半屈撐圓，左臂在外，成斜十字形。眼看前方（圖 291）。

【教學要點】

（1）開立步時身體自然直立，兩腳平行向前，體重平均置於兩腿。

圖 291

（2）轉體分手與重心左移、兩腳扣擺應協調一致，連貫不停。左腳內收時也要先扣後提，輕起輕落。兩腿直立時速度要均勻柔緩。

（3）轉體分手及轉體合抱要保持重心平穩，上體正直。

【攻防用意】

對方左手打來，我向左轉身，用左手順勢牽引對方，使其落空。隨即兩手交叉，雙臂上架，封堵應變。

【易犯錯誤】

（1）合抱時低頭彎腰、俯身抬臀。

（2）分手時左腳未展或轉動不靈。

（3）合抱緊張，屈臂夾肘。

（4）收腳時上體搖晃。

（5）開立步腳尖外撇，兩腳八字形。

收　勢

1. 分手前舉

兩臂內旋，兩掌分開前舉，與肩同寬同高，掌心向下。眼看前方（圖292）。

2. 垂臂落手

兩臂慢慢下落，兩手垂於體側，兩腿開步直立，眼平視前方（圖293）。

3. 併腳還原

左腳收至右腳旁，兩腳併攏，身體自然站立，還原成預

圖292

圖 293

圖 294

備姿勢（圖 294）。

【教學要點】

精神、形體、速度、勁力都要一如既往，善始善終，保持太極拳心靜體鬆、形神合一、柔緩自然、沉穩連貫的特點。

四十八式太極拳動作路線、方向示意圖

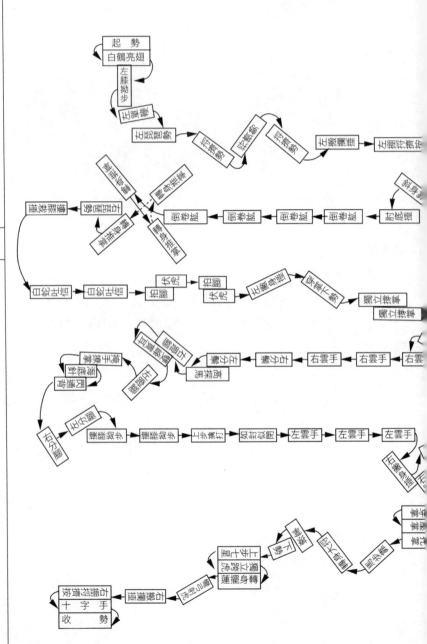

第六章 四十二式太極拳 （太極拳競賽套路）教學

第一節 四十二式太極拳簡介

一、編製和特點

為適應國內外武術競賽活動的開展，中國武術研究院組織國內武術專家、著名教練員及優秀運動員，於 1989 年編製了長拳、南拳、太極拳、刀術、劍術、棍術、槍術七個競賽套路，太極拳競賽套路（四十二式太極拳）即為其中之一。

這七個競賽套路，保留了相應拳術、器械的風格特點，反映了當代武術的技術水準，不僅內容充實、動作規範、結構嚴謹、布局合理，而且動作數量、組別和時間均符合武術競賽規則的要求，成為近年來國內武術比賽，以及全國運動會、亞洲運動會、東亞運動會、東南亞運動會等大型綜合運動會中武術比賽的規定內容。

四十二式太極拳的內容取材兼採各式太極拳，不限於某一種流派，所以人們又稱它為「綜合太極拳」。

太極拳競賽套路的制定和推廣，對太極拳競賽的規範化，以及對太極拳的普及和提升，都獲得了積極的促進作用。

四十二式太極拳競賽套路的特點如下：

1. 動作數量、組別、時間、規格均符合太極拳競賽規則要求。

2. 內容包含了不同流派太極拳代表性動作，表現了太極拳的不同風格，對運動員提出了更加全面的技術要求。

3. 內容取捨、設計和編排，既發揚了太極拳傳統風貌，又表現了時代特點，汲取了近年來太極拳的創新成果，較好地體現了對武術遺產繼承發展的方針。

4. 在保證競賽的前提下，兼顧了群眾普及和全民健身的需求。選材力求群眾熟悉，開展廣泛，造型優美，鍛鍊全面，難度適當，有著促進競賽和推動普及的雙重作用。

二、技術構成分析

段	順序	動　　作	手　型	步　法	手　法	步　法	腿法‧平衡	取材流派
第一段	1	起　勢	掌	開立步	下按	開步		88式
	2	右攬雀尾	掌	弓步丁步	掤、将、擠、按、抱掌	上步、跟步		楊式、吳式、孫式、88式
	3	左單鞭	掌、勾	弓步	推掌、刁手	上步		楊式
	4	提手	掌	虛步	合手	碾轉步		88式
	5	白鶴亮翅	掌	虛步	分掌	活步		88式
	6	摟膝拗步	掌	弓步	推掌、摟掌	上步		楊式
	7	撇身捶	掌、拳	弓步	撇拳	上步		楊式
	8	将擠勢	掌	弓步	将、擠	上步		楊式、48式
	9	進步搬攔捶	掌、拳	弓步	搬拳、攔掌、沖拳	進步		88式
	10	如封似閉	掌	丁步	按	上步、跟步		88式、孫式
	小計	10	3	5	15	6		

段	順序	動　作	手　型	步　法	手　法	步　法	腿法‧平衡	取材流派
第二段	11	開合手	掌	丁步	開手、合手	碾轉步		孫式
	12	右單鞭	掌	橫襠步	分掌	開步		孫式
	13	肘底捶	掌、拳	虛步	擒手、劈掌	墊步、跟步		楊式
	14	轉身推掌	掌、拳	丁步	推掌、摟掌	碾轉步、上		孫式
	15	玉女穿梭	掌	弓步	架掌、推掌	撤步、上步		楊式、孫式、吳式、48式
	16	右手蹬腳	掌		抱掌、分掌	上步	蹬腳	48式
	17	掩手肱捶	拳、掌	弓步、偏馬	掩手、沖掌	擦步		陳式
	18	野馬分鬃	掌	弓步、偏馬	靠、挒	上步		陳式
小計		8	2	5	14	7	1	

段	順序	動　作	手　型	步　法	手　法	步　法	腿法‧平衡	取材流派
第三段	19	雲手	掌	小開步	雲手	側行步		楊式
	20	獨立打虎	拳	獨立步	架拳	提腳		吳式
	21	右分腳	掌		抱掌、分掌		分腳	楊式
	22	雙峰貫耳	拳	弓步	貫拳	上步		楊式
	23	左分腳	掌		抱掌、分掌		分腳	楊式
	24	轉身拍腳	掌		抱掌、分掌	碾轉步	拍腳	陳式、88式
	25	進步栽捶	拳、掌	弓步	栽拳、摟手	進步		楊式
	26	斜飛勢	掌	橫襠步	靠	開步		吳式
	27	單鞭下勢	掌、勾	仆步	穿掌			88式
	28	金雞獨立	掌	獨立步	挑掌	提腳		楊式
	29	退步穿掌	掌	弓步	穿掌	退步		48式、吳式
小計		11	3	5	10	7	2	

太極拳規範教程

段	順序	動　　作	手型	步　法	手　法	步　法	腿法·平衡	取材流派
第四段	30	虛步壓掌	掌	虛步	壓掌	碾轉步		孫式、48式
	31	獨立托掌	掌	獨立步	托掌	提腳		陳式、48式
	32	馬步靠	拳、掌	半馬步	靠、採	進步		推手、48式
	33	轉身大捋	拳	橫襠步	肘	開步		推手、48式
	34	歇步擒打	拳	歇步	擒手、沖拳	蓋步		形意拳
	35	穿掌下勢	掌	仆步	穿掌	開步		吳式
	36	上步七星	拳	虛步	挑掌	上步		楊式
	37	退步跨虎	掌、勾		穿、擺掌	退步	前舉腿平衡	吳式、48式
	38	轉身擺蓮	掌		沖拳	扣步、碾轉	外擺腿	48式、八卦掌
	39	彎弓射虎	拳	弓步	掤、捋、擠、按	上步		88式
	40	左攬雀尾	掌	弓步、虛步	抱拳	上步		88式
	41	十字手	掌	開立步		碾轉步、併		88式
	42	收　勢	掌	併立步		併步		楊式
小計		13	3	9	17	9	2	
合計		42	3	12	35	14	5	

第二節　四十二式太極拳動作名稱

第一段

一、起勢

二、右攬雀尾

三、左單鞭

四、提手

五、白鶴亮翅

六、摟膝拗步（二）

七、撇身捶

 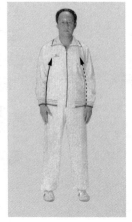 

圖1　　　　　　　　圖2　　　　　　　　圖3

第三節　四十二式太極拳動作圖解及教學要點

第一段
一、起勢

1.預備勢

身體自然直立，兩腳併攏，頭頸端正，下巴內收，胸腹舒鬆，肩臂鬆垂，兩手輕貼大腿側；精神集中，呼吸自然。目平視前方（圖1）。

2.左腳開立

左腳向左輕輕開步，相距與肩同寬，腳尖向前（圖2）。

3.兩臂前舉

兩手慢慢向前平舉，與肩同高，手心向下，兩臂相距同肩寬，肘微下垂（圖3）。

4. 屈坐下按

上體保持正直；兩腿緩緩屈膝半蹲；兩掌輕輕下按，落於腹前，掌與膝相對。屈坐時彎腿落胯，屈膝屈髖斂臀，肛門收縮上提，保持上體中正，屈坐高度因人而宜，動作完成時身體好像端正坐在椅子上，兩手輕按在腹前桌子上。體重落於兩腳後半部（圖4）。

圖4

【要點】

（1）預備勢時立身中正，頂頭沉肩，胸腹收鬆，兩臂下垂，兩手貼於大腿外側；精神集中，心理平靜，呼吸自然，目光平視。

（2）開步時重心不要起伏過大。

（3）舉臂時提腕，下按時沉腕。

（4）屈坐時彎腿落胯；屈膝屈髖斂臀，保持上身中正，屈坐高低因人而宜。

（5）動作完成時身體好像端坐在椅子上，兩手輕按在腹前桌子上，體重落於兩腳後半部。

【易犯錯誤】

（1）屈坐時上體前俯、挺胸突臀或上體挺腹後仰。

（2）屈坐時身體緊張、憋氣。

（3）兩腳尖外撇成八字。

（4）按掌時屈臂直落。

二、右攬雀尾

1. 抱手收腳

右腳尖稍外撇，同時身體微向右轉；右臂上抬屈於胸

<table>
<tr><td>圖5</td><td>圖6</td><td>圖7</td></tr>
</table>

圖5　　　　　　　圖6　　　　　　　圖7

前，手心向下；左手翻轉向右畫弧至右腹前，手心向上，與右手相對抱球狀；重心移至右腿，左腳收於右腳內側。目視右手（圖5）。

2. 轉體上步

上體微左轉，左腳向左前方上一步，腳跟輕輕落地（圖6）。

3. 弓步左掤

上體繼續左轉；重心前移成左弓步；同時左臂向前掤出，左手高與肩平，手心向內，指尖向左；右手向下落於右胯旁，手心向下，指尖向前，兩臂微屈。目視左前臂（圖7）。

4. 抱手收腳

上體微左轉；右腳收至左腳內側；左臂內旋屈於左胸前，左手翻轉向下，與胸同高，指尖向右；右臂向左畫弧至左腹前，掌心向上，指尖向左，兩掌相對如抱球狀。目視左掌（圖8）。

圖 8

圖 9

圖 10

5. 轉體上步

上體微右轉；右腳向右前方輕輕邁出一步，腳跟著地（圖9）。

6. 弓步右掤

上體繼續右轉；重心前移成右弓步；同時右臂向前掤出，臂微屈，掌心向內，高與肩平；左掌向左、向下落於左胯旁，掌心向下。目視右前臂（圖10）。

圖 11

7. 翻掌揮臂

上體微右轉；左掌前伸，掌心翻轉向上，伸至右腕下方。目視右掌（圖11）。

8. 坐腿後捋

重心後移，上體微左轉；雙掌向下後捋至腹前。目隨右

圖 12　　　　　　　　圖 13　　　　　　　　圖 14

太極拳規範教程

掌（圖 12）。

9. 轉體搭手

右臂外旋屈肘橫於胸前，右掌心向內，指尖向左；左臂內旋，左掌心轉向外，掌指附於右腕內側（圖 13）。

10. 弓步前擠

重心前移成右弓步；兩掌同時向前擠出，兩臂撐圓。目視前方（圖 14）。

11. 坐腿後掤

重心後移，上體微右轉；右腳尖上翹；右臂外旋，右掌心翻轉向上，自前向右、向後屈肘畫平弧至右肩前；左掌仍附於右腕內側隨之畫弧。目隨右掌（圖 15）。

身體左轉；右腳尖內扣落地；右掌平旋內收（圖 16）。

12. 丁步按掌

上體微右轉，重心右移；左腳收至右腳內側，腳尖著地成丁步；右臂內旋，右掌翻轉向右前方立掌按出，腕高與肩平，掌心向外；左掌隨之翻轉向內，指尖仍附於右腕側。目

圖 15　　　　　　　圖 16　　　　　　　圖 17

視右掌（圖17）。

【要點】

（1）右抱球時重心右移，上體右轉，右腳尖外撇。左腳提收至右踝內側。左抱球時重心前移，上體微左轉，左腳不動，右腳提收至左踝內側。

（2）上步後重心前移時，後腳跟要隨之蹬轉成弓步。原地後坐前弓時，後腳不可隨意扭動。

（3）掤、捋、擠、按與前弓後坐、重心移動應上下相隨，協調一致。並與腰部旋轉相配合，形成上肢、下肢、軀幹完整協調的運動。各種手法要明確。轉換時要輕靈，運行時要圓活，終點時要兩臂相爭，軀幹挺拔，顯示出沉實的內勁。

（4）由擠轉按時兩臂由伸而屈，隨腰的轉動，鬆活地平擺畫弧，並相應作內外旋轉。

（5）丁步按掌要舒展、沉實、穩定，方向為右前方30°～45°。

（6）本勢掤手採取88式太極拳，捋、擠採自楊式，按掌參考吳式，丁步取於孫式。

【易犯錯誤】

（1）上步時提腳不穩，落腳沉重。

（2）弓步時後腳跟不蹬轉；後腿過於彎曲；後腳外側離地「拔跟」。

（3）重心移動過快，腿快手慢，上下不合。

（4）後坐時後腿支撐緊張；上體前俯或後仰；後腳不斷扭動。

（5）腰部無旋轉，身體不合。

（6）抱球時緊張夾臂。

（7）丁步按掌不明確，按掌一晃而過即成勾手，或丁步收腳未停落。

（8）丁步按掌時上體過於向右扭斜。

三、左單鞭

1. 勾手上步

上體微左轉；左腳向左前方上一步，腳跟著地；右掌變勾手；左掌向左畫弧至面前。目視左掌（圖18）。

2. 弓步推掌

上體繼續左轉；重心前移成左弓步；左前臂內旋，左掌翻轉向前推出，掌心向前，腕高與肩平。目視左掌（圖19）。

圖18

太極拳規範教程

【要點】

（1）上步時身體微向左轉，向左前方上步。

（2）推掌時上體繼續左轉，與弓步同時完成。

（3）弓步方向偏向左前約30°，後腿蹬轉伸直。

（4）定勢時兩臂沉肩墜肘、伸張，不可鬆軟。兩腕與肩同高。

圖 19

【易犯錯誤】

（1）上步時上體未轉動，形成橫開步。

（2）弓步前腳方向與推掌方向不符，或後腳未蹬轉，形成側推掌。

（3）兩臂伸展過直過寬，挺胸聳肩。

（4）勾手過高或過低。

（5）目光與左掌運轉不合。

四、提　手

1. 轉體擺臂

重心後坐，上體右轉；左腳尖內扣，左掌向右平擺畫弧。目視左手（圖20）。

2. 坐腿引手

重心左移；右勾手變掌，左掌稍向左平帶（圖21）。

圖 20

圖 21　　　　　　　圖 22　　　　　　　圖 23

3. 虛步合手

　　上體微右轉；右腳提轉，腳跟落地，腳尖上翹，或右虛步；右掌成側立掌，舉於體前，指尖高與眉齊；左臂屈收，左手也成側立掌；合於合肘內側。目視右掌（圖22）。

　　【要點】

　　（1）左臂向右平擺與向左屈引要在轉腰、坐腿的帶動下完成。

　　（2）兩手相合要與轉腰、右腳提落相合。

　　（3）定勢時上體伸展、頂頭、沉肩、落胯。兩臂半屈成弧撐滿，兩肘內合，指尖上翹。方向斜向前方約 45°。

　　【易犯錯誤】

　　（1）虛步時挺胸突臀，上體前俯。或挺胯挺腹，上體後仰。

　　（2）兩臂鬆軟或緊張彎曲。

　　（3）虛步時前膝挺直。

　　（4）後膝過於內扣或外展，與後腳方向不合。

圖 24

圖 25

（5）上體歪扭。

（6）手、腳、腰配合不協調。

五、白鶴亮翅

1. 轉體分手

上體左轉；兩手向左下方畫弧分開。目視前方（圖
23）。

2. 撤腳抱掌

右腳稍後撤，腳前內扣；兩手繼續向左下方畫弧，再翻
轉抱於左胸前，左手在上，兩臂微屈成弧形。目視左手（圖
24）。

3. 坐腿分手

重心右移，上體右轉；兩手邊合邊舉至右肩前。目視右
手（圖 25）。

4. 虛步分掌

上體微左轉；左腳稍向內收，腳尖點地成左虛步；兩手

右上左下畫弧分開，右掌提至右額前，掌心向內；左掌按於左胯旁，掌心向下，兩臂保持弧形。目平視前方（圖26）。

圖26

【要點】

（1）兩掌向下、向左畫弧時要邊走邊分，然後翻轉交叉相抱。

（2）撤步距離約一腳長，不可過大。與抱手同時完成。

（3）坐腿分手與轉腰相合。

（4）腰回轉向前與分掌、虛步同時完成。

（5）左腳成虛步時應先以腳前掌為軸扭直；再內收點地。

（6）定勢時兩掌上提下按，圓滿伸展。

【易犯錯誤】

（1）撤步時上體前俯。

（2）兩臂過於彎曲，不成弧形。

圖27

六、摟膝拗步

1. 轉體揮臂

上體微左轉；右手隨之向左畫弧自頭前下落。目視右手（圖27）。

2. 擺臂收腳

上體右轉；隨之右手向下、向右、向上畫弧至右前方，

太極拳規範教程

圖 28

圖 29

圖 30

高與頭平，手心斜向上；左手向上、
向右、向下畫弧至右肋旁，手心向
下；左腳收至右腳內側。目視右手
（圖 28）。

3. 屈臂上步

上體左轉；左腳向前上步，腳跟
輕輕落地；右臂屈肘，右手收至耳
旁，掌心斜向前；左手向下畫弧至腹
前。目視前方（圖 29）。

4. 弓步摟推

圖 31

重心前移，成左弓步；右手成立
掌向前推出，指尖高與鼻平；左手由左膝前摟過，按於左胯
旁。目視右掌（圖 30）。

5. 轉體撇腳

重心稍後移，左腳尖外撇，上體左轉；右手隨之向左畫
弧。目隨右手（圖 31）。

6. 擺臂收腳

左手向左、向上畫弧，舉至身體左前方，高與頭平，手心斜向上；右手擺至左肋旁，手心向下；右腳收至左腳內側。目視左手（圖32）。

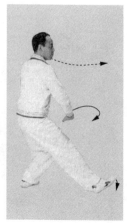

圖32　　　　　　圖33

7. 屈臂上步

上體右轉；右腳向前上步，腳跟輕輕落地；左臂屈時，左手收至耳旁，手心斜向前；右手向右、向下畫弧至腹前。目視前方（圖33）。

8. 弓步摟推

重心前移，成右弓步；左手成立掌向前推出，指尖高與鼻平；右手由右膝前摟過，按於右胯旁。目視左掌（圖34）。

圖34

【要點】

（1）轉體揮臂幅度不宜過大，右臂不超過中線。

（2）擺臂收腳時上體右轉應大於45°；兩臂交叉畫圓揮擺要舒展靈活，兩手擺向右側偏後約30°。

（3）上步前應先轉體，向側前方上步。

（4）推掌時繼續轉體順肩，至終點時沉肩、沉肘、沉

太極拳規範教程

腕、舒指、推掌、含胸，使手臂保
持一定張力內勁。

（5）摟掌貼近膝上方畫弧，
勿過高過遠。最後按於大腿旁。

（6）本勢弓步為拗弓步，前
手前腳異側，弓步寬度大約 30 公
分，以利重心穩定。

（7）轉體撤腳時重心稍向後
移，移動幅度以有利腳尖扭轉為
準。轉體、撤腳、後移重心三者要
協調一致。

圖 35

【易犯錯誤】

（1）兩臂揮擺與轉體不配合。只擺臂，不轉腰。或轉
腰不足，擺臂過大，上體歪扭。

（2）上步時重心起伏，收腳不靈，落腳過重，支撐不
穩。

（3）推掌手臂過直或過屈。

（4）弓步過窄或兩腳交叉，造成身體搖晃、緊張。

（5）轉體撤腳與重心後移脫節，先坐腿，後轉腰。

七、撇身捶

1. 轉體分手

重心稍後移，右腳尖外撇，上體右轉；左手向左前伸
展，手心向下，右前臂外旋，右手向右後方畫弧分開。目視
左手（圖 35）。

2. 收腳握拳

左腳收於右腳內側；左手握拳，下落於小腹前，拳心向

內，拳眼向右；右手向上、向體前畫弧，附於左前臂內側，手心向下。目視左前方（圖36）。

3. 上步舉拳

上體微左轉；左腳向左前方上一步，腳跟著地；左拳上舉至面前（圖37）。

4. 弓步撇打

重心前移，成左弓步；左拳翻轉向前撇打，拳心斜向上，高與頭平；右手仍附於左前臂內側。目視左拳（圖38）。

【要點】

（1）轉體分手與重心後移、腳尖外撇應協調一致，右手後分時前臂外旋，掌心轉向上。

（2）左掌變拳應邊落邊握，至腹前握拳完成，拳心向內。

（3）舉拳時勿揚肘聳肩。

（4）弓步撇打方向為右前45°，拳與頭同高。

圖 39　　　　　　　　　　　　圖 40

【易犯錯誤】

（1）舉拳時揚肘聳肩，上體歪斜。或上臂不舉，僅前臂翻轉。

（2）定勢時弓步方向與撇拳方向不一致。

八、捋擠勢

1. 轉體扣腳

重心稍後移，左腳尖內扣，上體右轉；左拳變掌；右掌向右劃一平弧，隨即收於左前臂內側（圖 39）。

2. 弓腿抹掌

重心前移，上體繼續右轉；右掌由左向右前方畫弧平抹，掌心斜向下；左掌落於右肘內側下方，掌心斜向上。目視右掌（圖 40）。

3. 收腳後捋

兩掌自前同時向下、向後捋，左掌捋至左胯旁，右掌捋至腹前；右腳收至左腳內側。目視右前方（圖 41）。

圖 41　　　　　　圖 42　　　　　　圖 43

4. 上步搭手

右腳向右前方上步，腳跟著地；同時左前臂內旋，右前臂外旋，兩手翻轉屈臂上舉，收於胸前，手心相對。目視前方（圖 42）。

5. 弓步前擠

重心前移，成右弓步；兩臂同時向前擠出，兩臂撐圓，左掌指貼於右腕內側，掌心向外，指尖斜向上；右掌心向內，指尖向左，高與肩平。目視右掌（圖 43）。

6. 轉體扣腳

重心後移，右腳尖內扣，上體左轉；右掌翻轉向上；左掌畫一小弧從右前臂上穿出（圖 44）。

7. 弓腿抹掌

重心前移，上體繼續左轉；左掌

圖 44

圖 45

圖 46

圖 47

自右向左前方畫弧平抹,掌心斜向下;右掌收於左肘內側下方,掌心斜向上。目視左掌(圖45)。

8. 收腳後捋

兩掌自前同時向下、向後捋,右掌捋至右胯旁,左掌捋至腹前;左腳收至右腳內側。目視左前方(圖46)。

9. 上步搭手

左腳向左前方上一步,腳跟著地;同時右前臂內旋,左前臂外旋,兩手翻轉屈臂上舉收於胸前,手心相對。目視前方(圖47)。

10. 弓步前擠

重心前移,成左弓步;兩臂同時向前擠出,兩臂撐圓,右掌指貼於左腕內側,掌心向外,指尖斜向上;左掌心向內,指尖向右,高與肩平。目視左掌(圖48)。

圖 48

【要點】

（1）轉體扣腳幅度不要超過45°，後移重心也不宜過大。後手隨之稍向後收引畫一小弧。

（2）抹掌時後手自前臂上方穿出，隨即弧形平擺至側前方。同時弓腿轉腰，協調一致。

（3）上兩動應連貫圓活，腰、腿、手相互配合，同時完成。

（4）捋手收腳應配合腰的旋轉。

（5）搭手時兩臂要旋轉，上臂要上舉，前臂屈橫於胸前，兩肘撐開，掌心相對。上步注意與轉腰相配合，邊轉腰邊出腳，腳跟落地與轉體搭手同時完成。

（6）弓步前擠方向為斜前方45°。兩臂要撐圓。

【易犯錯誤】

（1）抹掌快於弓步，手腳不合。

（2）捋手時不轉腰。

（3）上步搭手時未轉腰，做成側身前擠。

（4）轉體搭手過早，上步出腳落後，腰腿不合。

九、進步搬攔捶

1. 轉體分手

重心後移，左腳尖外撇，上體左轉；左掌向下畫弧，掌心向上；右掌向右前方伸展，掌心斜向下。頭隨上體轉動（圖49）。

2. 收腳握拳

重心前移，右腳收於左腳內

圖49

圖 50

圖 51

圖 52

側；左掌向左畫弧，再向上卷收於體前，掌心向下；右掌變拳，向下畫弧收於腹前，拳心向下。目向前平視（圖50）。

3. 上步搬拳

右腳向前上步，腳跟著地，腳尖外撇；右拳隨之經左臂內側向前翻轉搬出，拳心向上，高與胸平；左掌順勢按至左胯旁。目視右拳（圖51）。

4. 收腳收拳

圖 53

重心前移，上體右轉；右前臂內旋，右拳向右畫弧至體側；左前臂外旋，左掌向左、向前畫弧至體前。目視左掌（圖52）。

5. 上步攔掌

左腳經右腳內側向前上一步，腳跟落地；右拳收於右腰間，拳心向上；左掌翻轉向下，攔於體前（圖53）。

6. 弓步打拳

重心前移，成左弓步；右拳向前打出，拳眼轉向上，高與胸齊；左掌收於右前臂內側。目視右拳（圖54）。

圖54

【要點】

（1）分手時兩掌立圓對稱畫弧，動作要舒展圓活。

（2）握拳時右掌邊落邊握拳，拳心向下。

（3）搬拳高與胸齊，左腳上步時腳尖外撇，腳跟輕著地，膝關節微屈。

（4）右拳屈收時上體右轉，前臂內旋，掌心轉向下，經體右側畫弧，再外旋收到腰間，拳心轉向上。

（5）攔掌時左臂外旋，左掌經左向前畫弧，至體前內旋，掌心轉向側下方。

（6）打拳後右肩略偏前，沉肩沉肘，頂頭含胸，上體伸展。

（7）弓步寬度適當，約20公分。

【易犯錯誤】

（1）進步時上體轉動過大，形成身體正對前方上步。

（2）搬拳上步時上體前俯。

十、如封似閉

1. 穿掌翻掌

左掌從右前臂下穿出，掌心向上；右拳隨之變掌，掌心也轉向上（圖55）。

2. 坐腿引化

上體後坐，重心後移；左腳
尖上翹；兩掌分開並屈臂內旋，
收至胸前，與肩同寬，掌心斜相
對（圖56）。

兩掌翻轉向下，落至腹前。
目視前方（圖57）。

圖55

3. 丁步前按

重心前移，右腳收至左腳側
後方，腳尖點地，與左腳相距約
10公分，成右丁步；兩掌向前

按出，與肩同寬，掌心向前，腕高與肩平。目視兩拳（圖
58）。

【要點】

（1）穿拳後兩掌交叉，掌心轉向上。

（2）向後引化時，兩臂邊屈邊收邊內旋，兩手翻轉分

圖56

圖57

圖58

開，經胸前收至腹前。

（3）重心後移要充分，屈腿落胯，膝、髖關節鬆活；上體保持中正自然。

（4）按掌時重心前移，隨之收右腳。右腳前掌落於左腳側後方，長、寬約 20 公分，腳尖斜向前。

（5）定勢時上體、兩臂皆要伸張。

【易犯錯誤】

（1）坐腿時上體前俯、緊張，或屈腿不足、重心升高、上體後仰。

（2）兩手向後引化時，手向上揚卷，兩肘只屈不收。

（3）丁步時兩腿虛實不清。

圖 59

第二段

十一、開合手

1. 轉身開手

以右腳掌和左腳跟為軸，依次右轉，兩腳踏實，再成丁步；兩掌翻轉，掌心相對，指尖向上，屈收至胸前，兩掌左右分開，與肩同寬。目視前方（圖 59）。

2. 丁步合手

兩掌相合，與頭同寬，掌心相對。目視兩掌中間（圖 60）。

【要點】

（1）轉身時，右腳跟內轉落

圖 60

實，然後左腳尖內轉 90°，上體右轉，兩腳平行成併步。

（2）開手時兩手先屈收胸前，立掌相對，與頭同寬，然後左右分開。整個過程與轉體同時完成。

（3）合手時沉腕舒掌，掌心保持相對；胸部微縮，同時呼氣。

（4）合手時重心偏於左腿，右腳跟提起，成右丁步。

【易犯錯誤】

（1）身體轉動中，上體搖擺，步法碾轉生硬、斷勁；重心移動過大。

（2）開手、合手時發生指腕鬆軟、揚肘聳肩、挺胸、旋臂、翻掌等現象。

十二、右單鞭

1. 翻掌開步

身體稍右轉；右腳向右橫開一步，腳跟著地；兩臂內旋，兩掌虎口相對，掌心向外。目視左掌（圖 61）。

2. 側弓分掌

重心右移，成右側弓步（橫襠步）；兩掌向左右分開，平舉於身體兩側，掌心轉向外，掌指向上。目視左掌（圖 62）。

圖 61

圖 62

【要點】

（1）向右轉體約 30°，兩臂微伸，掌心轉向前。

（2）開步要輕靈，腳跟先著地。

（3）分掌時兩臂由屈而伸，掌心轉向外。

（4）側弓步時上體轉動勿過大。

【易犯錯誤】

（1）側弓步時屈弓腿過於內扣或外展，上體扭轉過大，膝與腳尖方向不符。

（2）側弓步兩腳外撇過大，或側伸腿過屈，兩腿虛實不清。

（3）開步時腳前掌先著地，或腳跟踩地而出。

（4）分掌時兩臂前推平擺分開。

（5）上體前俯或側傾。

十三、肘底捶

1. 轉體擺掌

重心左移，右腳尖內扣，上體稍左轉；右前臂外旋，掌心轉向上，右掌向內掩裹畫弧至右肩前；左掌向左、向下畫弧。目視右掌（圖 63）。

2. 收腳抱掌

重心右移，上體右轉；左腳收至右腳內側；右掌翻轉屈收至右胸前，掌心向下；左前臂外旋，左掌心轉向上，經腹前向右畫弧，與右掌上下相

圖 63

太極拳規範教程

圖 64　　　　　　　圖 65　　　　　　圖 66

對，兩臂相抱如「抱球」狀（圖64）。

3. 上步分手

上體左轉；左腳向左前方擺腳上步，腳跟著地，腳尖外撇；左掌經右前臂下向上、向左畫弧，掌心向內，高與頭齊；右掌經左胸前畫弧下落至右胯旁。目視左掌（圖65）。

4. 跟步擒手

上體繼續左轉，重心前移；右腳前跟半步，腳前掌落在左腳後面；左臂內旋，掌心轉向外，左掌向左、向下畫弧至體左側；右臂外旋，右掌向右、向前畫弧至體前，高與頭齊，掌心斜向上。目視前方（圖66）。

5. 上步劈掌

重心移至右腿，右腳踏實，左腳向前進步，腳跟著地，腳尖上翹，成左虛步；左掌收經左腰際成側立掌，再經右腕上向前劈出，指尖高與眉齊；右掌變拳，拳眼向上，收至左肘內側下方。目視左掌（圖67）。

【要點】

（1）整個動作要連貫，腰部要旋轉帶動兩掌。

（2）墊步時應轉體向前墊步。

（3）捋手時右臂外旋前擺，再內旋握成立拳，拳眼向上。

（4）劈掌時左掌外旋收至腰間，掌心向上，再內旋成側立掌前劈。同時，腰部要輕輕左右旋轉。

【易犯錯誤】

圖 67

（1）墊步方向不對，轉體不足，做成繞（弧繞）上步。

（2）跟步做成向後撤步。

（3）劈掌橫擺過大，不成立圓。

（4）兩臂及腰的旋轉與手法配合不協調。

（5）定勢過於鬆軟或緊張。

（6）虛步時挺膝、挺胸、俯身、突臀。

十四、轉身推掌

1. 轉身舉掌

左腳撤至右腳後，腳前掌著地；右拳變掌上舉，腕高與肩平，掌心向下；左掌翻轉下落至右胸前，掌心向下。目視右掌（圖 68）。

以右腳跟、左腳掌為軸，向左轉身約 90°，轉身後重心仍在右腿；轉動中，右掌稍卷收，左掌稍下落。目視前方（圖 69）。

圖 68

圖 69

圖 70

2. 上步收掌

　　左腳向前偏左上步，腳跟落地；右掌屈收至右耳側，掌心斜向前下方；左掌向左畫弧。目視前方（圖70）。

3. 丁步推掌

　　重心前移，轉腰順肩；右腳收至左腳內側後方，腳前掌著地，成右丁步；右掌順勢向前推出，掌心向前，指尖與鼻尖相對；左掌經左膝上摟過，按於左胯旁。目視右掌（圖71）。

4. 轉身舉掌

　　以左腳跟、右腳掌為軸，向右後轉身，轉身後重心仍在左腿；左臂外旋，向左前方上舉，掌心向上，高與頭平；右掌下落至左胸前，掌心向下。目視左掌（圖72）。

圖 71

圖 72　　　　　　圖 73　　　　　　圖 74

5. 上步收掌

右腳向前偏右上步，腳跟落地；左掌卷收至左耳側，掌心斜向前下；右掌下落至腹前。目視前方（圖73）。

6. 丁步推掌

重心前移，轉腰順肩，左腳收至右腳內側後方，成左丁步；左掌順勢向前推出，掌心向前，指尖與鼻尖相對；右掌經右膝上摟過，按於右胯旁。目視左掌（圖74）。

【要點】

（1）本勢取自孫式太極拳倒卷肱。轉身上步方向應為側前方，行進路線成之字形。

（2）碾轉步時前腳以腳跟為軸，後腳以前腳掌為軸，依次轉動。重心在兩腳間可適度移動，但不宜過大。

（3）收掌時屈臂卷肱，不要屈腕卷掌。

（4）推掌方向向前，與上勢臂、掌方向成90°。下手摟膝停於胯旁，不要過高、過遠。

（5）轉身、上步要輕靈連貫。

（6）收腳跟步與推掌同時完成。跟步腳收至支撐腳側後方約 20 公分。

【易犯錯誤】

（1）轉身上步時突然加速。

（2）碾轉步時重心移動過大，動作搖晃停頓。

（3）碾轉步時兩腳過近，影響轉動。

（4）上步向正前方，行進方向不成「之」形成「丁」形。

（5）推掌時只弓腿不隨之收腳，做成弓步推掌。

十五、玉女穿梭

1. 轉體伸掌

上體右轉；左腳向後撤半步；左臂外旋，左掌向右畫弧至右胸前，掌心轉向上；右掌經左前臂上方向前伸探至體前，掌心斜向下，腕高與肩平。目視右掌（圖 75）。

圖 75

2. 撤步後捋

上體左轉，重心移至左腿；右腳收至左腳內側，腳尖點地；兩掌向前、向下、向後捋，左掌捋至左胯旁；右掌捋至腹前。目隨兩手（圖 76）。

圖 76

圖 77　　　　　　　圖 78　　　　　　　圖 79

3. 上步搭手

右腳向右前方上步，腳跟著地；兩前臂旋轉，兩掌上舉合於胸前，右掌心向內，指尖向左；左掌心向外，掌指附於右腕內側。目視右掌（圖77）。

4. 跟步平雲

重心前移，上體右轉；左腳隨之跟至右腳內側後方，腳前掌著地；右掌自左向前畫平弧，掌心轉向上；左掌隨之轉動。目隨右掌（圖78）。

5. 後坐平雲

左腳落實，上體左轉；右掌屈肘內旋向右、向後劃平弧。目視右掌（圖79）。

6. 上步收掌

上體右轉；右腳再向右前方上一步，腳跟著地；右掌內旋翹腕至右肩前上方，掌心斜向上；左掌隨之畫弧後收於左腰際。目視前方（圖80）。

圖 80

圖 81

圖 82

7. 弓步架推

重心前移，成右弓步，上體右轉；右掌上架於右額前上方，掌心斜向上；左掌前按至體前，掌心向前，指尖與鼻尖相對。目視左掌（圖81）。

8. 扣腳收掌

重心後移，右腳尖內扣抬起，上體左轉；右前臂外旋，右掌翻轉下落於體前，掌心向上，右腕高與肩平；左掌向右畫弧後收至右肘內側，掌心向下。目視右掌（圖82）。

圖 83

9. 弓腿抹掌

重心前移，右腳落實，上體繼續左轉；左掌從右前臂上穿出，並自右向左畫弧抹掌；右掌收於左肘內側下方，兩掌心上下斜相對。目視左掌（圖83）。

圖 84　　　　　　圖 85　　　　　　圖 86

10. 收腳後捋

上體右轉；左腳收至右腳內側；兩掌由前同時向下、向後捋，右掌捋至右胯旁；左掌捋至腹前。目隨兩掌（圖84）。

11. 上步搭手

左腳向左前方上步，腳跟著地；兩前臂旋轉，兩掌上舉合於胸前，左掌心向內，掌指向右；右掌心向外，掌指附於左腕內側。目視左掌（圖85）。

12. 跟步平雲

重心前移，上體左轉；右腳隨之跟至左腳內側後方，腳前掌著地；左掌自右向前畫平弧，掌心轉向上；右掌隨之轉動。目視左掌（圖86）。

13. 坐腿平雲

右腳落實，上體右轉；左掌屈肘內旋，向左、向後畫平弧。目視左掌（圖87）。

圖 87　　　　　　圖 88　　　　　　圖 89

14. 上步收掌

上體左轉；左腳再向前方上一步，腳跟著地；左掌內旋翹腕至左肩前上方，掌心斜向上；右掌隨之畫弧後收於右腰際。目視前方（圖 88）。

15. 弓步架推

重心前移，成左弓步，上體左轉；左掌上架於左額前上方，掌心斜向上；右掌向前，指尖與鼻尖相對。目視右掌（圖 89）。

【要點】

（1）本勢動作要連貫圓活，行進方向為之字形。

（2）轉體伸掌時，左腳向左開步，腳前掌內側先著地。

（3）上步搭手時，上步方向為斜前方，搭手時兩手合於左（右）胸前。

（4）平雲手自左肩前開始畫平圓，收至右肩前，隨轉腰雲擺。兩臂要有伸屈。肩、肘、腕要鬆活。

（5）上步收掌時兩手分開，一掌屈收至腰間，另一掌屈臂內旋，抬肘上舉，與頭同高，掌心轉向前上方。腰略向前轉動。

（6）弓步與推掌方向皆為斜前45°。拗弓步寬度約30公分。

【易犯錯誤】

（1）轉體伸掌時左腳做成前上步。

（2）定勢時弓步太窄，上體歪扭；推掌與弓步方向不合。

圖90

十六、右左蹬腳

1. 扣腳收掌

重心後移，左腳尖內扣，上體右轉；左臂外旋，左掌翻轉落於體前，掌心向上，腕高與肩平；右掌向左畫弧後收至左肘內側，掌心向下。目視左掌（圖90）。

2. 弓腿分掌

重心前移，上體左轉；右掌從左前臂上方穿出，向上、向右畫弧展開；左掌向下、向左畫弧至腰間。頭隨上體轉動（圖91）。

3. 收腳抱掌

上體右轉；右腳收至左腳內側；右掌向下、向左、向上畫弧；左掌向左、向上、向右畫弧，至胸前兩腕交

圖91

<table>
<tr><td>圖 92</td><td>圖 93</td><td>圖 94</td></tr>
</table>

疊，兩掌交叉合抱，右掌在外，掌心均向內。目視右前方（圖 92）。

4. 蹬腳分掌

左腿微屈站穩，右腿屈膝提起，右腳向右前方（約30°）慢慢蹬出，腳尖上勾，腳跟高過腰部；兩掌分別向右前方和左方畫弧分開，掌心向外，腕與肩平，兩臂伸展，肘微屈，右臂與右腿上下相對。目視右掌（圖 93）。

5. 上步穿掌

右腿屈收，右腳向右前方落下，腳跟著地；右前臂外旋，右掌心轉向上，稍向外收；左掌下落，經腰間向前、向上畫弧伸至右肘內側，掌心向下。目視右掌（圖 94）。

6. 弓腿分掌

重心前移，右腳落實，上體右轉；左掌從右前臂上方穿出，向上、向左畫弧展開。右掌向下、向右畫弧至腰側。頭隨上體轉動（圖 95）。

圖 95　　　　　　圖 96　　　　　　圖 97

7. 收腳抱掌

上體左轉；左腳收至右腳內側；左掌向下、向右、向上畫弧，右掌向右、向上、向左畫弧，至胸前兩腕交疊，兩掌交叉合抱，左掌在外，掌心均向內。目視左前方（圖96）。

8. 蹬腳分掌

右腿微屈站穩，左腿屈膝提起，左腳向左前方（約30°）慢慢蹬出，腳尖上勾，腳跟高過腰部；兩掌分別向左前方和右方畫弧分開，掌心向外，腕高與肩平，兩臂伸展，肘微屈，左臂與左腿上下相對，目視左掌（圖97）。

【要點】

（1）本勢分掌有兩種方式：一為兩掌交錯同向畫立圓；一為兩掌對稱反向畫立圓。兩種分掌皆要舒展圓活，與轉腰旋臂相結合；舉手高度不過頭；前掌立圓角度與蹬腳方向大體相同，約為斜前方30°～45°。

（2）抱掌時兩臂圓滿外撐。

（3）蹬腳時上體保持端正，沉肩含胸，兩臂舒展，掌心皆向外，指尖向上。

（4）右蹬腳後上步方向與蹬腳方向相同，兩腳保持適當（約20公分）寬度。穿掌時右掌翻轉向上，左掌下落與前穿保持掌心向下。

【易犯錯誤】

（1）蹬腳分掌時出現低頭彎腰、上體後仰、兩腿彎曲、前臂與蹬腳方向不符；兩掌高度不等；臂過屈過直；兩臂挺胸分展成直線等現象。

（2）蹬腳高度不足，重心不穩。

圖98

十七、掩手肱捶

1. 收腳合手

左小腿屈收，左腳落於右腳內側；兩臂外旋，兩掌掩合於頭前，與頭同寬，掌心向內。目視兩掌（圖98）。

2. 擦步按掌

左腳尖上翹，腳跟擦地向左開步，上體稍右轉；兩臂內旋，兩掌翻轉下落，上下交叉相疊於小腹右側，左掌壓於右掌背上，掌心均向下。目視兩掌（圖99）。

3. 馬步分手

上體轉正，重心左移於兩腿之

圖99

圖 100　　　　　　圖 101　　　　　　圖 102

間；兩掌向兩側分開，高與肩平，前臂內旋，掌心轉向外。目視前方（圖 100）。

4. 掩手蓄力

重心右移，上體微右轉，兩臂外旋，肘內合，左掌擺至體前，掌心向上，高與肩平；右掌變拳，屈臂合於胸前，掌心向上。目視左掌（圖 101）。

5. 弓步沖拳

重心左移，上體左轉；轉腰順肩，成左弓步；右拳旋轉向前沖打，拳心轉向下；左掌後收掌心貼於左腹部，指尖向右。目視右拳（圖 102）。

【要點】

（1）收腳合手時左腳不落地，兩手合於頭前，掌心轉向內，與頭同寬。

（2）擦步時左腳跟內側貼地側伸，由輕而重。上體右轉，重心稍降，兩手交疊下按。

（3）轉體分手時，上體舒鬆轉正，重心稍升，兩臂放

鬆向兩側平舉。

（4）掩手蓄力時重心右移成偏馬步，上體右轉，縮胸弓背，合肘翻掌，兩臂外旋捋勁。左臂伸於體前，左掌攏指凸掌，虎口張開；右臂屈肘夾肋，右手握拳向上翻擰，合於左肘內側。全身緊縮呼氣，蓄力待發。

（5）弓步沖拳時突然加速向左轉腰蹬腿，上體伸展，右拳抖彈向斜前方沖出。動作快速，周身完整，氣力合一。沖拳後，右臂、右拳放鬆，肘關節伸直，力在拳面，高與肩平，拳心轉下；左掌收於腹部，四指向右，拇指向上。兩腳隨轉腰蹬腿，同時突然碾轉，左腳尖稍外撇，右腳跟稍後展，成川字弓步。

【易犯錯誤】

（1）發勁僵硬緊張，沒有爆發力和彈性。

（2）發力限於右臂，與腰、腿、軀幹脫節。

（3）掩手蓄力過於放鬆，勁力不足。

（4）沖拳走弧線，形成撩拳或貫拳。

（5）掩手後，右拳再次後引，上體右轉再蓄力，形成斷勁。

十八、野馬分鬃

1. 轉腰纏手

上體左轉；右拳變掌，向下畫弧至腹前，掌心向下；左掌以拇指為軸，四指向下轉動（圖103）。

2. 撐臂纏手

重心右移，上體右轉；右臂內旋，右掌翻轉向外，並向上、向右

圖103

圖 104

圖 105

圖 106

畫弧，屈臂置於右肩前，拇指向下，四指尖向左；左臂外旋，掌心轉向內，掌指背貼於右前臂內側，隨之畫弧，兩臂撐圓。目視右掌（圖104）。

3. 轉腰捯掌

重心左移，上體左轉；右臂外旋，左臂內旋，兩掌成橫掌，掌心向左前方，指尖向外，橫捯於腹前，腰腹彈性發力。目視兩掌（圖105）。

4. 折疊擺掌

腰與腹向右回轉，再向左轉；兩掌

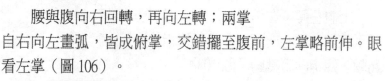

圖 107

自右向左畫弧，皆成俯掌，交錯擺至腹前，左掌略前伸。眼看左掌（圖106）。

5. 提腳托掌

重心右移，腰向右轉；兩掌向右畫弧分開，左掌心轉向上；右掌心轉向右。目視左掌（圖107）。

圖 108

圖 109

重心後移，左腿屈膝提
起；左臂外旋，左掌向上托於
左膝上方；右掌向右上畫弧，
橫於體右側，掌心向右，高與
肩平。目視前方（圖108）。

6.上步收掌

左腳向前上步；左手微屈
臂後引。目視前方（圖
109）。

7.弓步穿靠

重心前移，成左弓步；左

圖 110

掌向前穿靠，掌心向上，指尖向前，左腕高與肩平；右掌撐
至身體右方，掌心向外，指尖斜向上，腕高與肩平；目視左
掌（圖110）。

8.轉體撤腳

重心後移，左腳尖外撤，上體左轉；左臂內旋，左掌心

圖 111　　　　　　　　　圖 112

翻轉向外，並稍屈臂外撐；
右臂亦外旋，右掌稍下落內
收。目視左掌（圖 111）。

9. 提腳托掌

重心前移，上體左轉；
右腳屈膝向前提收；右掌向
下畫弧，經體側前舉，托於
右膝上方，掌心向上；左掌
左擺，橫於體側，掌心向
外，指尖斜向上。目視右手
（圖 112）。

圖 113

10. 上步收掌

右腳向前上步；右手微屈臂後引。目視前方（圖
113）。

11. 弓步穿靠

重心前移，成右弓步；右掌向前穿靠，掌心向上，指尖

向前，腕高與肩平；左掌撐
至身體左方，掌心向外，指
尖斜向上，腕高與肩平。目
視右掌（圖114）。

【要點】

（1）沖拳後上體稍放
鬆，右腕及腰相應向右轉一
小弧。然後上體左轉，右拳
變掌，攏指屈腕、虎口張
開；前臂外旋，向下畫弧。
左手貼腹，向下屈腕轉指。

圖114

同時腰肌、腹肌左側上提，右側下降，腰、腹、臂皆處於扭
轉纏繞狀態。

（2）撐臂繞手時，左臂外旋，掌背貼住右腕，小指向
上擰勁；右臂翻轉內旋，屈臂外撐，右掌橫於右肩前，拇指
根用力向下擰轉，四指併攏伸直。同時右腳跟稍內轉，向右
擰腰，沉肩、含胸、吸氣。

（3）捩掌時上體左轉，兩掌同時換向擰轉，向下畫弧
橫於腹前，左前臂和右上臂屈收貼近上體，腰肌、腹肌向左
扭轉發力，隨之重心稍下降，伴以短促呼氣，周身動作一瞬
間纏繞停頓。

（4）捩掌以後，腰、腹、臂放鬆，身體彈性緩解，上
體稍恢復再繼續向左轉腰擺掌，這種由勁緊鬆造成的彈性往
復和動作繼續稱為折疊。

（5）提腳時腳尖勿翹、勿拖，腳收於支撐腿腓骨前，
支撐腿半屈。

（6）上步時前臂稍向後收引。

（7）穿靠時前臂外旋前伸，四指併攏向前，拇指外張；後臂內旋平舉於身體側後方，屈腕橫掌外撐，掌心向外。

【易犯錯誤】

（1）纏手時兩臂旋轉鬆懈無力，腰腹肌不配合。

（2）捩掌時雙手向下拍打。

（3）捩掌時限於兩臂發力，與腰、腿脫節。

（4）兩腳外側拔根離地或任意扭動。

（5）折疊時身體往復擺動過大。

（6）提腳做成獨立步。

（7）穿靠時上體轉動過大，步型做成側弓步。

第三段

十九、雲手

1. 轉體擺掌

重心左移，右腳尖內扣，上體左轉；右前臂內旋，右掌翹腕右旋，向左擺至右肩前；左掌微向左撐，掌心向左。目視右掌（圖115）。

2. 轉體翻掌

重心右移，上體右轉；左腳跟隨之碾動；右掌翻轉向外，橫掌右擺至身體右側；左掌自左向下經腹前向右畫弧，掌心隨之翻轉向上。目隨右掌

圖115

圖 116

圖 117

（圖116）。

3. 轉體左雲

重心左移，上體左轉；左掌掌心向內，自右向上、向左，經面前畫弧雲轉，指尖與眉同高；右掌向下經腹前，向左畫弧雲轉，掌心由外轉向內。目隨左掌（圖117）

4. 併步翻掌

上體繼續左轉；右腳收於左腳內側落地，兩腳平行向前，相距10～20公分；兩掌雲至身體左側，逐漸翻轉，左掌心轉向外；右掌雲至左肘內側，掌心轉向內。目視左掌（圖118）。

5. 轉體右雲

重心右移，上體右轉；右掌自左經面前向右畫弧雲轉，指尖高與眉齊；左掌向下經腹前向右畫弧雲

圖 118

圖 119　　　　　　　　　　圖 120

轉。目視右掌（圖 119）。

6. 開步翻掌

　　上體繼續右轉；左腳向左側開步，腳尖仍向前；兩掌雲至身體右側，逐漸翻轉，右掌心轉向外；左掌雲至右肘內側，掌心轉向內。目視右掌（圖 120）。

7. 轉體左雲

　　重心左移，上體左轉；左掌經面前向左畫弧雲轉；右掌

圖 121

向下經腹前畫弧向左雲轉。目隨左掌（圖 121）。

8. 併步翻掌

　　上體繼續左轉；右腳收於左腳內側落地，兩腳平行向前，相距 10～20 公分；兩掌雲至身體左側，逐漸翻轉，左掌心轉向外；右掌雲至左肘內側，掌心轉向內。目視左掌

圖 122

圖 123

（圖 122）。

9. 轉體右雲

重心右移，上體右轉；右掌自左經面前向右畫弧雲轉，指尖高與眉齊；左掌向下經腹前畫弧雲轉。目視右掌（圖 123）。

10. 開步翻掌

上體繼續右轉；左腳向左側開步，腳尖仍向前；兩掌雲至身體右側，逐漸翻

圖 124

轉，右掌心轉向外；左掌雲至右肘內側，掌心轉向內。目視右掌（圖 124）。

11. 轉體左雲

重心左移，上體左轉；左掌經面前向左畫弧雲轉；右掌向下經腹前畫弧向左雲轉。目隨左掌（圖 125）。

圖 125　　　　　　　　圖 126

12. 扣步翻掌

上體繼續左轉，右腳收於左腳內側落地，腳尖內扣約45°，兩腳平行向前，相距 10～20 公分；兩掌雲至身體左側，逐漸翻轉，左掌心轉向外；右掌雲至左肘內側，掌心轉向內。目視左掌（圖 126）。

【要點】

（1）左擺掌時屈腕鬆掌，以腰帶臂、擺掌幅度約 45°。

（2）轉體翻掌時，右拳沉腕畫一小弧，前臂內旋，右掌翻轉向外，橫掌右擺，至體側時再沉腕轉成立掌。同時左腳腳跟稍內轉，腳尖正向體前。

（3）雲手時以腰帶臂，腰領手隨。兩臂保持半屈，兩手交錯立圓畫弧。上手不高於頭，下手不低於襠。眼光隨上手轉移。

（4）開步、併步時，腳移動要輕靈柔緩，以腳前掌先落地，再隨重心移動踏實全腳。重心要保持平穩，身體勿起伏、搖晃。併步後兩腳成小開步。

（5）翻掌勿突然。手雲經過體前以後逐漸旋臂翻掌，與移腳同時完成。腰、手、腳要協調一致。

（6）最後一次併步收腳後腳前掌內扣落地。

【易犯錯誤】

（1）雲手與轉腰脫節。腰未領轉，兩臂孤立擺動，或轉腰過於超前，上體扭晃。

（2）移腳翻掌突然加速斷勁。

（3）轉體擺掌時右掌僵硬不鬆活。

（4）雲手時上手抬肘聳肩，掌根鬆軟，或緊張屈臂，手離頭太近。

（5）併步後兩腳尖外撇成八字形。

（6）上體前俯、挺胸凸臀。

二十、獨立打虎

1. 撤步伸掌

重心右移，左腳向身後撤一步，右腿屈膝前弓；左掌掌心翻轉向上、向下畫弧，收於腹前；右掌掌心翻轉向下，經左前臂上方穿出，向前伸探至體前，腕高與肩平。目視右掌（圖127）。

2. 坐腿分手

重心左移，上體左轉；右腳尖內扣；兩掌向下，經腹前向左畫弧。視線隨上體轉動（圖128）。

圖127

圖128

3. 獨立架拳

兩掌逐漸握拳，左拳經體側屈臂上舉至左額前上方，拳心向外，拳眼斜向下；右拳屈臂收於左胸前，拳心向內，拳眼朝上；左腿微屈，站穩，右腿屈膝提起，右腳收至襠前，腳尖上翹並內扣；頭轉向右前方。目平視前方（圖129）。

圖129

【要點】

（1）左腳向右後方撤步成斜向弓步，方向約45°。

（2）提腳獨立時，重心後移，右腳尖上翹，右腿先上舉後屈膝，右腳畫一弧形盤收於襠前。同時兩手在向下畫弧中分開。

（3）獨立步採取吳式。大腿高提，膝關節外展，小腿內盤，腳尖上翹，大腿小腿折收角度約90°。

（4）分手時上體左轉，架舉時向右回轉。定勢時上體伸展，斜向前方。左拳架於左額前上方，右拳屈收於體側，距左肋約一拳寬，兩拳拳眼上下相對。兩臂半屈撐滿。頭轉看前方。

【易犯錯誤】

（1）獨立時提腳沉重，拖地、蹬地。

（2）獨立步右小腿屈收不足，伸展過遠；或直接屈提，右腳未畫弧盤收。

（3）撤步時兩腳前後交叉繞步；方向過橫；右掌伸展不足。

（4）分手不明確，與捋手混淆，或未向左轉體。

二十一、右分腳

1. 垂腳抱掌

上體微右轉；右腳內收，腳尖下垂；兩拳變掌疊抱於胸前，右掌在外，掌心皆向內。目視右前方（圖130）。

2. 分腳分掌

右腳腳面展平，腳尖向右前方慢慢踢出，高過腰部；兩掌同時向右前方或左方畫弧分開，掌心皆向外，指尖向上，腕高與肩平，兩臂撐舉，肘關節微屈，右臂與右腿上下相對。目視右掌（圖131）。

圖 130

【要點】

（1）抱掌時兩臂環抱，兩掌斜交叉，右掌在外，腕高與肩平。分掌時前臂內旋，兩掌翻轉向外，弧形分展，弧頂高不過頭。兩臂微屈，分展角度約135°。肩、肘、腕皆下沉，胸內含。

圖 131

（2）分腳方向為斜前方30°，右手與右腳方向相合。

（3）定勢時上體與兩臂皆要舒展伸拔，重心稍上升，保持穩定。

【易犯錯誤】

（1）分腳時出現低頭彎腰、上體後仰、兩腿彎曲、手

圖 132　　　　　　　圖 133　　　　　　　圖 134

腳方向不符、兩掌一高一低、兩臂過直過屈、挺胸開臂成一直線等現象。

（2）分腳高度不足，重心不穩。

二十二、雙峰貫耳

1. 收腳併手

右腿屈膝，小腿回收，腳尖下垂；兩臂屈肘外旋，在胸前相合，兩掌經面前畫弧平行下落於右膝上方，掌心翻向上。目視前方（圖 132）。

2. 落腳握拳

右腳向前落步，腳跟著地；兩掌分落於腰側，逐漸握拳，拳心向上。目視前方（圖 133）。

3. 弓步貫拳

重心前移，成右弓步；兩拳同時經兩側向前上方畫弧貫打，高與耳齊，相距同頭寬，拳眼斜向下，兩臂半屈成鉗形。目視前方（圖 134）。

【要點】

（1）收腳時小腿屈收，大腿仍要穩住。兩掌翻轉相並，相距約10公分。

（2）落腳時支撐腿屈蹲，重心下降。右腳下落經左踝內側上步，腳跟輕輕著地。

（3）貫拳方向與右分腳相同，斜向前方30°。兩臂半屈成弧，兩拳鉗形相對，高與頭平，相距同頭寬。

【易犯錯誤】

（1）貫拳時揚肘、聳肩、低頭。

（2）落腳沉重直落。

二十三、左分腳

1. 轉身分手

重心後移，右腳尖外撇，上體右轉；兩拳變掌左右分開，掌心皆向外，目視左掌（圖135）。

2. 收腳抱掌

重心前移，左腳收於右腳內側，上體微左轉；兩掌從左右兩側向下、向內畫弧，至腹前相交、舉抱於胸前，左掌在外，掌心皆向內。目視左前方（圖136）。

3. 分腳分掌

右腿微屈站穩，左腿屈膝提起，左腳尖向左前上方（與

圖135

圖136

起勢方向成 90°）慢慢踢出，腳面展平，高過腰部；兩掌向左前和右方畫弧分開，掌心向外，腕與肩平，兩臂撐舉，肘關節微屈，左臂與左腿上下相對；目視左掌（圖 137）。

【要點】

（1）轉體、後移重心、右腳尖外撇三者要協調一致，並與分手相配合。

圖 137

（2）分腳方向為行進前方（與起勢方向成 90°）。

（3）抱掌時左掌在外。

【易犯錯誤】

同右分腳。

二十四、轉身拍腳

1. 轉身落腳

左腿屈收下落，身體以右腳掌為軸順勢向右後轉身，左腳尖隨體轉內扣落地；兩掌從兩側向腹前畫弧下落，前臂外旋，掌心斜相對。頭隨身體轉動（圖 138）。

圖 138

2. 轉身抱掌

重心左移，身體繼續右後轉（側對上勢左分腳方向）；右腳隨之轉正，腳尖點地；兩掌交叉，右掌在外，舉抱於胸前。目視右前方（圖 139）。

3. 分掌拍腳

左腿支撐，右腳向上踢擺，腳面展平；兩前臂內旋，掌心轉向外，右掌向前擊拍右腳面，高與頭齊；左掌向後畫弧分開，平舉於身體左方，腕高與肩平。目視右掌（圖140）。

【要點】

（1）落腳與轉身同時進行。兩掌隨之下落，交叉於腹前，以利身體順勢轉動。

（2）落腳時腳尖內扣，腳前掌先落地，然後全腳踏實。重心移向左腿，右腳跟提起碾轉。

（3）分掌踢腳同時進行。右手迎拍右腳面。

【易犯錯誤】

（1）落腳合手與轉身不合。先交叉落腳，後合手轉身。

（2）落腳時左腳先向外擺，再內扣轉身，以加大助力。

（3）拍腳時發生低頭彎腰、後手屈曲、擊拍落空、支撐腿過屈等現象。

圖 139

圖 140

二十五、進步栽捶

1. 轉體落腳

左腿屈膝，右腿屈收，右腳前落，腳尖外撇；上體右

圖 141　　　　　　圖 142　　　　　　圖 143

轉，重心前移；兩前臂外旋，左掌向上、向右畫弧，掌心轉向右；右掌翻轉下落至腰間，掌心向上。頭隨上體轉動（圖141）。

2. 收腳擺臂

上體繼續右轉；右掌繼續自下而上畫弧至右後方，左掌經頭前畫弧至右肋（圖142）。

3. 上步握拳

左腳向前上一步，腳跟著地，上體微左轉；右掌向右、向上畫弧，屈肘握拳，收於右耳側，拳心向下；左掌向下畫弧落於腹前。目視前下方（圖143）。

4. 弓步栽拳

上體左轉；稍向前俯身，重心前移，成左弓步；右拳向前下方打出，高與腹平，拳面向前下方，拳眼向左；左掌自左膝上方摟過，按於左胯旁。目視右拳（圖144）。

【要點】

（1）落腳時先屈收小腿，提住大腿，然後支撐腿彎

曲，右腳前落上步，腳跟著地，腳尖外撇。

（2）兩臂交叉擺動同摟膝拗步勢。

（3）握拳邊屈臂邊握拳，收於頭側，拳眼向內，拳心向前。

（4）栽拳時右肩略偏前，拳略高於膝，上體前傾不超過 45°，保持舒展頂頭。弓步寬度約 20 公分。

【易犯錯誤】

（1）落腳沉重直落。

（2）握拳屈腕。

（3）栽拳時上體弓腰駝背。

圖 144

二十六、斜飛勢

1. 轉體分手

重心後移，左腳尖外撇，上體左轉；右拳變掌，向上、向右畫弧，左掌向左畫弧，兩掌分開（圖 145）。

2. 收腳抱掌

右腳收於左腳內側；左掌向上、向右畫弧，屈臂於胸前，掌心斜向下；右掌向下、向左畫弧，屈臂於腹前，掌心斜向上；兩臂交叉相抱，左前臂在上。目視左掌（圖

圖 145

圖 146

圖 147

146）。

3. 開步插手

上體微右轉；右腳向右側開步，腳跟著地；目視左掌（圖 147）。

4. 斜身分靠

重心右移，上體左轉，成右側弓步（橫襠步）；右肩向右傾靠；兩掌分別向右前方和左前下方撐開，右掌略高於頭，掌心斜向上；左掌與胯同

圖 148

高，掌心斜向下。目隨左掌（圖 148）。

【要點】

（1）分手時，右拳變掌向上、向右畫弧，左掌向下、向左畫弧。

（2）開步插手時，右腳向右側偏後開步，腳跟先落

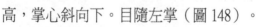

地，上體隨之微向右轉。右掌同時向左下伸插。兩臂斜上斜下交叉。兩腿夾實。

（3）側身分靠時，右臂先向體前挑舉，隨之上體側傾，右肩領先，兩臂斜向分展。右臂外旋，右掌心斜向上。左臂內旋，左掌斜向下撐。兩臂分展角度約120°。

（4）斜身分靠時，上體側傾，頭與軀幹保持順直舒展，含胸拔背，沉肩頂頭。本勢採自吳式太極拳，要求上體斜中端正，以肩側向靠撞。

【易犯錯誤】

（1）開步時腳跟擦地，或做成轉體上步。

（2）插手時兩腋留有空隙。

（3）側弓（橫襠）步時，兩腳外撇過大成丁字。

（4）斜身時上體側屈。

（5）分靠肘力點不準，手法混淆，做成轉腰揮臂外捌。沒有以肩領先向右傾靠。

（6）展臂時挺胸直臂，兩臂成一斜線。

二十七、單鞭下勢

1. 勾手擺掌

重心左移，上體左轉；右腳跟稍外展；左掌變勾手，提至身體左側，腕與肩同高；右掌向左畫弧，經頭前擺至左肘內側。目隨右掌（圖149）。

2. 仆步穿掌

左腿全蹲，右腿伸直，上體右轉，成右仆步；右掌下

圖149

落，經腹前順右腿內側向右穿出，掌心由內轉向外，指尖向右。目視右掌（圖150）。

【要點】

（1）勾手擺掌時，左手上提變勾，右掌內旋左擺，上體左轉，右腳跟稍向外蹬轉。

（2）穿掌時，右掌下落外旋，掌心向外指尖向右，由屈而伸至踝內側。兩臂伸展，勾手高與頭齊，勾尖向下。

圖150

【易犯錯誤】

（1）仆步時，屈蹲不足，低頭彎腰抬臀。

（2）仆步時，側伸腿彎曲，腳外側離地拔跟，屈蹲腿腳跟離地。

（3）後臂伸屈不足，勾手過高過低。

二十八、金雞獨立

1. 弓腿挑掌

重心右移，上體右轉；右

圖151

腳尖外展，左腳尖內扣，右腿屈弓，左腿自然蹬直；右掌向上挑至體前，成側立掌，腕高與肩平；左臂內旋下落至身後，勾尖向上。目視右掌（圖151）。

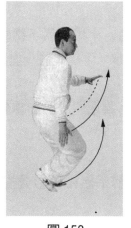

圖 152　　　　　　圖 153　　　　　　圖 154

2.獨立挑掌

重心前移，上體右轉；左腿屈膝向前上提起，腳尖下垂，右腿微屈站穩，成右獨立步；左勾手變掌，經體側向前、向上挑起，成側立掌，指尖高與眉齊；右掌翻轉，下按於右胯旁。目視左掌（圖 152）。

3.落腳按掌

右腿稍屈，左腳落於右腳內側後方，重心後移；左手翻轉下落，右手向下伸展（圖 153）。

4.獨立挑掌

上體左轉；右腿屈膝提起，腳尖下垂，左腿微屈站穩，成獨立步；左掌按於左胯旁；右掌成側立掌挑至體前，指尖高與眉齊。目視右掌（圖 154）。

【要點】

（1）弓腿挑掌時，重心前移，右腳尖外展、左腳尖內扣。

（2）提腳時，轉腰屈膝收腳上提，左腳勿拖地、蹬

地。

（3）獨立挑掌時，上體舒展，轉腰順肩，側向前方。臂半屈成弧，屈腕舒掌，沉肩垂肘，虎口與鼻尖相對，膝與肘相對。

（4）落腳時，轉腰屈腿，腳前掌先落地。動作輕柔完整。

【易犯錯誤】

（1）弓腿時兩腳不碾轉，影響提腳獨立的穩定和輕靈。

（2）後腳前提沉重，腳尖拖地或突然蹬地而起。

（3）獨立時身體緊張、不穩，或屈腿弓腰，小腿前伸，腳尖上翹。

（4）落腳按掌時腰無旋轉，落腳不柔和。

（5）挑掌、按掌時，臂、掌、腕緊張僵硬或鬆軟無力。

（6）挑掌時掌心向前。

二十九、退步穿掌

左腿稍屈，右腳後撤一步，右腿自然蹬直；左腿屈弓，左腳以前腳掌為軸順勢扭正，成左弓步；左臂外旋，左掌翻轉，掌心向上，收經腰間，從右前臂上穿出，腕高與肩平；右臂內旋，橫掌下按，落於左肘下方。目視左掌（圖155）。

【要點】

（1）支撐腿彎曲，上體右轉，右腳經左腳內側退步。腳前掌先著地，隨之左腳以腳掌為軸扭直成左弓步。

（2）左掌翻轉向上穿出，高與頭平，右掌翻轉下按與

圖 155

圖 156

胸平。

【易犯錯誤】

（1）退步時，上體前俯，右小腿後舉，支撐腿未屈。

（2）左弓步時，前腳未扭直，腳尖外撇；或兩腳交叉，後腿彎曲。

（3）腿快手慢，上下不協調。

第四段

三十、虛步壓掌

1. 轉體舉掌

重心後移，左腳尖內扣，上體右後轉；右掌收至腹前；左掌舉於左額側上方。目隨轉體平視（圖 156）。

2. 虛步壓掌

重心移至左腿，右腳提起，腳尖轉向前方，腳前掌落地，成右虛　步；上體向下鬆沉，微向前俯；左掌自上而下

横按於右膝前上方，指尖向右；右掌按於右胯旁，指尖向前。目視前下方（圖157）。

圖157

【要點】

（1）轉體中左腳扣腳要充分，右腳腳跟內轉後要稍向右活步，調整成右虛步。

（2）壓掌時轉腰順肩，屈腿落胯。上體前俯30°～45°保持舒展。掌橫壓於正前方。

【易犯錯誤】

（1）碾轉步時，左腳尖內扣不足，右腳未活步。虛步時上體歪扭，下腳緊張。

（2）壓掌時，上體前俯過大，弓背彎腰，或上體轉動過大，掌壓於體右側。

（3）壓掌不明確，掌經身體右側向下畫弧。

三十一、獨立托掌

左腳蹬地，左腿微屈站穩，右腿屈膝提起，腳尖下垂，成左獨立步；右掌翻轉上托，舉於體前，掌心向上，腕高與胸平；左掌向左、向上畫弧，撐於體側，腕高與肩平，掌心向外，指尖斜向上。目視右掌（圖158）。

圖158

【要點】

（1）首先轉腰、蹬腿，重心

上升，隨之提腳獨立托掌。動作要發於腰腿，形於手腳，定於全身。

（2）定勢時前臂伸展，側臂屈撐，上體中正，頂頭沉肩，含胸拔背，鬆腰提腿，支撐穩固，腳趾扣地。

（3）左掌屈腕外撐，虎口向前，掌心向外。右掌托於體前，兩掌與肩同高。

【易犯錯誤】

（1）兩臂鬆軟彎曲，上體伸展不足。

（2）獨立步支撐腿彎曲，前提腿小腿前伸，腳尖勾起。

三十二、馬步靠

1.落腳探掌

右腳前落，腳尖外撇，重心前移，上體右轉；右臂內旋，右掌翻轉下採；左臂外旋，左掌向上、向右畫弧。目視前方（圖159）。

2.收腳擺臂

左腳收於右腳內側，上體繼續右轉；右掌翻轉向上，並向右畫弧舉於體側，高與頭平；左掌握拳，落於右腹前，拳心向下，拳眼向內。目視右掌（圖160）。

3.半馬步靠

上體左轉；左腳向左前方上步；左拳下落，擺至身體左側（圖

圖 159

圖 160

161）；重心略向前移，成半馬步；左臂內旋，向左前方發力沖靠，左拳拳眼向內，拳面向下，置於左膝前；右掌屈收，推助左臂向前擠靠，掌心向左，掌指附於左上臂內側。目視左前方（圖162）。

圖 161

【要點】

（1）落腳時屈腿上步前落，上體右轉，腳尖外撇，腳跟先著地。

（2）擺臂時兩臂交叉畫立圓，動作同摟膝拗步。左掌經右肩前時開始握拳，拳心向下，拳眼向內。

（3）左腳上步方向為左前方45°。腳跟先落地，隨之重心前移，全腳踏實，成半馬步。

（4）前靠時腰腿發力，小腹充實，快速完整，短促呼氣。兩腿屈蹲，襠部撐開，重心稍下降，後腿內轉前蹬，前腿稍屈弓。上體微向左轉，擠靠方向為側前方，與左腳方向相同。左臂內旋微屈，左拳置於左膝

圖 162

上方或內側，拳面向下，拳心向內。力總在左上臂外側。

【易犯錯誤】

（1）發力與腰腿脫節。

（2）兩臂屈擺，頂肘發力。

（3）馬步側向擠靠或弓步擠靠。

（4）擠靠時上體過於前俯。

| 圖 163 | 圖 164 | 圖 165 |

（5）落腳時，右掌未翻轉下採；或右掌向左、向下畫弧擺動，手法不明確。

三十三、轉身大捋

1. 撇腳轉掌

重心後移，左腳尖外撇抬起；左拳變掌，左臂外旋，右臂內旋，兩掌心同時轉向外，並微向後收帶。目視兩掌（圖163）。

2. 併步托掌

上體左轉，重心前移；右腳收於左腳內側，兩腳平行向前，重心仍偏於左腿，並稍向上升高；左臂內旋，左掌屈肘提至胸前，橫掌掌心向外；右臂外旋，舉於身體右側，高與肩平，掌心向上。目視右掌（圖164）。

3. 轉身大捋

右腳前掌為軸，腳跟外展，身體左轉；兩掌隨轉身向左平捋至體前（圖165）。

上體繼續左轉；左腳後撤一步，腳尖外展落地，右腿屈弓；兩掌心斜相對，右掌高與頭平；左掌置於右肘內側。目視右掌（圖166）。

4. 側弓滾肘

上體繼續左轉，重心左移；右腳跟外展，右腿自然蹬直，成左側弓步（橫襠步）；兩掌向左平捋，逐漸握拳，左臂外旋，左拳向左畫弧，拳收於腰間，拳心向上；右臂屈肘外旋滾壓置於體前，右拳高與胸齊，拳心斜向上。目視右拳（圖167）。

圖 166

【要點】

（1）此勢採自48式太極拳，由楊式大捋推手演化而來。大捋推手主要由捋、靠、肘、挒、採等手法組成。本勢表現了轉身捋和滾肘兩種手法。

圖 167

（2）撤腳轉掌在勁力上也屬於由緊而鬆、由實而虛的折疊。由前勢發力靠擠以後，身體放鬆，隨之彈性回轉一小弧，再左腳外撤，上體左轉，兩臂同時放鬆回轉後引，腕關節屈繞。左臂先外旋再內旋，右臂先後引再外旋，兩掌翻轉向上併步托舉。

（3）併步後，重心升高，身體轉向起勢方向，重心偏於左腿。右掌心向上，左掌心向前。

（4）轉體大将時，右腳掌為軸，腳跟外轉，上體繼續左轉。右腿屈膝，左腿向起勢方向的右後方撤一步，腳前掌內側著地。

（5）滾肘重心左移，右腿蹬直，腳跟外轉，成左側弓步。同時上體左轉，左拳外旋收於腰間，拳心向上。右拳也外旋，右前臂滾轉下壓，以反關節手法撇扭對方手臂。

【易犯錯誤】

（1）併步做成扣步。

（2）轉掌動作兩手回擺畫弧幅度過大。

（3）滾肘時上體未左轉，右臂直抽後引。

（4）側弓步兩腳尖外撇過大，成丁字步。

（6）兩腳亂扭，碾轉不清，重心不穩。

三十四、歇步擒打

1. 轉體旋臂

上體右轉，重心右移；右臂內旋，屈肘上撐，右拳置於右額前，拳心向外；左臂內旋，左拳向身體左後方穿出，拳心向後。目視前方（圖168）。

2. 轉體擒手

上體左轉；左腳尖外展，重心前移；右拳經體側下落卷收腰間，拳心向上；左拳變掌，向前畫弧，掌心翻轉向右。頭隨體

圖168

轉，目視前方（圖 169）。

3. 歇步打拳

右腳經左腳前向左前方蓋步橫落，兩腿交叉屈蹲，成歇步；左掌握拳，收於腹前，拳心向下，虎口向內；右拳經左前臂上向前、向下方打出，高與腹平，拳心向上。目視右拳（圖 170）。

【要點】

（1）本勢參考陳式太極拳中小擒打及形意拳雜式捶中「懶龍臥道」動作演變而來。步型為高歇步（交剪步），步法為蓋步，手法為擒手和前下方沖拳。

（2）第一動上體右轉不宜超過 90°，兩手握拳內旋，右拳高勿過頭，左拳低勿過髖。

（3）擒手時左腳尖外撇，上體左轉，左拳弧形擺向身體左前方，掌心翻轉向右，握拳後拳心轉向下。

圖 169

圖 170

（4）歇步打拳時，右腳向左前方蓋步橫落，腳跟先著地，兩腿屈膝半蹲成高歇步。右拳向前下方打出，拳心向上，高與腹平。左拳拳心向下，置於左前臂下。上體稍向前傾。

太極拳規範教程

【易犯錯誤】

（1）歇步時兩腿未交叉夾緊。

（2）轉體旋臂時，上體右轉及兩拳揮擺過大。

（3）沖拳高與胸平。

三十五、穿掌下勢

1. 收腳提掌

上體右轉；左腳收至右腳內側；兩拳變掌，右臂內旋，掌心翻轉向外，掌指向左，提至胸前；左臂外旋，掌心翻轉向外，掌指向左，舉於身體左側。目視左掌（圖171）。

2. 開步擺掌

上體右轉；右腿屈蹲，左腿向左側伸出；兩掌向上、向右畫弧，經面前擺至身體右側，掌心轉向斜下，指尖斜向右上，右掌伸舉於右前方，高與頭平；左掌屈臂擺至右肩前，高與肩平。目視右掌（圖172）。

3. 仆步穿掌

右腿全蹲，左腿鋪直，上體左轉，成左仆步；兩掌繞轉，指尖轉向左，經腹前順左腿內側向左穿出，左掌在前，

圖 171

圖 172

掌心向外；右掌在後，掌心向
內。目視左掌（圖173）。

圖 173

【要點】

（1）收腳提掌時，重心
恢復成弓步時高度。兩掌翻轉
側掌上提，高不過肩，指尖向
左。

（2）擺掌時上體右轉，
兩掌經體前右擺，高不過頭。
左腳向左開步側伸時，腳前掌
內側先著地，兩腳前後保持一
腳長寬度。

（3）穿掌時屈腕轉掌，左掌心轉向外，右掌心轉向
內，兩掌轉成側掌指尖皆向左，沿左腿內側穿出。

【易犯錯誤】

（1）提掌、擺掌幅度過小。

（2）擺掌時上體不向右轉，目光不注視右拳。

（3）穿掌時前屈腕轉掌動作不明顯。

（4）穿掌幅度不足，或僅左拳穿出，右掌停於腰間未
穿。

（5）仆步時低頭彎腰，抬臀，右腿未全蹲。

三十六、上步七星

1. 弓腿挑掌

重心前移，上體左轉；左腳尖外撇，右腳尖內扣，右腿
蹬直，左腿屈弓；左掌向前、向上挑起，腕高與肩平，掌心
向右，指尖斜向上；右掌微向後拉，側置於右胯旁。目視左

掌（圖174）。

2. 虛步架拳

右腳前上一步，腳前掌落地，成右虛步；左掌握拳，微向內收，拳心向內；右掌變拳向前、向上架起，拳心向外；兩腕交疊，兩拳交叉於身前，高與肩平，右拳在外，兩臂撐圓。目視左拳（圖175）。

【要點】

（1）弓腿挑掌時，重心前移，左腿屈弓，左腳尖外撇，右腿蹬直，右腳尖內扣。

（2）架拳時，兩拳交叉，高與肩平。右拳在外，左拳在內。兩臂半屈撐圓，沉肩懸肘，含胸拔背。

【易犯錯誤】

（1）弓腿時，兩腳碾轉不足。

（2）挑掌時，右掌後引過大。

（3）上步收腳不輕靈，右腳拖地、蹬地。

（4）虛步緊張，後腿後腳外展不足。

（5）架拳時，兩肘下垂，兩腋夾緊。

圖 174

圖 175

三十七、退步跨虎

1. 退步鬆拳

右腳向右後方撤一步；兩拳變掌。目視兩掌（圖176）。

2. 轉體擺掌

上體右轉，重心後移；右掌向右下方畫弧至右胯旁，掌心向下；左掌隨身體右轉，稍向右畫弧，掌心向右。頭稍右轉，目視右前方（圖177）。

圖176

3. 收腳擺掌

左腳稍向後收，腳前掌著地，落於右腳前；上體左轉，身體略向下屈蹲；右掌向上畫弧，經頭前再向左、向下畫弧，落於左腿外側，掌心向外。視線隨身體轉動，左顧右手（圖178）。

太極拳規範教程

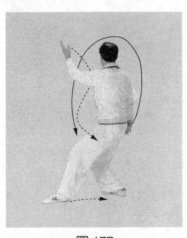

圖177

圖178

4. 舉腿挑掌

右腳蹬地，獨立站穩，左腿前舉，膝微屈，腳面展平，腳尖稍內扣；右掌向前、向上挑起，成側立掌，腕高與肩平；左掌變勾手同時上提，舉於左方，高與肩平，勾尖屈腕向下，上體左轉。目視左前方（圖179）。

圖 179

【要點】

（1）轉體擺掌時，右轉幅度約45°。擺掌時右掌先下落畫弧，兩掌交叉擺動，左掌心向右，右掌心向下。

（2）撤步收腳時，後腳前掌點地，上體左轉，重心略下降。同時兩掌繼續交叉擺動至左腿外側，右掌心向外，左掌心向下。

（3）兩掌擺時，要由身體旋轉帶動。

（4）定勢時上體保持正直，左轉約45°。右腿獨立站穩，左腿向前上方擺舉。膝關節微屈，高於腰部，腳面展平，腳掌內轉，如裡合腿勢態。右臂和左腿前舉方向應與「上步七星」勢方向基本相同。

【易犯錯誤】

（1）擺掌時上體不旋轉。

（2）定勢時，舉腿、挑掌方向偏向右前方超過30°。

（3）右臂與左腿前舉方向不一致。

（4）右掌前挑時，掌心向前，未成側立掌。

（5）舉腿時左腿由屈而伸。

（6）定勢時上體後仰或伸展不足。

三十八、轉身擺蓮

1. 扣步擺掌

左腳前落，腳跟先著地，腳尖內扣，上體右轉；右臂內旋，右掌翻轉向下，屈肘向右平帶；左勾手變掌，掌心轉向上，自後向前平擺至體側。頭隨體轉，目視前方（圖 180）。

圖 180

2. 轉體穿掌

以兩腳前掌為軸，向右後轉體；左掌擺至體前，掌心向上，高與頭平；右掌翻轉向下，經胸前及左肘下方向左穿出。頭隨體轉，目視前方（圖 181）。

3. 轉體擺拳

上體繼續右轉，至與「上步七星」勢成背向；體重坐於左腿，成右虛步；右掌穿出後向上、向右畫弧，同時前臂內旋，掌心轉向右，指尖向上，置於身體右側，腕高與肩平；左掌自右臂內側翻轉下落，收至右肩前下方，掌心亦向右。目視右掌（圖 182）。

圖 181

4. 擺腿拍腳

上體左轉；右腳跟提起（圖 183）。

上體繼續左轉，右腳提起，向左、向上、向右做扇形外擺，腳面展平；上體左轉；兩掌自右向左平擺，在頭前左先右後依次擊拍右腳面。目視兩掌（圖 184）。

圖 182　　　　　　圖 183　　　　　　圖 184

【要點】

（1）扣步時上體左轉，腳跟落於體前，腳尖內扣。轉體時兩腳碾轉，左腳以腳跟為軸，右腳以前腳掌為軸。

（2）穿擺掌時，右掌先內旋右帶轉一小弧，再外旋向左，由左肘下穿出畫弧，經頭前擺至身體右側，掌心向右，高與肩平；左勾手外旋變掌，經頭前畫弧擺至右肩前，然後內旋沉落停於右肘內側下方，掌心亦向右。兩掌皆沉腕舒指，虎口撐圓，鬆肩落胯。此動作取材於八卦掌的擺掌、撐掌。

（3）擺腿拍腳時，上體微向前傾。右腳由身體左側向上、向右扇形畫弧擺動，腕關節先屈後展，兩掌自右向左揮擺，擊拍腳面。拍腳以後，右腿屈收，提於身體右側。

【易犯錯誤】

（1）轉體時重心升高，或上體搖晃、鬆軟。

（2）擺蓮腳時低頭彎腰、屈腿。

（3）拍腳以後右腿屈提不穩，急於落地。

圖 185　　　　　　　　圖 186　　　　　　　　圖 187

三十九、彎弓射虎

1. 屈腿收腳

右小腿屈收，右腿屈膝提於體前側，腳尖下垂，左腿獨立站穩；上體左轉；兩掌繼續左擺，左掌擺至身體左側；右掌擺至左肩前下方，掌心均向下，高與肩平。目視左掌（圖185）。

2. 轉體落步

右腳向右前方落步，上體右轉；兩掌同時下落畫弧。目視兩掌（圖186）。

3. 擺掌握拳

重心前移，上體右轉；兩掌向下、向右畫弧至身體右側時兩掌握拳，拳心向下。目視右拳（圖187）。

4. 弓步沖拳

上體左轉；右腿屈弓，左腿自然蹬直，成右弓步；左拳經面前向左前方打出，高與鼻平，拳心斜向前，拳眼斜向

下；右拳同時屈肘向左前方打出，至右額前，拳心向外，拳眼斜向下。目視左拳（圖188）。

【要點】

（1）落腳上步方向為右前方45°。

（2）兩掌隨轉體向下畫弧，擺至身體右側握拳，拳心向下，兩肩放鬆。

（3）握拳後，兩臂屈收。左拳經鼻前向左前方打出，右拳也同時向左前方沖打至右額前。兩臂皆內旋，兩拳成反沖拳。

圖 188

（4）定勢時，步型為右弓步，方向為斜前方45°，上體半面左轉，微向前俯，頭轉看沖拳方向。

【易犯錯誤】

（1）打拳時扭腰轉胯，右膝內扣，形成橫襠步，或轉腰時歪頭失正。

（2）右拳做成架拳。

（3）擺掌幅度不足，腰、頭未隨之右轉。

（4）右腿屈弓過大。

四十、左攬雀尾

1. 轉體分手

重心後移，右腳尖外撇抬起，上體右轉；兩拳變掌，左掌向左伸展；右掌翻轉，向下畫弧至腰間，掌心向上。頭隨身體自然轉動（圖189）。

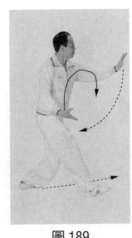

圖 189　　　　　圖 190　　　　　圖 191

2. 收腳抱手

重心前移，左腳收至右腳內側；右掌自下向右再翻轉向上畫弧；左掌由右向下畫弧，兩掌在胸、腹前上下合抱，掌心相對。目視右掌（圖 190）。

3. 轉體上步

上體微左轉；左腳向前上步，腳跟著地；兩掌微分。目視前方（圖 191）。

4. 弓步左掤

重心前移，左腳落實，成左弓步；左前臂向前掤出，左掌掌心向內，高與肩平；右掌按落於右胯旁，掌心向下。目視左掌（圖 192）。

5. 翻掌揮臂

上體微左轉，左掌翻轉向

圖 192

圖 193

圖 194

下，稍向前伸；右掌翻轉向上，經腹前向上、向前畫弧，伸
至左前臂內側下方。目視左掌（圖193）。

6. 坐腿後捋

上體右轉，重心後移；兩掌下捋，經腹前再向左後上方
畫弧，至右掌高與肩平，掌心斜向前；左掌屈臂擺至右胸
前，掌心向內。目視右掌（圖
194）。

7. 轉體搭手

上體左轉，面向前方；右
掌屈臂卷收，掌指貼近左腕內
側；左臂平屈胸前，掌心向
內，指尖向右。目視前方（圖
195）。

8. 弓步前擠

重心前移，成左弓步；雙
臂向前擠出，兩臂撐圓，右掌

圖 195

圖 196

圖 197

指附於左腕內側，高與肩平。
目視左前臂（圖196）。

9. 坐腿引手

右掌經左掌上伸出，兩掌
分開，與肩同寬，掌心均轉向
下；身體後坐，重心後移，左
腳尖上翹；兩臂屈肘，兩掌收
經胸前下落至腹前，掌心向前
下方。目向前平視（圖
197）。

圖 198

10. 弓步前按

重心前移，成左弓步；兩掌平行向上、向前按出，腕高
與肩平，掌心向前，指尖向上，塌腕舒掌。目平視前方（圖
198）。

【要點】

轉體分手時，右腳尖外撇，上體右轉與重心後移應同時

進行。

【易犯錯誤】

重心後移與轉體撤腳分割為兩動。

四十一、十字手

1. 轉體扣腳

重心右移，上體右轉，左腳尖內扣，右腳尖外展；右掌隨身體右擺至面前，掌心向外；左掌分於身體左側，掌心亦向外。目隨右掌（圖199）。

圖 199

2. 轉體分手

右腳尖繼續外展，重心右移，上體繼續右轉，左腿自然蹬直；右掌擺至身體右側，兩掌左右平舉於身體兩側，兩肘略屈，掌心向前。目隨右掌（圖200）。

3. 轉體合抱

重心左移，右腳尖內扣，上體左轉；兩掌向下、向內畫弧，於腹前兩腕相交，兩掌合抱，舉至胸前，右掌在外，掌心均向內。目視兩掌（圖201）。

圖 200

4. 收腳抱掌

右腳內收，兩腳與肩同寬，腳尖向前，成開立步；隨即

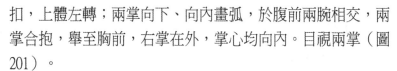

上體轉正，兩腿慢慢直立；兩掌交叉成斜十字形抱於體前，掌心向內，高與肩平。目視兩掌（圖202）。

圖201

【要點】

（1）重心右移與兩腳尖扣展、兩手分開、上體右轉應一氣呵成，不可停頓斷勁。右腳尖外展是在右腿由虛變實的過程中進行，應特別注意連貫平穩。

（2）兩手分開側舉時，應鬆肩、沉肘、屈腕，掌心向前、指尖斜向上。

（3）抱掌時，兩臂半屈撐圓，右掌在外。

【易犯錯誤】

（1）重心右移，右腳尖外展時停頓斷勁。

（2）兩掌合抱時，低頭彎腰，上體前俯。

（3）抱拳時兩肘下垂，兩臂過屈，兩腋太緊。

圖202

四十二、收　勢

1. 兩手分舉

兩前臂內旋，兩掌邊翻轉，邊平行分開，與肩同寬，掌心向前下方。目視前方（圖203）。

圖 203　　　　圖 204　　　　圖 205

2. 兩臂下垂

兩掌慢慢下落至兩腿外側，鬆肩垂臂，上體自然正直。目視前方（圖 204）。

3. 收腳併步

左腳收至右腳旁，兩腳併攏，腳尖向前，身體自然直立，呼吸平衡均勻。目視前方（圖 205）。

【要點】

（1）兩手分舉時，兩臂內旋，兩掌翻轉向下。

（2）垂臂時，兩臂徐徐下落，不可鬆懈。

（3）收腳併步後恢復成預備勢姿勢。

（4）運作過程應連貫、平穩。

【易犯錯誤】

（1）動作鬆懈、草率。

（2）垂臂時屈臂按掌，挺胸挺腹。

（3）收腳時上體側傾搖晃。

（4）併步成八字腳。

四十二式太極拳路線、方向示意圖

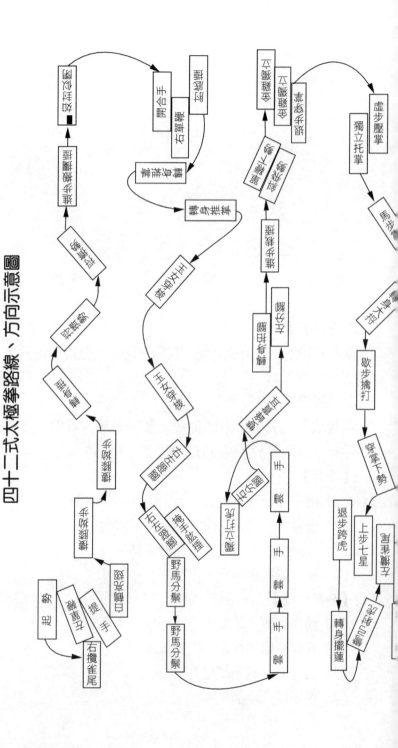

第七章　三十二式太極劍教學

第一節　三十二式太極劍簡介

　　三十二式太極劍是國家體育運動委員會運動司於 1957年創編的一個太極劍教材。主編者是已故太極拳家、全國十大武術名師之一李天驥先生。它取材於楊式太極劍，擇取了有代表性的三十二個動作，分作四組，每組八個動作，往返兩個來回。既保留了傳統太極劍的風貌，又刪繁就簡，突破了固有的程序，為集體教學和廣大初學者學習入門提供了方便條件。

　　三十二式太極劍內容包括十三種劍法。即：點劍、刺劍、掃劍、帶劍、劈劍、抽劍、撩劍、攔劍、掛劍、截劍、托劍、擊劍、抹劍。同時包括弓步、虛步、仆步、獨立步、併步、丁步、側弓步七種步型，還有進、退、上、撤、跟、跳、插、併、擺、扣、碾腳等十餘種步法和轉、旋、縮、反等身法轉換。由於它內容簡練，路線清楚，劍法準確，動作規範，易學易記，可以單人練，也可集體練，打一套大約需要 3 分鐘時間，適於廣泛開展，所以，它很快受到了廣大太極劍愛好者的歡迎。

　　三十二式太極劍首先以掛圖形式出版，以後又多次出版了單行本、合訂本，發行量累計上百萬份，對於普及太極劍運動起到了有力的推動作用。

第二節　三十二式太極劍動作名稱

預備勢
起勢（三環套月）

第一組

一、併步點劍（蜻蜓點水）
二、獨立反刺（大魁星勢）
三、仆步橫掃（燕子抄水）
四、向右平帶（右攔掃）
五、向左平帶（左攔掃）
六、獨立掄劈（探海勢）
七、退步回抽（懷中抱月）
八、獨立上刺（宿鳥投林）

第二組

九、虛步下截（烏龍擺尾）
十、左弓步刺（青龍出水）
十一、轉身斜帶（風卷荷葉）
十二、縮身斜帶（獅子搖頭）
十三、提膝捧劍（虎抱頭）
十四、跳步平刺（野馬跳澗）
十五、左虛步撩（小魁星勢）
十六、右弓步撩（海底撈月）

第三組

太極拳規範教程

第四組

第三節　三十二式太極劍動作圖解
及教學要點

預備勢

　　兩腳併立，面向正南（假設），身體正直；兩臂自然垂於身體兩側，左手持劍，劍尖向上，右手握成劍指，手心向

圖1　　　　　　圖2　　　　　　圖3

內。眼睛平視前方（圖1）。

【要點】

（1）頭頸正直，下頜微向內收，精神要集中。

（2）上體要自然，不要故意挺胸、收腹。

（3）兩肩鬆沉，兩肘微屈；劍身貼左前臂後側，不要使劍刃觸及身體。

起勢（三環套月）

1. 左腳開步

左腳向左分開半步，兩腳平行，與肩同寬。右劍指內旋，掌心轉向身後（圖2）。

2. 兩臂前舉

兩臂慢慢向前平舉，高與肩平，手心向下。眼看前方（圖3）。

【要點】

（1）兩臂上起時，兩肩自然鬆沉，不要聳起。

圖 4　　　　　　　　　　　　圖 5

（2）劍身貼左前臂下側，劍尖稍下垂，劍把指向正前方。

3. 轉體擺臂

上體略向右轉；重心移於右腿，屈膝下蹲，隨之左腳提起向右踝內側收攏（腳尖不點地）；同時右劍指翻轉下落，經腹前向右上舉，手心向上；左手持劍，經面前屈肘落於右肩前，手心向下，劍平置胸前。眼看右劍指（圖 4、圖 5）。

【要點】

（1）重心穩定在右腿之後再收屈左腿。

（2）右手持劍畫弧時，不可聳肩，身體不要歪斜。

4. 弓步前指

身體左轉；左腿向前（正東）邁出，成左弓步；同時左手持劍，經體前向左下摟至左胯旁，劍直立於左前臂後，劍尖向上；右臂屈肘，劍指經耳旁隨轉體向前指出，指尖自然向上，高與眼平。眼看劍指（圖 6、圖 7）。

圖 6　　　　　　　　　　　　　圖 7

【要點】

（1）上步時，重心在右腿穩定之後，再邁出左腳。先是腳跟著地，隨即左腿屈膝前弓，重心逐漸前移，左腳慢慢踏實，腳尖向前，膝蓋不要超過腳尖；右腿自然蹬直，腳跟後蹬成弓步。做弓步時應避免身體重心隨著上步立即前移的「搶步」現象。本式弓步左腳落點應保持適當寬度，兩腳的橫向距離在 30 公分左右。

（2）轉體、上步、弓腿和兩臂的動作要柔和協調，同時完成。

（3）第 2、3、4 動作要連貫。

5. 坐盤展臂

身體右轉；左臂屈肘上提，左手持劍，經胸前從右手上穿出；右劍指翻轉，並慢慢下落，經腰間擺至身體右側，手心朝上，兩臂左右平展；同時右腿提起向前上步，腳尖外撇，兩腿交叉，兩膝關節前後交疊；左腳跟提起，重心稍下降，成交叉半坐姿勢；眼看右劍指（圖 8、圖 9）。

圖8　　　　　　　　　　圖9

【要點】

（1）左右手在體前交錯時，左手持劍應直向體前穿出，不要屈肘橫劍向前推出。

（2）上步時，右腳向前橫落要輕靈，身體移動要平穩，避免落腳沉重，重心立即前移的「搶步」現象。

（3）右手邊撤邊落，經腹前畫弧，不要直著後抽，注意與身體右轉協調一致。

（4）左手持劍穿出後，左前臂要向內旋，劍貼於臂後。

6. 弓步接劍

左手持劍稍外旋，手心轉向下，劍尖略下垂；左腳上步成左弓步；同時身體左轉，右劍指經頭側向前落於劍把上，準備接劍。眼平看前方（圖10、圖11）。

【要點】

（1）提腿上步時，右臂上舉；然後屈膝弓腿，右臂前落。兩肘要微屈，兩肩放鬆；上體保持自然。

圖 10

圖 11

（2）弓步兩腳的橫向距離保持在 30 公分左右。

第一組

一、併步點劍（蜻蜓點水）

右手鬆開劍指，虎口對著護手，握住劍把，然後右腕屈收沉付，腕關節繞環，使劍在身體左側畫一立圓，隨即伸臂提腕，向前點出，力達劍尖；左手握成劍指，附於右腕部；同時右腳向左腳靠攏成併步，身體半蹲。眼看劍尖（圖 12、圖 13）。

【要點】

（1）劍身立圓向前環繞

圖 12

時，兩臂不可上
舉。

（2）點劍是
使劍尖由上向下點
啄，腕部屈提，力
注劍尖。點劍時，
要以拇指、無名指
和小指著力，其他
兩指鬆握，持劍要
鬆活，主要用腕部
的環繞將劍向前下

圖 13

點出，劍身斜向下，右臂自然平直。

（3）併步時，兩腳不宜併緊，兩腳掌要全部著地。身
體略下蹲，身體重心主要落在左腿上。不要做成右腳前掌著
地的丁步；也不要體重由兩腿平均負擔。身體保持正直。

二、獨立反刺（大魁星勢）

1. 撤步抽劍

右腳向右手方撤
步，同時體重後移；右
手持劍撤至腹前，劍尖
略高；左劍指附於右腕
隨劍後撤。眼看劍尖
（圖 14、圖 15）。

【要點】

（1）右腳後撤
時，腳前掌先著地，隨

圖 14

即右腿屈膝、重心後移。右腳後撤的落點要偏右後方。右腳落地時腳尖外撇60°為宜。

（2）右手持劍抽撤時應落臂沉腕，劍尖自然抬起。

2. 收腳挑劍

身體右後轉；隨之左腳收至右腳內側，腳尖點地；同時，右手持劍，繼續反手抽撩至右後方，然後右臂外旋，右腕下沉，劍尖上挑，劍身斜立於身體右

圖 15

側；左手劍指隨劍撤於右前臂內側。眼看劍尖（圖 16、圖 17）。

【要點】

（1）右腳不可任意扭轉。

（2）右腕翻轉下沉、劍尖上挑要連貫自然，避免上體

圖 16

圖 17

太極拳規範教程

左傾，右肩及右肘向上揚
起。

（3）劍上挑時要屈
腕活把握劍。

3. 提膝反刺

上體左轉；左膝提起
成獨立步；同時右手持劍
上舉，使劍經頭右側上方
向前反手立劍刺出，拇指
向下，手心向外，力注劍
尖；左手劍指經頦下向前
指出，指尖自然向上，高
與眼平。眼看劍指（圖18）。

圖 18

【要點】

（1）右腿自然直立，左膝盡量上提，左腳尖下垂，腳
面展平，小腿和腳掌微向裡扣護襠。上體保持正直，頂頭豎
項，下頦內收，身體不可前俯後仰。

（2）左膝要正向前方，與左肘上下相對，不要偏向右
側。上一動右腳的朝向若安排得合度，有助於提膝獨立的穩
定。

（3）刺劍是使劍由伸臂或揮擺刺出，力貫劍尖，注意
避免將劍身由下向上托起的錯誤做法。

三、仆步橫掃（燕子抄水）

1. 撤步劈劍

上體右後轉；劍隨轉體向右後方劈下，右臂與劍平直，
左劍指落於右腕部；在轉體的同時，右腿屈弓，左腿向左後

圖 19　　　　　　　　　　　　圖 20

方撤步，膝部伸直。
眼看劍尖（圖19）。

【要點】

（1）左腿向左
後撤步時，右腳方向
不變。

（2）劈劍同左
腿撤步的方向相反。

2. 仆步掃劍

身體左轉；左劍
指經體前順左肋向後

圖 21

反插，並向左上方畫弧舉起，手心斜向上；右手持劍，手心
轉向上，使劍自右後方向下、向左前方畫弧平掃；右膝彎曲
下蹲成仆步，隨著重心逐漸左移，左腳尖外撇，左腿屈弓，
右腳尖內扣，右腿自然伸直，成左弓步；定式時劍高與胸
平。眼看劍尖（圖20、圖21）。

【要點】

（1）隨著轉體和重心左移，左腳尖應盡力外撇，超過中線，隨即右腳尖裡扣，成左弓步。轉換過程中步型應為全蹲仆步，也可做成半蹲仆步。身體應保持正直。

（2）掃劍是平劍向左或向右掃擺，力在劍刃。做本勢時，持劍要平穩，向下再向左前方平掃，有一個由高到低（與膝或與踝同高）再到高的弧線，不要做成攔腰平掃。定勢時，右手停在左肋前，劍置於體前與右臂同向，高與胸平。

（3）定勢時，左臂要撐得圓滿，不要過屈、過直。

四、向右平帶（右攔掃）

1. 收腳收劍

右腳提起收至左腳內側（腳尖不點地）；同時右手持劍，稍向內收引，左劍指落於右腕部。眼看劍尖（圖22）。

【要點】

右手持劍屈臂後收時，劍尖略抬，控制在體前中線附近，不要使劍尖左擺。

2. 上步送劍

右腳向右前方邁出一步，腳跟著地；同時右手持劍，略向前伸；左

圖 22

圖 23　　　　　　　　　圖 24

劍指仍附於右腕部。眼看劍尖（圖 23）。

【要點】

上步的方向與中線約成 30°左右，不要落步過橫或過直。

3. 弓步右帶

重心前移，右腳踏實成右弓步；右手持劍，手心翻轉向下、向右後方抽帶。左劍指仍附於右腕。眼看劍尖（圖24）。

【要點】

（1）帶劍是平劍由前向斜後方柔緩平穩地畫弧回帶，力在劍刃。本勢平帶劍時，劍應邊翻轉邊斜帶。劍把左右擺動的幅度要大，而劍尖則始終控制在體前中線附近，不要過多地左右擺。劍的回帶和弓步要一致，同時上體微向右轉，這樣動作才能協調完整。

（2）帶劍時應注意由前往後帶，不要橫向右推或做成掃劍。

五、向左平帶（左攔掃）

1. 收腳收劍

右手持劍，屈臂後收；同時左腳提起收至右腳內側（腳尖不點地）。眼看劍尖（圖25）。

【要點】

同「向右平帶」的第一動，惟左右相反。

2. 上步送劍

左腳向左前方上步，腳跟著地；右手持劍，向前伸展；左劍指翻轉收至腰間。眼看劍尖（圖26）。

圖25

【要點】

同「向右平帶」第二動，惟左右相反。

3. 弓步左帶

右手翻掌將劍向左後方弧線平劍抽帶，右手停至左肋前方，力在劍刃；左手劍指繼續向左上方畫弧舉至頭左上方，手心斜向上；同時，左腿屈弓。重心前移，成左弓步。眼看劍尖（圖27）。

圖26

【要點】

除左手劍指畫弧上舉外，餘皆同「向右平帶」第三動，惟左右相反。

六、獨立掄劈
（探海勢）

1. 轉體掄劍

身體左轉，右腳收至左腳內側，腳尖著地；右手持劍，由前向下、向後

圖 27

畫弧，立劍斜置於身體左下方；左劍指下落，兩手交叉於腹前。眼看左後方（圖 28、圖 28 附圖）。

【要點】

（1）右手持劍後掄時，手心斜向外，左手心斜向下。

（2）向左轉體時上體保持正直，不要前俯。

圖 28

圖 28 附圖

圖 29

圖 30

2. 上步舉劍

右腳向前上步，腳跟落地；右手內旋上舉，持劍畫弧舉於頭上方；劍指翻轉收於腰間（圖29）。

【要點】

掄劍與舉劍應連貫畫一立圓，並與轉腰、旋臂相配合。

3. 獨立劈劍

重心前移，右腳踏實，左腿屈膝上提，成右獨立步；同時上體右轉，稍向前傾；右手

圖 30 附圖

持劍，隨身體右轉，向前下方立劍劈下，力在劍刃，右臂與劍成一條斜線；左手劍指向後、向上畫弧舉至左上方，掌心斜向上。眼看前下方（圖30、圖30附圖）。

【要點】

（1）劈劍是立劍由上向下劈出，力在劍刃。本勢右手持劍由前向下、向後再向上沿身體左側掄繞一立圓，順勢向前下方劈出，劍尖略高於膝。掄劍要以肩為軸，臂要舒展伸直。劈劍不可提腕做成點劍。

圖 31

（2）左劍指的運動要和持劍的右手相互配合。當右手掄劍上舉時，左劍指向下、向後交叉畫弧；當右手持劍向前下方劈出時，左劍指由後向上畫弧至頭側上方。兩手一上一下、一前一後地對稱交叉畫立圓。

（3）整個動作要連貫不停，一氣呵成。

七、退步回抽（懷中抱月）

1. 退步提劍

左腳向後落下；右手持劍外旋上提（圖31）。

2. 虛步抽劍

重心後移，右腳隨之撤回半步，腳前掌點地，成右虛步；同時，右手持劍回抽，劍把收於左肋旁，手心向內，劍尖斜向上；左劍指落於劍把上。眼看劍尖（圖32、圖32附圖）。

【要點】

（1）抽劍是立劍由前向後畫弧抽回，力點沿劍刃滑

圖 32　　　　　　　　　圖 32 附圖

動。做本勢上抽劍時，右手手心先翻轉向上，將劍略向上提，隨後由體前向後畫弧收至左肋旁，避免將劍直線抽回。

（2）左腳後落的步幅不要過小，重心前後移動要充分，兩腿虛實要分明。

（3）定勢時，兩臂撐圓合抱，上體左轉，劍尖斜向右上方。同時頭向右扭轉，兩肩要鬆沉，劍把與左肋相距約10公分。

八、獨立上刺（宿鳥投林）

1. 轉體移步

身體微向右轉，面向前方，右腳稍向前移步；同時，右手轉至腹前，手心向上，劍尖斜向上；左劍指附於右腕部。眼看劍尖（圖33）。

【要點】

身體轉正。墊步的步幅不超過一腳長。

2. 提膝上刺

重心前移，左腿屈膝提起；同時，右手持劍向前上方刺出（手心向上），力貫劍尖，高與頭平；左劍指仍附在右腕部。眼看劍尖（圖34）。

【要點】

（1）上刺劍時，手與肩同高，兩臂微屈。

（2）乘上刺之勢，上體可微向前傾，不要聳肩、駝背。左膝提於身體前方。

圖33

太極拳規範教程

第二組

九、虛步下截（烏龍擺尾）

1. 轉體擺劍

左腳向左後方落步，隨即重心左移，身體左轉；同時右手持劍，隨轉體向左平擺；劍指翻轉下落於左腰間。眼看劍尖（圖35、圖35附圖）。

【要點】

（1）左腳不要直後退步，應留有 10～20 公分橫向間距。

圖34

圖 35

圖 35 附圖

（2）左轉體時，左腿屈弓，右腳跟外展，右腿自然蹬直，成左側弓步。右手持劍隨轉體平擺於體前，與頭同高，手心向上，劍尖指向右側。

2.虛步下截

上體右轉，右腳微向內收，腳尖點地，成右虛步；同時右手持劍，隨轉體旋臂翻腕（手心向下）經體前向

圖 36

右、向下截按，劍尖略下垂，高與膝平；左劍指向左、向上繞舉於左上方（掌心斜向上）。眼平視右前方（圖 36）。

【要點】

（1）截劍是用劍刃中段或前端截阻對方，多用於橫斷攔截，側攻旁擊，力在劍刃。做本勢下截劍時，主要用轉體

揮臂來帶動劍向右下方截出。身、劍、手、腳要協調一致。定勢時，右臂半屈後引，劍身置於身體右側。

圖 37

（2）右虛步的方向是東偏北約 30°；轉頭目視的方向是東南約 45°。虛步時，兩腳的橫向距離約 10 公分，要防止橫距過小，甚至兩腳左右交錯。

十、左弓步刺（青龍出水）

1. 退步提劍

右手持劍向體前提起，高與胸平，劍尖指向左前方約 30°；左劍指落於右腕部；同時右腳後退一步。眼看劍尖（圖 37）。

【要點】

右手持劍上提，不要做成刺劍。

2. 轉體拉劍

重心右移，身體右轉；同時右手持劍，經頭前後抽，手心翻轉向外；左劍指仍附於右腕隨劍一起回撤；眼看劍尖（圖 38）。

【要點】

（1）右手持劍回拉時，

圖 38

太極拳規範教程

前臂內旋，手心轉向外。同時應控制劍尖不要外擺。

（2）左腳腳跟向外蹬轉，體重大部落於右腿，上體保持正直。

3. 收腳收劍

身體左轉；左腳收至右腳內側（腳尖不點地）；同時右手持劍，向下卷收於右腰側；左劍指

圖 39

亦隨之翻轉收至腹前。眼轉看左前方（圖 39）。

【要點】

右手持劍向下卷收時，前臂外旋，使手心轉向上。同時仍要控制住劍身，使劍尖指向將要刺出的方向。

4. 弓步平刺

左腳向左前方邁出，腳跟著地，隨之重心前移成左弓步；同時上體左轉；右手持劍，從右腰間向左前方刺出，手心向上，力注劍尖；左劍指向左、向上繞至左上方，手心斜向上，臂要撐圓。眼看劍尖（圖 40）。

【要點】

（1）弓步的方向為

圖 40

圖 41　　　　　　　　　　圖 42

中線偏左（東偏北）約 30°。弓步時注意不要掄步，兩腳間的橫向距離約為 30 公分。上體正直，鬆腰鬆胯。

（2）刺劍時，劍尖與胸同高，劍與臂成一直線。

（3）全部過程要在轉腰的帶動下，做得圓活、連貫、自然。

十一、轉身斜帶（風卷荷葉）

1. 扣腳收劍

重心後移，左腳尖內扣，上體右轉；同時右手持劍，屈臂後收，橫置胸前，手心向上；左劍指落在右腕部。眼看劍尖（圖 41）。

【要點】

左腳尖要盡量裡扣。兩肩鬆沉，兩手收藏於右胸前。

2. 提腳轉體

重心再移至左腿上；右腳提起，貼在左小腿內側；劍向左前方伸送。眼看劍尖（圖 42）。

圖 43

圖 44

【要點】

提收右腳時不要做成獨立步。

3. 弓步右帶

身體右後轉；右腳向右前方邁出，成右弓步；同時右手持劍，內旋翻轉，手心向下，向右平帶（劍尖略高），力在劍刃；左劍指仍附於右腕部。眼看劍尖（圖 43、圖 44）。

【要點】

（1）弓步的方向為中線偏右（西偏北）約 30°，即身體從上勢的「左弓步」到本勢的「右弓步」約轉 240°。

（2）斜帶是指劍的走向。動作要領同「平帶劍」。

十二、縮身斜帶（獅子搖頭）

1. 提腳收劍

左腳提起收至右腳內側（腳尖不點地）；同時右手持劍微收；左劍指仍附於右腕部。眼看前方（圖 45）。

圖 45　　　　　　　　　　圖 46

2. 撤步送劍

左腳後撤，仍落於原位；右手持劍向前伸送；左劍指屈腕經左肋反插，向身後穿出。眼看劍尖（圖46）。

【要點】

上體略向前探，送劍方向與弓步方向相同。

3. 丁步左帶

重心移向左腿，右腳隨之收到左腳內側，腳尖點地成丁步；同時，右手翻轉，手心向上，將劍向左平帶（劍尖略高），力在劍刃；左劍指向上、向前繞行畫弧落於右腕部。眼看劍尖（圖47）。

【要點】

收腳帶劍時，身體向左轉，重心坐於左腿；要保持上

圖 47

圖 48　　　　　　　　圖 49

體正直，鬆腰鬆胯，臀部不外凸。

十三、提膝捧劍（虎抱頭）

1. 虛步分劍

右腳後退一步，重心後移，左腳微後撤，腳尖著地成虛步；同時兩手向前伸送，再向兩側分開，手心都向下，劍斜置於體右側，劍尖向前；眼看前方（圖 48、圖 49）。

【要點】

（1）本勢正面圖可參看圖 112。兩手向左右分開後，劍尖仍位於體前中線附近，劍尖略高。

（2）右腳退步要略偏向右後方，上體轉向前方。

2. 提膝捧劍

左腳略向前活步，右膝向前提起成獨立步；同時右手持劍，翻轉向體前畫弧擺送，左劍指變掌也擺向體前，捧托在右手背下面；兩臂微屈，劍身直向前方，劍尖略高。眼看前方（圖 50、圖 51）。

<table>
<tr><td>圖 50</td><td>圖 51</td></tr>
</table>

圖 50　　　　　　　　　　　　圖 51

【要點】

兩手向體前擺送要走弧線，先微向外，再向內，在胸前相合。捧劍時，兩臂微屈，劍把與胸部同高。

十四、跳步平刺（野馬跳澗）

1. 落腳收劍

右腳前落，腳跟著地；兩手捧劍微向下、向後收至腹前。眼看前方（圖52）。

【要點】

右腳落地不可過遠，上體不可前俯。

2. 捧劍前刺

重心移至右腿，蹬腿送髖，左腳離地；同時兩手捧劍向前伸送。眼看前方（圖

圖 52

53）。

【要點】

刺劍時高與胸
平，劍尖略高。

3. 跳步分劍

右腳蹬地，左腳
隨即前跨跳一步，右
腳在左腳將落地時迅
速向左小腿內側收
攏；同時兩手分撒至
身體兩側，手心都向
下，左手變劍指；眼
看前方（圖54）。

【要點】

（1）向前跳步
宜遠不宜高，動作應
輕靈、柔和。

（2）左腳落地
時腳尖微外撇，膝關
節彎曲緩衝，重心穩
定在左腿上。

圖 53

圖 54

4. 弓步平刺

右腳向前上步，重心前移成右弓步；同時，右手持劍向
前平刺（手心向上）；左劍指繞舉至左額上方，手心斜向
上。眼看劍尖（圖55）。

【要點】

弓步為順弓步。鬆腰順肩，不可扭腰、歪胯。

圖 55

十五、左虛步撩（小魁星勢）

1.收腳繞劍

重心後移，上體左轉，右腳收至左腳前，腳尖點地；同時右手持劍，隨轉體向上、向後畫弧，劍把落至左腰間，劍尖斜向上；左劍指落於右腕部。
眼看左側（圖 56）。

【要點】

劍向後繞時，轉體要充分，眼神要隨著向左轉視。繞劍應靠近身體畫立圓，同時右前臂內旋，手心轉向裡。

2.上步繞劍

上體微右轉，右腳向前上步，腳尖外撇；同時右手持劍，向下繞至腹前，劍身斜面置於身

圖 56

圖 57

圖 58

體左側；左劍指貼隨右腕繞轉。眼平視前方（圖57）。

【要點】

劍貼近身體，劍尖指向後上方。

3. 虛步左撩

上體繼續右轉；重心前移至右腿，左腳上步，成左虛步；同時右手持劍，立劍向前撩出，手心向外，停於右額前，劍尖略低；左劍指仍附於右腕部。眼看劍尖（圖58）。

【要點】

（1）撩劍是反手立劍由下向前、向上撩起，劍刃的前端著力。做本勢的左撩劍時，先使劍沿著身體左側繞立圓，再向前上方撩出。劍運行的路線，一要貼身，二要立圓。同時右前臂內旋，右手心轉向外，虎口朝下，活握劍把，力達於劍的前端。

（2）整個撩劍的動作要在身體左旋右轉的帶動下完成，要協調完整，劍尖不可觸地。

（3）不要做成舉劍攔架的動作。

十六、右弓步撩（海底撈月）

1. 轉體繞劍

身體右轉；左腳向前移動，腳尖外撇；同時右手持劍，向後畫圓回繞，劍身豎立在身體右側，手心向外；左劍指隨劍繞行，收於右胸前。眼看劍尖（圖59）。

【要點】

劍向後回繞時，身體和眼神要向右轉視東北方，轉體要充分。

圖59

2. 弓步右撩

身體左轉；右腳前進一步，重心前移成右弓步；同時右手持劍，向下、向前反手立劍撩出，手心向外，高與肩平，劍尖略低；左劍指向上繞至頭左上方，手心斜向上。眼看前方（圖60）。

圖60

【要點】

（1）持劍手要活握劍把，劍尖不要觸地。

（2）同前述左撩劍。

第三組

十七、轉身回抽（射雁勢）

1. 轉體抽劍

身體左轉，左腿屈膝，重心左移，右腳尖稍內扣；同時右臂屈肘將劍抽到體前，與肩同高，劍身平直，劍尖向右；左劍指落於右腕上。眼看劍尖（圖61）。

圖61

【要點】

抽劍時主要用拇指、食指和虎口著力握劍，其餘三指鬆握，劍身才能平直。

2. 弓步劈劍

身體繼續左轉；左腳尖外撇，右腿自然蹬直成弓步；同時右手持劍，向左前方劈下。眼看劍尖（圖62）。

圖62

圖 63

圖 64

【要點】

弓步的方向和劈劍的方向皆為中線偏右（東偏南）約30°。

3. 後坐抽劍

重心移向右腿，右膝彎曲；同時右手持劍抽至右胯側，左劍指隨右手後收。眼看右下方（圖63）。

【要點】

抽劍的同時上體右轉。

4. 虛步前指

上體稍向左轉，左腳撤半步，成左虛步；同時右手抽至胯後，劍斜置於身體右側，劍尖略低；左劍指經下頦前向前指出，高與眼齊。眼看劍指（圖64）。

【要點】

（1）劍指向前指出，左腳點地成虛步，上體向左回轉，三者要一致協調。

（2）虛步的方向和劍指的方向為中線偏右（東偏南）

圖 65　　　　　　　　圖 66

約 30°。

（3）做本勢下抽劍時，要立劍向下、向後走弧線抽回，下劍刃著力。定勢時，劍身置於右側，劍把抽至胯後，右臂微屈。

十八、併步平刺（白猿獻果）

1. 轉體移步

左腳略向左移，身體左轉；同時左劍指內旋並向左畫弧。眼看前方（圖 65）。

【要點】

左腳移步時，腳尖轉向正前方。

2. 併步平刺

右腳向左腳併步，同時右手持劍外旋翻轉，經腰間向前平刺；左劍指收經腰間翻轉變掌捧托在右手下，手心均向上。眼看前方（圖 66）。

圖 67　　　　　　　　　　圖 68

【要點】

（1）捧劍時左手也可保持劍指姿勢。

（2）刺劍和併步要協調一致。劍刺出後兩臂要微屈，兩肩要鬆沉。

十九、左弓步攔（迎風撢塵）

1. 轉體繞劍

右腳尖外撇，左腳跟外展提起，身體右轉，兩腿屈蹲；右手持劍，手心轉朝外，隨轉體由前向上、向右繞轉；左手變劍指附於腕部，隨右手繞轉。眼看右後方（圖67）。

【要點】

轉體時，待重心落於右腿，左腳跟再提起。

2. 上步繞劍

左腳向左前方上步，腳跟著地；右手持劍，繼續向後繞轉；左劍指翻轉收於腹前。眼看右後方（圖68）。

【要點】

繞劍時以劍把領先，轉腰揮臂，劍貼近身體走成立圓。

3. 弓步攔劍

身體左轉，重心前移，成左弓步；同時右手持劍，由右後方向下、向左前上方攔架，力在劍刃，劍與頭平，劍尖略低，右臂外旋，

圖 69

手心斜向內；同時左劍指向左上繞舉於額左上方。眼看劍尖（圖69）。

【要點】

（1）攔劍是反手用劍下刃由下向前上方攔架，力在劍刃。做本勢的攔劍時，劍要在體右側隨身體右旋左轉，貼身繞一完整的立圓，注意不要使劍尖觸地或遠離身體。

（2）劍攔出後，右手位於左額前方，劍尖位於中線附近。

二十、右弓步攔（迎風撣塵）

1. 撇腳繞劍

重心略後移，左腳尖外撇，身體微左轉；同時右手持劍上舉，開始向左後方回繞。眼看右手（圖70）。

2. 收腳繞劍

身體繼續左轉，右腳收至左腳內側（腳尖不點地）；同時右手持劍，在身體左側向上、向後、向下畫立圓繞至左肋

圖 70　　　　　　　　　圖 71

前，劍身貼近身體；左劍指落於右腕部。眼隨劍向左後看（圖 71）。

3. 弓步攔劍

身體右轉；右腳向右前方邁出一步，重心前移成右弓步；同時右手持劍，經下畫弧向前上方攔出，手心向外，高與頭平，劍尖略低，劍身斜向內；左劍指附於右腕部。眼看前方（圖 72、圖 73）。

【要點】

與前式相同，惟左右相反，弓步方向為東偏南約 30°。

二十一、左弓步攔（迎風撣塵）

1. 撇腳繞劍

重心略後移，右腳尖外撇，身體微右轉；同時右手持劍上舉，開始向右後方回繞；左劍指仍附於右腕部。眼看前方（圖 74）。

圖 72

圖 73

圖 74

圖 75

2. 收腳繞劍

身體繼續右轉；左腳收至右腳內側（腳尖不點地）；同時右手持劍，在身體右側向上、向後、向下畫立圓繞至右胯旁，劍身斜立在身體右側；左劍指繞至腹前。眼隨劍走，轉看右後方（圖 75）。

圖 76　　　　　　　　　　圖 77

3. 弓步攔劍

身體左轉；左腳向左前方邁出一步，重心前移成左弓步；同時右手持劍，揮臂畫弧向前上方攔出，手心斜向內，高與頭平，劍尖略低，劍身斜向內；左劍指經腰間向左、向上畫弧，停於額左上方，手心斜向上。眼看前方（圖 76、圖 77）。

【要點】

參看「左弓步攔」。

二十二、進步反刺（順水推舟）

1. 上步收劍

右腳向前上步，腳尖外撇；上體微右轉；同時右手向下屈腕收劍，劍把落在胸前，劍尖轉向下；左劍指也落在右腕部。眼看劍尖（圖 78）。

【要點】

（1）上步後身體重心仍主要在左腿上。

（2）右手持劍向胸前收落時，屈腕落肘，手心斜向外，拳眼斜向下，活把握劍，劍尖向後下方，劍身斜置於身體右側。

2. 轉體後刺

身體繼續右轉；兩腿交叉屈膝半蹲，重心略偏於前腿，左腳跟離地，成半坐盤姿勢；右手持劍，向後立劍平刺，手心向體前（起勢方向）；左劍指向前指出，手心向下，兩臂伸平。眼看劍尖（圖79）。

圖 78

【要點】

（1）半坐盤時，要轉體屈膝，右腳橫置，全腳著地；左腳跟提起，左膝抵近右膝後窩；上體保持正直。

圖 79

（2）向後刺劍時，劍身應貼近身體經右腰間向後直刺，劍與右臂成一直線。配合左劍指向前指，兩臂前後展平。

3. 弓步反刺

劍尖上挑，上體左轉，左腳前進一步成左弓步；同時右臂屈收，經頭側向前反手立劍刺出，手心向外，與頭同高，

圖 80

圖 81

劍尖略低；左劍指收於右腕部。眼看劍尖（圖 80、圖 81、圖 82）。

【要點】

（1）反刺劍時，右臂先屈後伸，使劍由後向前刺出，力達劍尖。右手位於頭前稍偏右，劍尖位於中

圖 82

線，與面部同高。右臂與劍成小折線。

（2）弓步朝正東，兩腳的橫向距離約 30 公分；鬆腰鬆胯，上體正直；不可做成側弓步。

圖 83

圖 84

二十三、反身回劈（流星趕月）

1. 轉體收劍

右腿屈膝，左腳尖內扣，上體右轉；同時劍收至面前，劍指仍附於右腕。眼看劍尖（圖 83）。

【要點】

左腳尖要盡量內扣，為下一動做好準備。

2. 提腳舉劍

上體繼續右轉；重心再移至左腿，右腳提起收至左小腿內側；同時右手持劍上舉；左劍指落至腹前。眼看左前方（圖 84）。

【要點】

右腳提收後不要做成獨立步。

3. 弓步劈劍

右腳向右前方邁步，重心前移成右弓步；同時右手持劍，隨轉體向右前方劈下；左劍指繞至額左上方，手心斜向

圖 85   圖 86

上。眼看劍尖（圖 85、圖 86）。

【要點】

（1）弓步和劈劍的方向是中線偏右（西偏北）約 30°。

（2）劍要劈平，劍身與臂成一條線，力在劍刃中段。

（3）劈劍和弓步要協調一致，同時完成。

二十四、虛步點劍（天馬行空）

1.落指收腳

左腳收至右腳內側（腳尖不點地）；同時劍指落到右臂內側。眼看劍尖（圖 87）。

2.轉體舉劍

上體左轉；左腳向起勢方向上步，腳尖外撇；同時右臂外旋，畫弧上舉，劍尖指向體後；左劍指經體前落至腹前，手心向上。眼看起勢方向（圖 88）。

【要點】

舉劍時，右手略高於頭，劍身斜向後下方，劍刃不要觸

圖 87

圖 88

圖 89

圖 90

身。

3. 虛步點劍

　　右腳上步落在左腳前，腳尖點地，成右虛步；同時右手持劍，向前下方點出，伸臂提腕，力注劍尖；左劍指經左側向上繞行，在體前與右手相合，附於腕部。眼看劍尖（圖89、圖90）。

圖 91　　　　　　　　　　圖 92

【要點】

（1）虛步和點劍方向與起勢方向相同。

（2）點劍時要活握劍把，腕部上提。本式點劍時右臂先向下沉落，再伸臂提腕，高與肩平。點劍與右腳落地協調一致，身體保持正直。

第四組

二十五、獨立平托（挑簾勢）

1. 插步繞劍

右腳經左腳後向左插步，腳前掌著地，兩腿屈膝半蹲；同時右手外旋持劍，在體前由右向上、向左繞環，劍把落在左腰間，手心向裡，劍身置於體左側，劍尖斜向左上方；左劍指附於右腕隨右手環繞。眼看劍尖（圖 91、圖 92）。

【要點】

繞劍要與向左插步同時進行。上體保持正直，並微向左

|圖 93|圖 94|

轉。

2. 提膝托劍

以兩腳掌為軸，身體向右轉至面向正西，隨之左膝提起成右獨立步；同時右手持劍，繞經體前向上托架，劍身稍高於頭；左劍指附於右臂內側。眼看前方（圖93、圖94）。

【要點】

托劍是劍下刃著力，劍由下向上托架。做本勢平托劍時，右手要活把握劍，手心向外，舉於頭側上方。劍身放平，劍尖朝前。

二十六、弓步掛劈（左車輪劍）

1. 轉體掛劍

左腳向前橫落，身體左轉，兩腿交叉，右腳跟離地；同時右手持劍，經體左側向後掛出，劍尖向後；左劍指附於右腕部。眼看劍尖（圖95）。

圖 95

圖 96

【要點】

（1）掛劍是用劍尖由前經體側向後勾掛，用以格開對方進攻。做本勢左掛劍時，腕部先屈，使劍尖轉向下，隨轉體，右臂向下、向後擺動，虎口向後，劍尖領

圖 97

先，劍身貼近體左側向後掛，劍的運行路線成立圓。

（2）掛劍時轉體要充分，上體要正直、自然。

2. 弓步劈劍

身體右轉；右腳前進一步，重心前移成右弓步；同時右手持劍，翻腕上舉向前劈下，劍身要平，與肩同高；左劍指反指經左後方繞至頭左上方。眼向前看（圖 96、圖 97）。

弓步和劈劍的方向皆為正西。

二十七、虛步掄劈（右車輪劍）

1. 轉體掄劍

身體右轉；右腳尖外撇，右腿屈弓，左腳跟離地成叉步；同時右手持劍，經右向下、向後反手掄擺；左劍指落於右肩前，手心向下。眼看劍尖（圖98、圖98附圖）。

【要點】

（1）轉體時，重心先後坐，右腳外撇，重心再前移成交叉步。

（2）向後掄劍時，活握劍把，劍在身後反手掄直，劍尖向後，劍貼近身體向後畫弧，劍尖不要觸地。

圖98

2. 上步舉劍

身體左轉；左腳向前上步，腳尖外撇；同時右手持劍，翻臂掄舉至頭側上方；左劍指落經腹前翻轉畫弧側舉。眼看前方（圖99）。

圖98附圖

圖 99　　　　　　　　　　圖 100

【要點】

右手掄劍上舉時，右臂不要伸直，劍把稍高於頭，劍尖略低，指向身後，不可觸及身體。

3. 虛步劈劍

右腳上步，腳尖著地成右虛步；同時右手持劍，向前下掄劈，劍尖與膝同高，劍與右臂成一條斜線；左劍指向上畫圓再落於右前臂內側。眼看前下方（圖 100）。

【要點】

（1）掄劈劍時，右手持劍先沿身體右側掄繞一個立圓，再順勢向前下劈劍，力點仍為劍刃中部。

（2）整個動作完整連貫，不可分割、停頓。不要把第一動做成後撩劍，應處理為立圓分繞的一部分。

二十八、撤步反擊（大鵬展翅）

1. 提腳收劍

上體微右轉；右腳提起收至左小腿內側；同時右臂外

圖 101

102

旋，手心斜向上，同左劍
指一起略向回收。眼看劍
尖（圖101）。

2. 撤步擊劍

右腳向右後方撤一
步，隨之重心右移，上體
右轉，左腳跟外展，左腿
自然蹬直成右側弓步（橫
襠步）；同時，右手持
劍，向右後上方反擊，力
在劍刃前端，劍尖斜向

圖 103

上，高與頭平；左劍指向左下方分開，高與腰平，手心向
下。眼看劍尖（圖102、圖103）。

【要點】

（1）撤步和擊劍的方向為東北方。撤步時，右腳掌先
著地，隨重心右移，右腿屈弓，右腳踏實，左腳外展，左腿

圖 104　　　　　　　　圖 105

蹬直成側弓步。

（2）擊劍是用劍的前端向左（右）敲擊，力注劍端。向左為正擊，向右為反擊。做本勢反擊劍時，要在向右轉體的帶動下，將劍向右上方擊打，右臂先屈後伸，使力達劍刃前端；左劍指向左下方對稱展開。

二十九、進步平刺（黃峰入洞）

1. 提腳橫劍

身體先微向左轉，再向右轉；左腳提起收於右小腿內側；同時右手持劍先向左擺，再翻掌向右領帶，將劍橫置於右胸前，劍尖向左；左劍指向上繞經面前落在右肩前，手心向下；眼看右前方（圖 104、圖 105、圖 105 附圖）。

【要點】

（1）以腰帶臂，以臂領劍，劍走平弧。

（2）提腳、橫劍與劍指繞轉要同時完成。

圖 105 附圖

圖 106

2. 上步收劍

　　身體左轉；左腳向前落步，腳尖外撇；同時右手持劍向下卷裏，收於腰側；左劍指亦隨之翻轉落於腹前。眼看前方（圖 106）。

【要點】

　　劍卷落時，右臂外旋，手心轉向上，劍尖指向正前方。

3. 弓步平刺

　　右腳上步，重心前移成右弓步；同時右手持劍，向前刺出，高與胸平，手心向上；左劍指向左、向上繞至頭側上方。眼看劍尖（圖 107）。

圖 107

【要點】

（1）上步時不要「搶步」。

（2）刺劍時轉腰順肩，上體正直，劍與右臂成直線。

（3）刺劍、弓腿和劍指動作要協調一致。

三十、丁步回抽（懷中抱月）

重心後移，右腳收至左腳內側，腳尖點地成右丁步；同時右手持劍，向上、向後畫弧屈肘回抽，手心向內，置於左腹旁，劍身斜立，劍尖斜向上；左劍指落於劍把之上。眼看劍尖（圖108）。

圖108

【要點】

抽劍時，右手先外旋，將劍把略向上提，隨即向後、向下收至腹旁，劍走弧線抽回。

三十一、旋轉平抹（風掃梅花）

1. 擺步橫劍

右腳向前落步，腳尖外擺，上體稍右轉；同時右手翻掌向下，劍身橫置胸前；左劍指附於右腕部。眼看劍尖（圖109）。

【要點】

（1）上體轉至面向正西方。

（2）劍身橫置時，右手位於右胸前，劍尖略高；兩臂半屈成弧。

圖 109

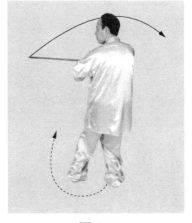

圖 110

（3）擺腳與橫劍要同時到位。

2.扣步抹劍

上體繼續右轉；左腳向右腳內側扣步，兩腳尖相對成八字形；同時右手持劍，隨轉體由左向右平抹；劍指仍附於右腕部。眼看劍身（圖110）。

【要點】

（1）身體轉至背向起勢方向。

（2）抹劍是以手領劍使劍水平由一側向另一側平抹，力點沿劍刃滑動。做本勢旋轉抹劍時，劍身橫置於胸前，用身體右轉帶劍向右平抹。

3.虛步抹劍

以左腳掌為軸向右後轉身，右腳隨轉體後撤一步重心後移，左腳腳尖點地成左虛步；右手持劍，在轉體撤步時繼續平抹，左劍指仍附於右腕部。在變虛步時，兩手左右分開，置於胯旁，手心都向下，劍身斜置於身體右側，劍尖位於體前；身體轉向起勢方向。眼看前方（圖111、圖112）。

圖 111 　　　　　　　　　圖 112

【要點】

（1）本勢身體向右旋轉近一周，轉身要求平穩連貫、速度均勻；上體保持正直，不可低頭彎腰。

（2）擺步和扣步的腳都應落在中線附近，步幅不超過肩寬。特別是扣步時，不可掃腿遠落，也不要跨越中線過多，致使收勢回不到原位。

（3）撤步要借身體向右旋轉之勢，以左腳掌為軸，使身體轉向南方。

（4）擺步時腳跟先著地，扣步時腳掌先著地，撤步也是右腳掌先著地。

三十二、弓步直刺（指南針）

左腳提起向前落步，重心前移成左弓步；同時右手持劍收經腰間，立劍向前刺出，高與胸平；左劍指附在右腕部。眼看前方（圖 113、圖 114）。

圖 113

圖 114

【要點】

（1）左腳提起收至右腳
內側後再向前邁出。

（2）左劍指先收至腰
間；再附於右腕一起將劍刺
出。

收　勢

1. 後坐接劍

重心後移，上體右轉；同
時右手持劍，屈臂引收至右

圖 115

側，手心向內；左劍指隨右手屈臂回收，並變掌附於劍柄，
準備接劍。眼看劍柄（圖 115）。

【要點】

接劍時，左掌心向外，拇指向下，與右手相對。兩肘與
肩同高，兩肩注意鬆沉。

圖 116　　　　　　　　　　圖 117

2. 跟步收勢

身體左轉，重心前移，右腳向前跟步，與左腳平行成開立步；同時左手接劍，經體前垂落於身體左側；右手變成劍指向下、向後畫弧上舉，再向前、向下落於身體右側。眼看前方（圖116、圖117）。

【要點】

換握劍後，左手持劍畫弧下落與重心前移要協調一致；右劍指畫弧下落與右腳跟進半步要協調一致。

3. 併步還原

左腳向右腳併攏，還原成預備勢姿勢（圖118）。

【要點】

（1）同預備勢。

（2）稍平靜一下再走動放鬆。

圖 118

三十二式太極劍運行路線、方向示意圖

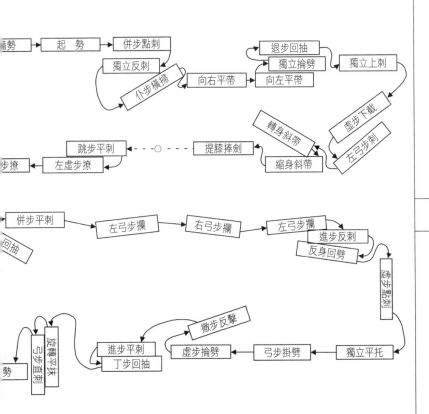

太極拳規範教程

第八章　武當太極劍教學

第一節　武當太極劍簡介

武當太極劍是我國武術名家李天驥老先生在傳統太極劍和武當劍的基礎上融化改編的劍術套路。它既有太極劍輕鬆柔和、綿綿不斷、意領身隨的特點，又有武當劍優美瀟灑、靈活多變、身劍合一的特色。練起來行如游龍，穩如山岳，動靜相間，有剛有柔，氣勢連貫，錯落有序。曾在 1982、1983 年全國武術觀摩交流大會上，由其女李德芳表演，兩次獲得優秀金獎。

武當劍以走、變、快、靈為特色，素有「太極腰、八卦步」的讚譽，是著名的傳統劍術套路。它根據太極、八卦變易之理，強調劍無成法，因敵變化，後發先至，避青入紅。主張「用劍之要訣全在觀變，彼微動，我先動；動則變，變則著」「隨時變易，乃從天道也」。

相傳，武當劍為武當山道人張三豐所創。清末道人張野鶴將此劍傳於遼寧宋唯一，經近代武當劍大師李景林發展，創造了武當太極對劍，享譽武林，名聞遐邇。

李天驥先生 30 年代師從李景林學習武當劍，又在我爺爺李玉琳的指導下練習孫式、楊式太極拳。幾十年來，他專門從事武術和太極拳的教學、教練和研究整理工作，頗有貢獻。曾擔任新中國第一任國家武術集訓隊教練。1985 年國

家體委授予他「新中國體育開拓者獎」的榮譽。

　　武當太極劍內容豐富，身法、步法、劍法靈活多變，技巧性、藝術性都很高，需要有一定的武術和太極劍基礎才能協調自如地掌握。

　　由這個套路的練習，將會有效地幫助人們進一步提升太極劍水準，加深對劍術的理解和修養。

第二節　武當太極劍動作名稱

一、起勢

二、丁步點劍

三、回身點劍

四、仆步橫掃

五、右左平帶

六、分腳領劍

七、叉步反撩

八、馬步雲抱

九、丁步截劍

十、翻身崩劍

十一、弓步下刺

十二、獨立上刺

十三、仆步穿劍

十四、蹬腳前刺

十五、跳步平刺

十六、轉身平刺

十七、行步穿劍

十八、行步扣劍

十九、弓步下刺

二十、騰空跳刺

二十一、馬步藏劍

二十二、回身反刺

二十三、虛步崩劍

二十四、獨立上刺

二十五、撤步雲斬

二十六、仰身架掃

二十七、轉身回抽

二十八、併步平刺

二十九、行步撩劍

三十、仰身撩劍

三十一、蓋步按劍

三十二、跳步下刺

三十三、歇步壓劍

三十四、虛步點劍

三十五、獨立托架

三十六、弓步掛劈

第三節　武當太極劍動作圖解及教學要點

預備勢

併步站立，假設面向正南；兩臂自然垂於體側，左手持劍於左臂後，劍尖朝上；右手成劍指。目視前方（圖1）。

【要點】

頭頸正直，上體自然放鬆。劍身貼在左前臂後面，不要使劍刃觸及身體。

一、起勢

1. 左腳向身體左側分開半步。目視前方（圖2）。

2. 兩臂慢慢向前平舉，高與肩平，手心向下。目視前方（圖3）。

圖1　　　　　　　　圖2

3. 上體微向右轉；重心移至右腿，左腳跟自然提起；同時右臂外旋收至腰間；左手擺至右前上方。目視左手（圖4）。

圖3　　　　　圖4

4. 右腿屈膝下蹲，左腳收至右腳內側；同時右手向前、向上擺至右前上方，手心向上；左手收至右肩前，手心向下。目視右手（圖5）。

5. 上體左轉；左腳向前（正東）邁步，右腳自然伸直成左弓步；同時左手持劍，向下經體前擺至左髖旁，劍直立貼於左臂後；右手經耳旁向前指出。目視前方（圖6）。

圖5

【要點】

（1）兩臂上舉時，不要僵直用力。兩臂與肩同寬，不要聳肩。

（2）邁步時，上體左轉，腰脊自然正直。右臂不可完全伸直；右手持劍直立於體側，劍刃不可觸及身體。

太極拳規範教程

圖 6　　　　　　　　　　圖 7

二、丁步點劍

1. 身體右轉，右腳向前上步，腳尖外展，兩腿屈膝半蹲；左手持劍，屈肘上提，經右前臂上向前穿出，手心向下；右臂外旋，手心轉向上，並向下、向右後擺。目視右手（圖7）。

圖 8

2. 左腳向前上步，右腿自然伸直成左弓步；同時右劍指經頭右側向前擺至劍柄上，準備接劍。目視前方（圖8）。

3. 重心前移，右腳收至左腳旁，腳尖點地；同時右手接劍向前、向下點啄；左劍指扶於右腕部。目視前下方（圖9）。

圖 9 　　　　　　　　　　圖 10

【要點】

（1）併步和點劍要同時完成。上體正直，臂與肩平，身體保持半蹲姿勢。

（2）點劍時劍尖由上向下點啄，屈腕上提，力注劍尖。

三、回身點劍

1.右腳向右後方撤步，腳尖點地；同時右臂內旋，右手持劍上舉；左劍指收於腰間。目視前方（圖10）。

2.重心右移，右腿直立，左腿屈膝提起，收於體前，腳面繃平內扣；同時右手持劍，經頭上向右後下方點啄；左劍指擺至左上方。目視劍尖（圖11）。

【要點】

（1）撤步與舉劍同時，提膝與點劍同時。整個動作協調一致，提膝腿盡量上提，大腿貼近胸部。

（2）點劍時上體稍向前傾。

四、仆步橫掃

1. 左腳向左後方落步，右腿屈膝下蹲成仆步；同時左臂內旋，左劍指經腰左側向後反穿；隨之右手持劍，略向下沉並外旋，使手心向上。目視劍尖（圖12、圖13）。

2. 上體左轉；左腳尖外撇，右腳尖內扣，左腿屈膝前弓成左弓步；同時

圖 11

右手持劍，向上、向左橫掃，手心向上，停於身體左前方；左劍指經左後方擺至身體左上方。目視劍尖（圖14）。

【要點】

（1）掃劍時要經過仆步，在轉腰的帶動下完成整個動作。

圖 12

圖 13

圖 14　　　　　　　　　　圖 15

（2）定勢時弓步朝向斜前方，即正東偏北。右手停於左胸前，劍與弓步方向一致。頂頭、鬆肩、鬆腰。

（3）右手握劍要鬆活，保持劍身穩定。

（4）掃劍時劍刃要平，由右向左橫掃。

五、右左平帶

1. 右腳收至左腳內側，腳尖不點地；同時右手持劍略向回收，手心向上；左劍指下落至右腕內側。目視前方（圖 15）。

2. 右腳向右前方邁出，腳跟著地；同時右手持劍前伸；左劍指貼右腕隨之前移。目視劍尖（圖 16）。

3. 重心前移，左腿自然伸直成右弓步；同時右臂內旋，右手

圖 16

圖 17

圖 18

劍向右、向後平帶，右手心翻轉向下；左劍指仍在右腕上。目視劍尖（圖 17）。

4. 左腳收至右腳內側，腳尖不點地；同時右手持劍略向回收；左劍指仍在右腕上。目視前方（圖 18）。

5. 左腳向左前方邁出，腳跟著地；同時右

圖 19

手持劍前伸；左臂外旋，劍指收至腰間。目視劍尖（圖 19）。

6. 左腿向前屈弓，右腿自然伸直成左弓步；同時右臂外旋，右手持劍向左、向後平帶，右手心轉向上；左劍指經左後方擺至左上方。目視劍尖（圖 20）。

【要點】

（1）整個動作要在腰的轉動下完成，上下肢動作要配合協調。劍向左側回收時，腰向左轉；劍向右側回收時，腰向右轉。

（2）定勢時，弓步的方向分別為正東偏南和偏北。劍尖在中線附近，劍尖略高。

（3）帶劍時，劍刃由前向側後方平劍抽帶，力在劍刃。

圖 20

六、分腳領劍

1.上體後坐，左腳尖外撇；同時右手持劍略向上舉；左劍指略向後擺。目視劍尖（圖21）。

2.重心前移至左腿，右腳收至左腳內側，腳尖點地；同時右手持劍，向上、向後、向下畫弧，劍把停於左肋前，劍尖斜向上；左劍指向下經腰間向上方穿出。目視劍指（圖22）。

圖 21

圖22　　　　　　　　　　圖23

　　3. 上體右轉；右腳向右前方（正東）邁出，腳跟著地；同時右手持劍下擺；左劍指繼續上穿，左臂內旋，劍指撐於身體左上方。目視右前方（圖23）。

　　4. 重心前移至左腿，右腳尖外撇，右腿直立支撐，隨之左腿屈膝上提，左腳向前上方慢慢舉起，腳面繃平；同時右手持劍，繼續向前、

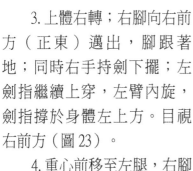

圖24

向上方畫弧領擺，劍身平直，舉於頭上；左劍指向後、向下經下頦前向前指出，指尖向上。目視左劍指（圖24、圖25）。

　　【要點】

　　（1）雙手交叉擺動時，要分別走出一個圓形來，動作

圖 25

圖 26

幅度要大，上下肢動作要協調一致。

（2）舉腿前要將重心全部移至右腿，穩住以後再舉腿分腳。

（3）定勢時要直腰、頂頭，兩腿均要伸直，動作穩定後再做下一個動作。

七、叉步反撩

1. 左腳向前落步，腳跟著地；同時右手持劍向後擺動；左劍指向上、向右、向下畫弧，經腹前擺至體側。目視劍尖（圖26）。

2. 重心前移，身體左轉；同時右手持劍，向下、向前上方撩擺；左劍指收至腰間。目視劍尖方向（圖27）。

圖 27

3. 上動不停。右腳向前一步，腳尖內扣，左腳向右腳後插步；同時右手持劍，向左、向下、向右上方反撩，手心向後；左劍指擺至身體左上方，手心向上。目視劍尖（圖 28、圖 29）。

【要點】

（1）左腳下落和右手持劍向右擺動要同時；插步和反撩要同時。定勢方向為東偏南30°。

（2）叉步時上體略向前傾，並塌腰向右扭轉；左腿屈弓，右腿伸直，劍與臂成直線，斜舉向上。

（3）撩劍時劍刃前部著力，由下向上反手揮臂撩起。

圖 28

圖 29

八、馬步雲抱

1. 以腳掌為軸，身體向左後轉；隨之右腳後蹬成左側弓步；同時右手持劍，隨身體左轉，向左平擺，手心向下；左

劍指伸至右臂下方。目視劍尖（圖30）。

圖30

2.上體後仰，重心後移；兩手左右分開，右手持劍，經面前平雲畫圓，停於左膝上方，手心向內、劍尖斜向上；左劍指向左側擺動，然後與右手相抱於左腰前，劍指附於右手內側；定勢時重心左移，落於兩腿之間，成馬步或左偏馬步。目視劍尖（圖31、圖32）。

【要點】

（1）雲劍時，上體要略向後仰，劍把始終高不過肩。當劍擺至身體右側時，要將重心移至右腿，經過右側弓步，重心再向左移成馬步。右手握劍在頭上雲轉一周，然後向左

圖31

圖32

太極拳規範教程

擺動，手心向內，抱於左腰間。

（2）動作要在腰的帶動下完成，幅度要大，右手握劍要活。

（3）定勢時要立腰、坐腿、沉胯，身體向左擰轉。

九、丁步截劍

重心移至右腿，左腳收至右腳內側，腳尖點地成丁步；同時右手持劍下截，劍尖略低，停於身體左下方；左劍指附在右腕部，手心向下。目視劍尖（圖33）。

圖33

【要點】

（1）收腳要快，截劍要迅速。保持半蹲姿勢。

（2）截劍是用劍刃中段或前段攔截。

十、翻身崩劍

左腳向右腳外側上步，腳尖內扣，上體右轉；同時右手持劍，由身體左下方向前、向上畫弧，然後旋臂翹腕向身體右側崩劍，劍尖斜向右上方；左劍指仍扶於右腕部。目視劍尖（圖34）。

圖34

圖 35 圖 36

【要點】

（1）扣步和崩劍要同時完成，身體右轉後閃，右手握劍鬆活。

（2）崩劍是用劍刃前端向右或向上崩挑，著力點在劍刃前端。

十一、弓步下刺

上體右轉，右腿隨之提起，然後向右前方下落，屈膝前弓成右弓步；同時右手持劍，向右前下方刺出，劍與臂成一直線。左劍指仍扶於右腕部。目視劍尖（圖35、圖36）。

【要點】

（1）提腿時劍收至胸前，落步的同時向前刺出。弓步與刺劍的方向為正東偏南約30°。

（2）刺劍是用劍尖由後向前伸刺。力注劍尖。

圖 37

圖 38

十二、獨立上刺

1. 左腳向右腳前上步，腳尖外撇；同時兩手左右分開，手心均向下。目視右前方（圖37）。

2. 右腳向左前方上步，隨之左腿屈膝提起，腳面繃平並內扣；同時右臂外旋，右手持劍，經腰間向前上方刺出，劍尖略高於頭；左劍指扶於右腕。目視劍尖（圖38、圖39）。

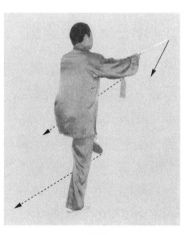

圖 39

【要點】

（1）左、右腳上步時要走折線，方向從東南轉為東北約30°，整個動作要在腰的帶動下完成。

（2）獨立時支撐腿自然伸直，上體可略向前傾。

圖 40　　　　　　　　　　　圖 41

太極拳規範教程

十三、仆步穿劍

1.左腳向後方撤步，上體左轉，右腿屈膝下蹲成左仆步；同時右臂內旋，右手持劍，順左腿向左穿出，最後右手翻轉向上，停於襠前；左劍指經腰間向後反插，再向左、向上畫弧，落於右腕上。目視左前方（圖40、圖41）。

圖 42

2.左腳外撤，重心前移，右腳內扣，收至左腳前，腳尖點地成虛步；同時右手持劍，向右、向前畫弧至體前；左劍指向左、向前擺至右手下，雙手捧劍於體前，手心均向上，劍尖略高。目視劍尖（圖42、圖43）。

圖 43　　　　　　　　圖 44

【要點】

（1）仆步和穿劍要同時完成。

（2）仆步的方向為正西偏南；虛步方向為正西偏北。
頂頭、立腰、鬆肩。

十四、蹬腳前刺

右腿屈膝提起，右腳向前蹬出，腳尖上勾，力在腳跟，
高於腰部；劍略向後收引，再向前捧劍平刺，高與肩平。目
視劍尖（圖 44）。

【要點】

（1）蹬腳、前刺要同時。方向為正西偏北約 30°。

（2）蹬腳時，支撐腿自然伸直，重心站穩，頂頭立
腰。

十五、跳步平刺

1.右腳向前落步，隨之重心前移，左腳跟提起；同時雙

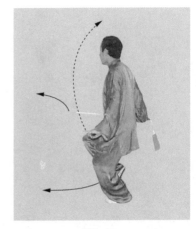

圖 45　　　　　　　　　　圖 46

手捧劍繼續前伸。目視前
方（圖 45）。

2. 重心繼續前移，隨
之左腳向右腳前跳步，左
腿屈膝半蹲，右腳隨即提
起，收控於左腿內側；同
時兩手向兩側分開，手心
均向下，劍尖略高。目視
前方（圖 46）。

3. 右腳向前落步，左
腿自然伸直成右弓步；同

圖 47

時右臂外旋，右手持劍，經腰間向前刺出，手心向上，高與
肩平；左劍指擺至頭左上方，手心向上。目視劍尖（圖
47）。

【要點】

右弓步和刺劍要同時，方向均為正西偏北。

圖 48　　　　　　　　圖 49

十六、轉身平刺

1. 重心移至左腿，右腳
尖翹起；同時右手持劍，收
至右腰間，手心向上；左劍
指落至劍柄上。目視右側
（圖48）。

2. 右腳尖內扣，以右腳
掌為軸，身體向左後轉向正
北，轉體時左腿屈膝提起；
同時左劍指翻轉收於腰間；

圖 50

右手持劍，仍在身體右側。目視前方（圖49）。

3. 左腳向北方落步，左腿屈膝前弓成左弓步；同時右手
持劍，向前直刺，高與肩平；左劍指擺至頭左上方。目視劍
尖（圖50）。

【要點】

（1）後坐收劍時，上體要隨之略向右轉，然後扣右腳、提左腿向左後轉。

（2）轉動時劍尖稍內收，轉動結束時劍尖向正前方（正北）。

十七、行步穿劍

圖 51

1. 重心移至右腿，上體右轉，左腳尖略向內扣；同時右臂內旋，右手持劍，領至頭前右上方；左劍指落至右腕部。目視劍尖（圖 51）。

2. 上體右轉；右手持劍卷落，經腰間向左側穿出，再經體前平崩於身體右側；左劍指擺於身體左上方；同時右腳向左腳左前上步，腳尖外撇；左腳跟抬起。擰腰右轉，目視劍

圖 52

圖 53

尖（圖52、圖53）。

　　3. 左腳向右腳前上步，腳尖略向內扣，然後右、左腳沿弧線相繼向前上四步；兩手姿勢不變。目視劍尖（圖54、圖55、圖56、圖57）。

圖 54

圖 55

圖 56

圖 57

圖 58　　　　　　　　　　圖 59

【要點】

（1）穿劍時應含胸轉腰，動作幅度要大。

（2）行步時要沿弧線走圓形。重心保持平穩，腳跟先提先落。

十八、行步扣劍

左、右腳繼續沿圓弧路線行步，走至第五步時是左腳在前，上體左轉；同時兩手隨著

圖 60

右、左腳依圓向前行步，先於胸前相合，再向左右分開；右手持劍，向右上方伸舉，然後經頭前向左下方蓋壓，手心向下；左劍指在頭前與右手相合，扶於右腕部，隨右手按於體側，手心均向下。目視劍尖（圖 58、圖 59、圖 60、圖 61、圖 62）。

圖 61

圖 62

【要點】

（1）十七、十八兩個動作行步共走九步，路線成一圓形。前四步，兩手保持原有的姿勢；從第五步開始兩手分擺上舉接做蓋壓動作。蓋壓劍時向左擰腰與左腳落步要一致。

（2）整個動作要沿圓形走轉，身、械要配合協調。圓形的大小根據個人的步幅而定，步數也可減為七步或增至十一步。

圖 63

十九、弓步下刺

1. 上體右轉；右腳向前（東南）上步；同時兩手前伸，與肩同高，手心均向下。目視前方（圖63）。

圖 64　　　　　　　　　　圖 65

2. 左腳向前上步，腳尖外撇，隨即上體左轉，右腿屈膝提起；同時兩手向兩側分開畫弧，再收至腰間。目視前下方（圖64、圖65）。

3. 右腳向東北方落步，右腿屈膝前弓成右弓步；同時，右臂外旋，右手持劍，經腰間向前下方刺出；左劍指扶於右腕。目視劍尖（圖66）。

圖 66

【要點】

（1）此動與上動的銜接要連貫。分手與轉體同時完成。弓步方向為東北，弓步時身體略前傾。

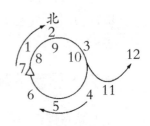

附圖

圖 67

圖 68

（2）十七、十八、十九式相接共走十二步，連貫不停。行進路線見附圖。

二十、騰空跳刺

1. 身體左轉，重心移至左腿，右腳尖內扣；同時右臂內旋，右手持劍，隨轉身向左畫弧；左手仍扶於右腕。目視前方（圖67）。

圖 69

2. 重心後移，左腳略向回收，腳尖點地成左虛步；同時兩手向兩側分開，手心均向下。目視前方（圖68）。

3. 左腳向前上半步，隨即蹬地起跳，上體在空中左轉；右手持劍，在空中向右側平刺，高與肩平；左劍指收至右肩前。目視劍尖（圖69、圖70）。

圖 70　　　　　　　　圖 71

【要點】

要在身體騰空時將劍刺出，兩腿在空中自然收提。

二十一、馬步藏劍

身體繼續左轉；雙腳同時落地成半馬步；同時右手持劍，收到胸前，手心向下，劍身平直；左劍指仍在右肩前。目視左前方（圖71）。

【要點】

（1）身體在空中左轉之後向北落地，成半馬步。

（2）落地和收劍要同時完成，劍身藏在左前臂下，劍尖與左肘尖、左腳尖方向皆向西。

二十二、回身反刺

1. 左腳向前活步，腳尖外撇；同時左劍指經下向前撩出，右手持劍外旋，自然下落。目視前方（圖72）。

2. 右腳向前上步，腳尖內扣，上體左轉；同時右手持

圖 72

圖 73

圖 74

劍，上崩至身體右側；左劍指收至腰間。目視劍尖（圖73）。

3. 身體左後轉；左腳向後撤步，成右弓步；同時上體前傾，右手持劍，向前下方反刺；左劍指擺至體後，反手伸向斜上方。目視劍尖（圖74）。

【要點】

（1）上右腳和崩劍要同時完成，撤步和反刺劍要同時完成。

（2）崩劍時上體略向後仰。撤步時以右腳前掌為軸，身體向左後轉。反刺劍時劍與兩臂成一條斜線。上體略向前

圖 75　　　　　　　　　　圖 76

傾。

二十三、虛步崩劍

重心後移，右腳回收，腳尖點地成右虛步；同時右臂外旋，右手持劍上崩，手心向左；左劍指收至右腕部。目視劍尖（圖75）。

【要點】

收腳、崩劍和左劍指下落的動作要同時完成，整個動作要協調一致。

二十四、獨立上刺

1. 右腳向後退步，左腳尖內扣，右腳尖外撇，身體右後轉成右弓步；同時兩手先向前送再向兩側分開。目視前方（圖76、圖77）。

2. 右腿蹬地，左腿屈膝提起，成右獨立步；同時右臂外旋，右手持劍，經腰間向前上方直刺，劍尖與頭同高；左劍

圖 77

圖 78

指收經腰間，隨右手刺出，
附於劍柄上。目視劍尖（圖
78、圖79）。

【要點】

（1）撤步轉體時先扣
左腳，然後再撤右腳。同時
兩手向兩側分開。

（2）提左腿和刺劍要
同時完成。刺劍時上體可略
向前傾，頭向上頂，支撐腿
自然伸直。

圖 79

二十五、撤步雲斬

左腳向後落步，右腿屈膝前弓成右弓步；同時，右臂內
旋，右手持劍，經面前雲轉畫一平圓，反手向前平斬，高與
肩平；左劍指同時向下、向後擺至頭左上方。目視前方（圖

80、圖 81）。

【要點】

（1）劍在面前畫平圓雲轉時，上體略向後仰。

（2）弓步和斬劍要同時完成。

二十六、仰身架掃

1.重心後移；右臂屈收，右手持劍，橫在胸前；左劍指下落至右腕部；隨之上體後仰；兩手翻轉上架，同時向兩側分開。眼向上仰視（圖 82）。

圖 80

2.重心前移成右弓步；同時右手持劍，由右向前平掃至體前，與肩同高；左劍指經體側前擺，與右手合抱於體前，附於右手背下，手心均向上。目視前方（圖 83）。

圖 81

【要點】

（1）仰身架劍時兩手上舉分開。

（2）掃劍時劍向後、向右、向前畫一平圓。

太極拳規範教程

圖 82

圖 83

圖 84

圖 85

二十七、轉身回抽

1.重心後移，上體左轉；右腳尖內扣，左腳尖外撇成左弓步；同時右手持劍，抽至左肩前（手心向內），再隨左轉身向前平劈，劍與肩同高；左劍指附於右腕部。目視前方（圖84、圖85）。

圖 86　　　　　　　　　　圖 87

2.重心後移，左腳略向回收，腳尖點地成左虛步；同時右手持劍，下落回抽，劍尖略低；左劍指先隨劍一起下落，再經胸前向前指出。目視劍指（圖86、圖87）。

【要點】

（1）重心後移與劍下落回抽動作要一致，劍尖同膝高。

（2）抽劍時成立劍，下劍刃著力，由前向後走弧線抽回，不要直線回抽。定勢時右臂微屈，劍指與虛步方向為正東偏南30°。

二十八、併步平刺

左腳略向左移步，腳尖向前，隨之右腳向左腳併步；同時右臂外旋，右手持劍，經腰間向前平刺，手心向上，高與肩平；左劍指先向左擺，然後收經腰間伸至右手背下方。目視前方（圖88、圖89）。

圖 88

圖 89

【要點】

（1）在左腳向左移步的同時，左劍指即向左側擺動。

（2）刺劍、併步和左劍指的動作要協調一致。

二十九、行步撩劍

1.右腳向右後方撤步，隨之上體右轉，左腳收至右腳旁，腳尖點地；同時右臂內旋，右手持劍，領至頭右上方；左劍指附於右腕部。目視劍把（圖90、圖91）。

圖 90

2.左腳向前上步，腳尖外撇；同時右手持劍，向後、向下繞擺；左劍指經胸前向下、向前擺動。目隨劍走（圖92）。

圖 91

圖 92

圖 93

圖 94

3. 右、左腳沿弧線向前行步，走第三步時右腳收至左腳內側，腳尖點地；同時右手持劍，由後向下、向前、向上撩起，舉至頭前上方；左劍指向左、向上畫弧舉至頭左上方。目視劍尖（圖 93、圖 94、圖 95）。

4. 右腳向前上步，腳尖外撇；同時右手持劍，向上、向

太極拳規範教程

圖 95

圖 96

圖 97

圖 98

右後繞擺；右劍指附於右腕部。目視劍尖（圖 96）。

　　5. 左、右腳沿弧線向前行步，走第三步時左腳收至右腳內側，腳尖點地；同時右手持劍，由後向下、向前、向上撩至頭前上方；左劍指仍附於右腕部。目隨劍走（圖 97、圖 98、圖 99）。

【要點】

（1）撩劍時行步要走成 S
形，如附圖所示。

（2）行步要平穩。撩劍時
要以腰帶臂，以臂領劍。身、
劍、手、腳要配合協調，劍貼身
繞轉成立圓。

（3）撩劍是用劍的下刃著
力，由下向上撩起，動作幅度要
大。

圖 99

三十、仰身撩劍

左腳向前上步，隨即右腿屈
膝提起，腳面繃平，上體後仰；

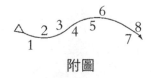

附圖

同時右手持劍，向後、向下、向
前上方撩起；左劍指向下、向前、向上擺至身體左後方。目
視劍尖（圖 100、圖 101）。

【要點】

（1）在提右腿的同時將
劍撩出，同時身體後仰。整個
動作要協調一致，幅度要大。

（2）提腿撩劍的方向為
正東。

三十一、蓋步按劍

1.右腳下落，腳尖外撇，
兩腿略蹲；同時右手持劍下

圖 100

太極拳規範教程

圖 101

圖 102

圖 103

沉，手心向上。目視劍尖（圖 102）。

　　2. 上體右轉；左腳經右腳前向右蓋步，右腳跟提起；同時右腕繞環，劍向下、向右、向上、向左，在右臂外側繞一個劍花，按在身體左下方，手心向內；左劍指收於右腕部。目視劍尖（圖 103）。

【要點】

轉體蓋步的同時，右手持劍繞一腕花。整個動作要以腰、腕為軸，身、械協調一致。

三十二、跳步下刺

1. 以兩腳前掌為軸，上體右後轉；同時右手持劍，隨轉體向上、向前繞擺；左劍指仍扶於右腕部。目隨劍走（圖104）。

圖104

2. 左腳後退一步，成右弓步；同時右腕繞環，右手持劍，在臂外側再繞一腕花。目視前方（圖105）。

3. 左腳尖內扣，右腳尖外撇，上體向右後轉；同時右手持劍，向下、向右繞擺，隨轉體擺至頭右上方；左劍指仍扶於右腕部。目視前方（圖106）。

4. 左腳向前上步，右腿屈膝提起，隨即左腳蹬地向前縱跳一步；同時右手持劍，卷收至右腰間，手心向上；左劍指收至左腰間，手心向下。目視前方（圖107、圖108、圖

圖105

圖 106

圖 107

圖 108

圖 109

109）。

　　5.右腳向前落步，右腿屈膝前弓成右弓步；同時右手持
劍，向前下方平劍刺出；左劍指向上、向後擺至頭左上方。
目視劍尖（圖 110）。

圖 110　　　　　　　　　　　　圖 111

【要點】

（1）上體右後轉時，劍要貼身走立圓。

（2）左腳向前縱跳時，右手持劍收至腰間，動作要輕靈、連貫、協調。

（3）弓步刺劍的方向為正西。刺劍要充分，左臂要撐圓。

三十三、歇步壓劍

1. 上體左轉，重心左移；右腳尖內扣；同時右手持劍，向左擺至胸前；左臂外旋，劍指收至腰間。目視劍把（圖111）。

2. 右腳向南上步，腳尖外撇，兩腿屈膝下蹲成歇步；同時上體左轉；右手劍翻轉下壓，劍尖朝左（南），手心向下；左劍

圖 112

圖 113

圖 114

指收至右腕上方。目視劍面（圖112）。

【要點】

（1）上體右轉和擺劍同時完成；下蹲成歇步與劍下壓同時完成。手、腳配合要協調。

（2）壓劍是劍身扁平從上向下按壓，著力點在劍平面。

三十四、虛步點劍

圖 115

1. 左腳向前上步，腳尖外撇；同時兩手向兩側分開，右手持劍，擺至身後。目視右後方（圖113）。

2. 右腳向前上步，腳尖點地成右虛步；同時右手持劍上舉，經頭側向前下方點啄，劍尖斜向下；左劍指收至右腕部。目視劍尖（圖114、圖115）。

圖 116

圖 117

【要點】

（1）上左腳時兩臂外展；右腳落地時點劍。

（2）點劍時伸臂、提腕。

三十五、獨立托架

1. 右腳向左後方插步，兩腿屈膝下蹲；同時右臂先外旋、再內旋；左手領劍向左、向上、向右，在體前畫一個立圓，落至身體左側。目視劍尖（圖116）。

圖 118

2. 上體右轉；右腿直立支撐，左腿屈膝提起，腳面繃平成右獨立步；同時右手持劍，隨身體右轉向上托起，劍身要平，劍尖向前（西）方；左劍指附於右前臂內側。目視前方

圖 119

圖 120

（圖 117、圖 118）。

【要點】

（1）插步和繞劍要同時完成。

（2）托劍時，首先將劍把上提，然後再由下向上托架。左膝與劍尖皆朝前（南）方。

（3）托劍是用劍下刃由下向上托架，高舉過頭。

三十六、弓步掛劈

1. 左腳向前落步，腳尖外撇，兩腿屈膝半蹲，右腳跟提起；同時上體左轉；右手持劍，由上向下、向後掛；左劍指扶於右腕部。目視劍尖（圖 119）。

2. 右腳向前上步，腳尖外撇；上體右轉；右手握劍上挑，經頭前向右後方掛劍；左劍指向左分開。眼轉看右後方（圖 120）。

3. 右腳蹬地，身體騰空向左，落地時右腳後插，兩腿屈蹲成歇步；同時右手握劍，上舉下劈，停於身體左側，劍尖

圖 121　　　　　　　　圖 122

向西；左劍指合於右腕內側。目視劍尖（圖 121、圖 122）。

4.以兩腳掌碾地，身體右後轉；右腳向前半步，右腿屈膝前弓成右弓步；同時右臂內旋，右手持劍上舉，向前平劈，方向正西；左臂外旋，劍指經左腰間向上擺至頭左上方。目視前方（圖 123、圖 124）。

圖 123

【要點】

（1）掛劍時轉腰揮臂幅度要大。

（2）跳歇步與左劈劍要同時。右弓步與前劈劍要同時。

（3）掛劍是將劍尖由前向後勾回，經身體右側或左側

圖 124

回掛，破壞勾開對方攻勢。

三十七、歇步後刺

右腳向左腳後插步，兩腿屈膝下蹲成歇步；同時上體左後轉；右臂外旋，右手持劍，向左後方下刺，手心向上；左劍指落至右腕部，手心向下。目視劍尖（圖125）。

【要點】

（1）上體盡量左轉。

（2）方向東偏南30°。

三十八、叉步平斬

1. 右腳向右橫開步，左腿屈膝側弓；同時右手持劍，自然上抬；左劍指收於右臂內側。目視劍尖（圖126）。

圖 125

2. 重心移向右腿，上體右轉；同時右手持劍，向右平擺；左劍指向左下方分展。目隨劍走（圖127）。

3. 上體左傾，重心左移；左腿屈膝成側弓步；右手持劍，平雲繞環收於體側；左劍指撐於體側。目隨劍走（圖128）。

圖126

4. 左腳向右插步，腳掌著地，右腿屈膝前弓成叉步；同時右手持劍，於體右側畫一平圓，然後向右平斬，劍尖略高，手心向下，劍與臂成直線；左劍指向上擺至身體左上方。向右擰腰轉頭，目視右後方（圖129）。

【要點】

（1）叉步時上體盡量右轉，挺胸塌腰，略向前傾。

（2）插步和斬劍要一致。方向為西偏北30°。

（3）斬劍是平劍從左向右或從右向左橫砍，著力點在劍刃。

圖127

太極拳規範教程

圖 128

圖 129

三十九、虛步雲抱

1. 上體左轉，重心左移；左腳向左開步成左弓步；同時右手持劍，向左平擺；左劍指收至右臂下方，兩手交叉，手心皆向下。目視劍尖（圖 130）。

2. 重心右移，上體後仰；兩手向兩側分開，右手持劍，在頭前向右平雲。目隨劍走（圖 131）。

3. 右手持劍，繼續向前平雲，然後收至體前，劍尖斜向前上方；左劍指收至右手背下；同時右腳收至左腳前，腳尖點地成右虛步。目視劍尖（圖 132）。

圖 130

圖 131　　　　　　　圖 132

【要點】

（1）劍在體前平雲時劍把高不過肩，劍尖在面前雲轉成一個橢圓。

（2）重心向左右移動與平雲劍要協調。重心在左腿時兩手交叉，移至右腿時兩手分開。

（3）虛步抱劍的方向為南偏西30°。

圖 133

四十、叉步平帶

（1）上體左轉；右腳向右跨步成左側弓步；同時右手持劍左擺；左劍指翻至右臂上方，兩前臂交叉合抱。目視劍尖（圖133）。

（2）重心移向右腿再返回左腿；上體隨之向右、向左

晃動；同時右手持劍，向右平擺，再使劍在體右側雲繞一平圓；左劍指向左伸展再收至腰間。目隨劍走（圖134、圖135）。

（3）上體右轉，重心右移；左腳向右腳後插步，前腳掌著地成叉步；同時右手持劍，平雲後向右後方平帶，劍身橫於體右側，劍高與肩平；左劍指向左、向上擺至身體左上方。目視右劍（圖136）。

圖 134

【要點】

（1）重心移動要充分，動作以腰為軸，幅度盡量放大。

（2）動作的定勢方向為西偏北。

圖 135

圖 136

圖 137　　　　　　　　　圖 138

四十一、弓步平崩

1.左腿獨立支撐，右腿屈膝提起，腳面繃平並內扣；同時兩臂外旋，右手持劍回收，雙手抱於胸前，手心皆向上。目視劍尖（圖137）。

2.右腳向右落步，右腿屈膝前弓成右弓步；同時右手持劍，向右平崩，劍尖高與頭平，手心向上；左劍指向左後方分開。目視劍尖（圖138）。

【要點】

（1）提膝與抱劍要同時。弓步和崩劍要同時。兩個動作的連接要快。

（2）崩劍時上體略向前傾，方向為西偏北30°。

四十二、提膝點劍

上體左轉，重心左移；右腳尖內扣，左腳尖外展，隨即右腿屈膝提起，腳面繃平，左腿獨立支撐成左獨立步；同時

圖 139

圖 140

右臂內旋，右手持劍，
經頭右側向前下方點
啄，劍尖向下；左劍指
附於右腕部。目視劍尖
（圖 139、圖 140）。

【要點】

（1）左轉身後，
劍略向回收，然後在提
膝的同時將劍點出。

（2）點劍方向為
東偏南。

圖 141

四十三、叉步反撩

右腳向前落步，腳尖外撇，重心前移，上體右轉，左腳
跟提起成叉步；同時右手持劍，向下、向後反撩，劍呈水
平；左劍指置於頭左上方。目視劍尖（圖 141）。

（1）落步時上體右轉，隨腰的轉動向後反撩。

（2）撩劍方向西偏北。

四十四、丁步刺劍

左腳向前方上步，隨之右腳收至左腳旁，腳尖點地成丁步；同時右手持劍，收經腰間向前方立劍刺出，高與胸平；左劍指收於右腕部。目視前方（圖142）。

【要點】

（1）收腳和刺劍要同時，上體略前傾，臂盡量前伸。

（2）定勢方向東偏南30°。

圖 142

四十五、丁步抱劍

右腳落實，左腳向後撤步，隨即右腳收至左腳內側，腳尖點地成丁步；同時旋臂轉腕，劍經頭前畫一平圓，然後收至面前，手心向內，高與頭平；左劍指先向後伸展，再收於右腕內側。目視右前方（圖 143、圖

圖 143

圖 144

圖 145

144、圖 145）。

【要點】

（1）收右腳的同時將劍收抱至面前。

（2）劍尖與目視方向皆為東偏南。

四十六、行步穿劍

1. 上體右轉；右腳向前上步，腳尖外撇；同時右臂內旋，右手持劍，經面前平繞橫

圖 146

擺於體前；左劍指仍附於右腕，兩手心均向下。目視劍尖（圖 146）。

2. 左腳、右腳沿弧線行走兩步；同時兩手向兩側分開。目轉視左手（圖 147、圖 148）。

3. 左腳向前行步，腳尖內扣；同時左臂擺收於體前；右

圖 147

圖 148

圖 149

圖 150

臂外旋，手心向上，右手持劍，經左臂下方向左後穿出。目
視左後方（圖 149）。

　　4. 右、左腳再沿弧線向前行走兩步；同時右手持劍，向
前、向右穿擺畫圓；左劍指向左擺至頭左上方。目視劍尖
（圖 150、圖 151）。

圖 151

圖 152

【要點】

（1）行步六步，路線成圓形，如附圖所示。

（2）穿劍時含胸擰腰。

（3）行步時重心平穩，不可起伏。第六步時，左腳尖內扣向南，上體側向，準備扣劍。

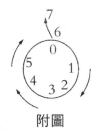

附圖

四十七、扣劍平抹

1. 右腳向右後方撤步，腳前掌著地；上體左轉；同時右臂內旋，右手持劍，向上、向左在肩前翻扣，手心轉向下；左劍指合於右腕上。目視劍尖（圖 152）。

2. 重心後移，左腳略向回收，腳尖點地成虛步；同時身體轉正；劍向右平抹，兩手向兩側分開，停於身體兩側，高

圖 153　　　　　　　　　　圖 154

與腰平；劍尖略高，停於胸前。目視前方（圖153）。

【要點】

（1）扣劍與撤步要同時。抹劍與虛步要同時。

（2）整個動作要連貫，並與上動緊密連接，不可停頓。

四十八、併步平刺

左腳向前半步，隨之右腳收至左腳內側成併步；同時右臂內旋，右手持劍，收經腰間後向前平刺；左劍指收經腰間隨右手刺出，附於右手背後下，劍身高與肩平。目視前方（圖154）。

【要點】

（1）收劍時上體可略向右轉。

（2）刺劍時兩臂前伸，鬆肩沉肘。

（3）併步時兩腿自然伸直。

圖 155

圖 156

四十九、收勢還原

1. 左腳向前上步，腳尖外撇，兩腿屈膝半蹲；上體左轉；右手持劍，收至左肩前；左手虎口朝上，掌心朝前，從右手外側伸出，準備接劍。目視劍把（圖 155）。

2. 右腳向前上步，腳尖朝前；同時左手接劍，向前上方伸出，手心向前；右手變劍指，向下、向後擺動。目視右前方（圖 156）。

3. 左腳向前上步，腳尖朝前，左、右腳之間距離同肩寬；同時左手持劍，下落至左髖旁；右劍指由後向上、向前下落至右髖旁，手心均向後。目視前方（圖 157）。

4. 左腳收至右腳內側併步，還原成預備姿勢（圖158）。

【要點】

（1）接劍時要注意保持劍身平穩，劍尖朝前，不要左

圖 157 圖 158

右亂擺。

（2）還原後，將劍貼於左前臂後面，劍尖向上。身體
保持自然放鬆，目平視前方。

第九章 五十六式楊式太極劍教學

第一節 五十六式楊式太極劍簡介

太極劍是屬於太極拳系列中的劍術，兼有太極拳和劍術兩種運動的特點。

儘管中國劍術和太極拳源遠流長，但是太極劍的歷史卻很年輕。在現有的太極拳史料中，很難查到太極劍的資料。《陳氏家譜》及《拳械譜》中不見記載；王宗岳、李亦畬手抄《太極拳譜》中亦不見記錄；蔣發、楊露禪、武禹襄等人的學拳授藝記述中也未見敘及。就是「好道善劍」的張三豐，在有關資料中也僅談及他傳授了「武當下乘丹第九派四明內家之劍術」即「武當劍」。雖然武當劍也講究順人之勢、後發先至、乘虛蹈隙、避青入紅、以斜取正，然而它那輕穩疾快、走化旋翻的特點，及其騰空、滾翻、地躺的劍法，畢竟與太極劍的風格大有差異。

從目前流行的各式太極劍來看，無論內容、結構和動作名稱，各家都彼此不同，很難找出一脈相承的痕跡，足見目前的太極劍皆為太極拳形成流派以後，分別在不同拳派的劍術基礎上，各自發展創造而成。其歷史當在近百年左右，遠較太極拳術和推手運動為晚。

據專家考證，目前流行的各式太極劍是在宣化劍、乾坤劍、三才劍的基礎上演化發展而來。

雖然太極劍的歷史不長，但它開展之廣、影響之大，遠遠超過了太極刀、槍、棍、杆等器械，成為最受太極拳愛好者歡迎的器械項目。太極劍的健身性、藝術性、群眾性已為事實肯定和群眾接受。

　　本書介紹的五十六式楊式太極劍，是我協助李天驥先生整理改編的傳統套路。它進一步發揚了楊式太極劍的風格特點，同時使劍法更加規範明確，符合「武術競賽規則」要求，動作造型也更具有藝術表現力。

第二節　五十六式楊式太極劍動作名稱

第一段

一、起勢（弓步前指）

二、三環套月（丁步點劍）

三、大魁星勢（獨立反刺）

四、蜻蜓點水（提膝點劍）

五、燕子抄水（仆步橫掃）

六、左右攔掃（左右平帶）

七、小魁星勢（虛步撩劍）

第二段

八、燕子入巢（仆步穿劍）

九、虎抱頭（虛步捧劍）

十、靈貓捕鼠（跳步下刺）

十一、黃蜂入洞（轉身平刺）

十二、鳳凰雙展翅（回身平斬）

十三、小魁星勢（虛步撩劍）

太極拳規範教程

第三段

第四段

第五段

第六段

三十四、右車輪劍（虛步掄劈）

三十五、大鵬展翅（撤步反擊）

三十六、水中撈月（弓步撩劍）

三十七、懷中抱月（提膝捧劍）

三十八、夜叉探海（獨立下刺）

第七段

三十九、犀牛望月（弓步回抽）

四　十、射雁勢（虛步回抽）

四十一、青龍探爪（併步擊劍）

四十二、鳳凰單展翅（回身平斬）

四十三、左右跨欄（蓋步截劍）

四十四、射雁式（虛步回抽）

四十五、白猿獻果（併步上刺）

四十六、左右落花（丁步回抽）

四十七、玉女穿梭（轉身下刺）

第八段

四十八、斜飛式（弓步削劍）

四十九、白虎絞尾（弓步掄劈）

五　十、魚跳龍門（跳步上刺）

五十一、烏龍絞柱（轉身撩劍）

五十二、水中撈月（弓步撩劍）

五十三、仙人指路（丁步回抽）

五十四、風掃梅花（旋轉平抹）

五十五、併步指南（併步平刺）

五十六、收勢（接劍還原）

第三節　五十六式楊式太極劍
動作圖解及教學要點

預備勢

面向正南（這是假設，便於以後說明方向），兩腳併立，身體正直；兩臂自然垂直於身體兩側，左手持劍，劍身豎直，劍尖向上，與身體平行；右手握成劍指，手心向內。眼平視前方（圖1）。

【要點】

（1）頭頸正直，下頜微內收，精神要集中。

（2）上體自然，不要故意挺胸、收腹。

（3）兩肩鬆沉，兩肘微屈，劍身平面（劍面）貼在左前臂後側，不要使劍刃觸及身體。

第一段
一、起勢（弓步前指）

1. 左腳開立

左腳向左分開半步，兩腳平行，與肩同寬；右劍指內旋，掌心轉向身後（圖2）。

2. 兩臂前舉

兩臂慢慢向前平舉，高與肩平，手心向下。眼平視前方（圖3）。

圖1

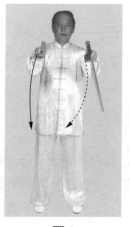

圖2　　　　　　　圖3　　　　　　　圖4

【要點】

（1）兩臂前舉時，肩要自然鬆沉，肘關節微屈。

（2）劍身貼住左前臂下側，劍首指向正前方，劍尖稍向下垂。

3.屈膝下蹲

兩腿慢慢屈膝半蹲，重心落於兩腿之間，成馬步；同時兩臂輕輕下按至腹前，上體舒展正直，兩眼平視前方（圖4）。

【要點】

（1）本勢中的馬步是太極劍（拳）中的基本步型，應按照步型的要求，從一開始就培養正確的動作定型。

（2）屈膝的高度要視練習者的素質，因人而異。太極劍的練習中，除少數勢子外，整套動作都是在半蹲的狀態中進行的，不允許忽高忽低。因此，不應將起勢蹲得過高或過低，以免架子高度起伏不定。

（3）上體要保持正直，脊背、臀部、腳跟基本處在同

圖 5　　　　　　　　　圖 6

一垂面上。

4. 收腳抱劍

上體稍左轉；左手持劍屈臂抱於左胸前，手高不過肩，劍身平貼於前臂上，肘略低於手，手心向下；右臂屈抱於腹前，右手劍指，手心向上，兩手上下相對；右腳提起收至左踝內側。眼看左手（圖5）。

5. 轉體上步

上體右轉；右腳向右前方邁出一步，腳跟著地，重心仍在左腿上；兩手屈臂合於胸前，手心相對，左手持劍附於右腕內側。眼看前方（圖6）。

6. 弓步前擠

重心前移，右腿屈弓，左腿自然蹬直成右弓步；左手持劍，推送右前臂向體前擠出，與肩同高，兩臂撐圓，劍身貼於左前臂；右劍指向內。眼看前方（圖7）。

7. 後坐引手

重心後移，上體後坐；左腿屈膝，右腿自然伸直，右腳

圖7

圖8

尖翹起；右劍指翻轉向下；左
手持劍，經右腕上方向前伸
出，手心轉向下；兩手左右分
開與肩同寬，兩臂屈收後引，
經胸前收到腹前，劍仍貼於左
前臂下，劍尖斜向下。眼看前
方（圖8）。

8. 弓步前按

重心前移，右腳踏實，右
腿屈弓，左腿自然蹬直成右弓
步；兩手弧線推按至體前，兩

圖9

腕與肩同高、同寬；左手持劍置於前臂下，劍首和右手劍指
斜向前上。眼看前方（圖9）。

9. 轉體擺劍

重心移於左腿，隨之右腳尖內扣，上體左轉；左手持
劍，平擺至身體左側，高與肩平；右手劍指弧形平擺至左肩

圖 10　　　　　　　　　圖 11

前，雙手手心均向下。眼看左前方（圖 10）。

10. 擺臂收腳

上體右轉；重心移於右腿，左腳提起收靠於右踝內側；同時右劍指翻轉下落，經腹前畫弧向右上舉，高與頭平，手心向上；左手持劍，經面前屈肘落於右肩前，手心向下，劍平置於胸前。眼看右劍指（圖 11）。

圖 12

11. 弓步前指

身體左轉；左腳向左側前方（正東）邁出，成左弓步；同時左手持劍，經體前向下摟至左胯旁，劍身豎直立於左前臂後，劍尖向上；右臂屈肘，劍指經耳旁隨轉體向前指出，指尖自然向上，高與眼平。眼看劍指（圖 12）。

【要點】

（1）上步成弓步的過程，要求重心穩定，邁出前腳輕輕落地，不可「搶步」，先是腳跟著地，隨即屈膝前弓，身體重心逐漸前移，全腳慢慢踏實，腳尖向前，膝蓋不超過腳尖。後腿自然蹬直，腳跟蹬轉調整成弓步。

（2）前腳邁出時應保持適當寬度。兩腳橫向距離（指前腳掌延長線與後腳跟之間的橫向距離）在 10～30 公分。

（3）轉體、上步、弓腿和兩臂動作要協調配合，同時完成。

（4）第9、10、11 三動要與轉腰協調一致。

二、三環套月（丁步點劍）

1. 坐盤展臂

身體右轉；左臂屈肘，左手持劍上提，經胸前從右手上穿出後內旋反手展於體側，手心向後；右劍指翻轉，手心向上，屈肘下落經腰間擺至身體右側，手心向上，兩臂左右平展；同時右腿提起向前上步橫落，腳尖外撇，兩腿交叉，兩膝關節前後相抵；左腳跟提起，重心稍下降成交叉半坐姿勢。眼看右劍指（圖 13、圖14）。

【要點】

（1）左手持劍應向前穿出，不要橫劍向前推出。持劍穿出後，左臂要內旋，使劍面貼於臂後。

圖 13

（2）右腳向前橫落時，動作要輕靈，重心移動要平穩，避免落腳沉重，重心立即前移的「搶步」現象。

（3）右手邊撤邊落，經腹前畫弧，不可直著向後抽，並注意與身體右轉協調一致。

圖14

（4）半坐盤步時，成高歇步，身體右轉兩腿膝關節交疊貼緊，身體重心落於兩腿，不可做成叉步。

2. 弓步接劍

左手持劍稍外旋，手心斜向下，劍尖斜向後；左腳上步成左弓步，腳尖向前，同時身體左轉；右手劍指經頭側向前落於劍把上，準備接劍。眼平視前方（圖15）。

圖15

3. 丁步點劍

重心前移，右腳收至左腳旁，腳尖點地成丁步；同時右手接劍，腕關節繞環，使劍在身體左側畫一立圓，向前、向下點啄；左劍指附於右腕部。眼看前方（圖16）。

<table>
<tr><td>圖 16</td><td>圖 17</td></tr>
</table>

圖 16　　　　　　　　　　　圖 17

【要點】

（1）丁步和點劍要同時完成。上體正直，臂與肩平，身體保持半蹲。

（2）點劍時應先屈肘沉腕，再伸臂提腕，腕關節向下屈壓，以劍刃前端向前下方點啄，方向正東，力達劍尖。

三、大魁星勢（獨立反刺）

1. 撤步抽劍

右腳向右後方撤步，同時身體重心後移，右腿屈坐，左腳尖內扣；右手持劍，抽至右腹前，劍斜置體前，劍尖略高；左手劍指附於右手腕部，隨劍後撤。眼看劍尖（圖17）。

【要點】

（1）右腳後撤時應向右後方（西南）撤步，腳前掌先著地，腳尖外撤約 60°。

（2）持劍抽撤時，落臂沉腕，劍尖自然地抬起。

2. 收腳挑劍

身體向右後轉；左腳收至右腳內側，腳尖點地；同時右手持劍，反手抽撩至右後方，然後右臂外旋，右腕下沉，劍尖上挑，劍身斜立於身體右側；左手劍指收於右臂內側。眼看劍尖（圖18）。

【要點】

（1）右腳不可任意扭轉挪動。

（2）右腕翻轉下沉上挑要連貫圓活，上體保持正直。右肩右肘不可向上揚起。

（3）劍反撩和上挑時，要旋臂屈腕，腕指靈活，活握劍把。主要用拇指和食指握劍，其餘三指鬆握。

3. 提膝反刺

上體左轉；左膝提起成獨立步；同時右手持劍，由後漸漸上舉，劍經頭側上方向前反手立劍刺出，右手手心向外，力注劍尖；左手劍指經下頦前隨轉體向前指出，高與鼻平。眼看劍指（圖19）。

【要點】

（1）右腿自然直立，左膝盡量上提，左腳尖下垂，腳

圖 18

圖 19

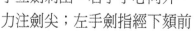

面展開，小腿和腳掌微向裡扣護襠。上體保持正直，頂頭豎項，下頦內收。

（2）左腿要正向前方，左膝與左肘上下相對，不要偏向右側。上一動右腳尖外撇程度合適，有助於提膝獨立的方向和穩定。

圖 20

（3）刺劍，即劍由後向前通過伸臂刺出，力貫劍尖。反刺時，要反手（拇指在下）立劍經頭側向前刺出，劍尖略低。

四、蜻蜓點水（提膝點劍）

上體右轉；右手持劍，由頭上向右前下方點劍；左手由前向上經頭前畫弧擺至右前臂內側；左腳仍提膝成獨立步。眼看劍尖，點劍的方向為西南（圖 20）。

【要點】

（1）右轉體後上體稍前傾，右膝稍內合。

（2）點劍時伸臂提腕，劍指附於右前臂。

五、燕子抄水（仆步橫掃）

1. 仆步沉劍

左腳向左後方落步，右腿屈膝下蹲成仆步；同時左臂內旋，左劍指經腰側隨臂內旋向後反穿；右手持劍，向下沉腕並外旋向上。眼看劍尖（圖 21、圖 22）。

圖 21

圖 22

2.仆步掃劍

上體左轉；左腳尖外撇，右腳尖內扣，左腿屈膝前弓成左弓步；同時右手持劍向左橫掃，手心向上，停於身體左前方；左劍指經左後方擺至頭左上方。眼看劍尖（圖 23）。

圖 23

【要點】

（1）掃劍時要在轉腰的帶動下完成整個動作。

（2）掃劍是平劍向左或向右掃，力在劍刃。本勢持劍下沉再向左前方平掃，有一個由高到低（與踝同高）再到高

的弧線，不要做成攔腰平掃。
定勢時，右手停在左肋前，劍
在體前伸直，高與胸平。左臂
要撐圓，不要過屈或過直。

（3）左手劍指採用反插
方式，即屈肘屈腕，前臂內
旋，劍指順左肋向後下方伸
出，手心轉向後，繼而劍指再
向左上方畫弧舉起。

圖 24

六、左右攔掃
（左右平帶）

1. 向右平帶
（1）收腳收劍

右腳提起收至左腳內側
（腳尖不點地）；同時右手持
劍，稍向內收引；左劍指落於
右腕部。眼看劍尖（圖 24）。

【要點】

右手持劍屈臂後收時，劍
尖略高，控制在體前中線附
近，不要使劍尖左擺。

圖 25

（2）上步送劍

右腳向右前方邁出一步，腳跟著地；同時右手的劍向前
引伸；左劍指仍附於右腕部。眼看劍尖（圖 25）。

【要點】

上步的方向斜向東南約 30°～45°。

（3）弓步右帶

重心前移，右腳踏實，成右弓步；右手持劍，手心翻轉向下、向右後方平帶；左劍指仍附於右腕部。眼看劍尖（圖26）。

【要點】

（1）帶劍是平劍由前向斜後方柔緩平穩地弧形回帶，力在劍刃。本勢平帶時，劍應邊翻轉邊斜帶，劍把左右擺動的幅度要大，而劍尖應始終控制在體前中線附近。劍的回帶和弓步要一致，同時上體微向右轉，這樣的帶劍才能與腰、腿協調完整。

（2）帶劍要由前往後帶，不要做成前推或橫掃。

2. 向左平帶

（1）收腳收劍

右手持劍，屈臂後收；同時左腳提起收至右腳內側（腳尖不點地）。眼看劍尖（圖27）。

【要點】

同「向右平帶」第1動，惟左右方向相反。

圖26

圖27

（2）上步送劍

左腳向左前方上步，腳跟著地；右手持劍，向前伸展；左劍指翻轉收至腰間。眼看劍尖（圖28）。

【要點】

同「向右平帶」第2動，惟左右方向相反。

太極拳規範教程

（3）弓步左帶

左腿前弓，重心前移，成左弓步；右手翻掌，將劍向左後方弧形平劍回帶，右手帶至左肋前方，力在劍刃；左手劍指繼續向左上方畫弧上舉，手心斜向上。眼看劍尖（圖29）。

【要點】

圖29

除左手劍指畫弧上舉外，其餘同「向右平帶」第3動，惟左右方向相反。

3. 向右平帶

同1動（圖30、圖31、圖32）。

4. 向左平帶

同2動（圖33、圖34、圖35）。

圖30

圖31

圖32

圖33

七、小魁星勢（虛步撩劍）

1. 轉身繞劍

上體後坐；左腳尖外撇，重心前移至左腿，右腳收至左腳內側，腳尖點地；同時右手持劍，向上、向後畫弧，劍把

圖 34

停於頭左側，劍尖斜向上；左劍指向左、向下經腰間向右上方穿出。眼看左前方（圖 36、圖 36附圖）。

2. 上步繞劍

右腳向右前方上步，腳跟落地，腳尖外撇；

圖 35

同時上體右轉；右手持劍向下繞轉；左劍指繼續上穿，然後左臂內旋，劍指撐於身體左上方。眼看右前方（圖 37）。

3. 虛步撩劍

重心前移至右腿，左腳向右前方上步，腳前掌著地，成左虛步；上體右轉；右手持劍內旋，直臂由後向前、向上撩出，劍舉於頭側上方，虎口、劍尖皆向前；左劍指向後、向

圖 36

圖 36 附圖

圖 37

圖 38

下畫弧屈收經下頦前向前指出，指尖向上。眼看左劍指（圖
38）。

【要點】

（1）雙手交叉擺動時，要分別劃出一個圓形來，動作幅度要大，上下肢動作要一致。

（2）虛步時，體重大部分落於後腿，前腿稍屈，腳前掌點地，兩腿虛實分明。上體保持中正穩定，舒鬆自然。臀部與後腳腳跟上下相對。

（3）撩劍是反手立劍由下向前、向上撩起。本勢的左撩劍應先使劍沿身體左側繞立圓，再向前上方撩出。劍的運行一要貼身，二要畫立圓。同時右前臂內旋，手心轉向外，活握劍把，力達於劍刃的前端。

（4）定勢時要直腰、頂頭，右臂撐圓，方向為正東偏南30°。

第二段

八、燕子入巢（仆步穿劍）

1. 退步插指

左腳後退一步，腳前掌著地；同時上體左轉；右手持劍前擺；左劍指屈腕屈肘，收經腰間向身後反插。眼看前方（圖39）。

2. 仆步穿劍

上體左轉；右腿屈膝下蹲，左腿伸直成左仆步；同時右臂屈落，右手持劍收經體前，順左腿向左穿出，劍尖向

圖39

圖 40

圖 40 附圖

左，右手翻轉向上，停於
襠前；左劍指向左、向
上、向右畫弧，落於右腕
上。眼看左前方（圖
40、圖 40 附圖）。

【要點】

（1）仆步與穿劍要
同時完成。仆步的方向為
正西偏北約 30°。

（2）定勢時要頂
頭、立腰、鬆肩、落胯，兩腳全腳掌著地；上體略向前傾。

圖 41

九、虎抱頭（虛步捧劍）

1. 弓腿分手

重心前移，左腳尖外撇，右腳尖內扣，右腿屈弓，上體
左轉；兩手經腰間向左右分開至體側，手心皆向上。眼看前
方（圖 41）。

| 圖 42 | 圖 43 |

2. 虛步捧劍

右腳向前上步，腳尖點地成右虛步；同時右手持劍前擺；左劍指也向前擺至右手下，雙手捧劍於腹前，手心均向上，劍尖略高。眼看劍尖（圖 42）。

【要點】

動作方向仍為正西偏北約 30°。

十、靈貓捕鼠（跳步下刺）

1. 蹬腳前刺

右腿屈膝提起，右腳向前蹬出，腳尖上勾，力在腳跟，高於腰部；劍略向後收引，再向前捧劍平刺，高與肩平。眼看劍尖（圖 43、圖 44）。

2. 跳步下刺

（1）右腳向前落步，隨之重心前移，左腳跟提起；同時雙手捧劍繼續前伸。眼看前方（圖 45）。

（2）重心繼續前移，隨之左腳向前跳步，落地後左腿

圖 44

圖 45

圖 46

圖 47

屈膝半蹲，右腳隨即提起，收控於左腿內側；同時兩手向兩側分開，手心均向下，劍尖內收，與腹相對。眼看前方（圖46）。

（3）右腳向前落步，左腿自然伸直成右弓步；同時右臂外旋，右手持劍，經腰間向前下方刺出，手心向上；左劍指擺架於左上方，手心向上。眼看劍尖（圖47）。

圖 48　　　　　　　　　　　圖 49

【要點】

（1）蹬腳與前刺要同時，方向為正西偏北 30°。

（2）蹬腳時，支撐腿自然伸直，重心站穩，頂頭立腰。

（3）向前跳步不宜高，動作應輕靈、柔和。

（4）右弓步與下刺劍要同時，方向仍為西北。

十一、黃蜂入洞（轉身平刺）

1. 坐腿收劍

上體右轉，重心後坐；右腳尖翹起；同時右手持劍收至腰間，手心向上；左劍指落至劍柄上。眼看前方（圖48）。

2. 扣腳轉身

右腳尖內扣，以右腳掌為軸，身體向左後轉一周，轉體時左腿屈膝提起；左劍指翻轉收於腰間，右手持劍，仍在身體右側。眼看前方（圖49）。

3. 弓步平刺

左腳向西北方落步，左腿屈膝前弓成左弓步；同時右手持劍向前平刺，高與肩平；左劍指擺架至左上方。眼看劍尖（圖50）。

【要點】

（1）後坐收劍時，上體要先向右轉，然後扣腳蹬地，提膝碾腳，向左後轉身。

圖50

（2）轉體時，劍尖內收。轉動結束時劍尖仍朝向正西偏北30°。

十二、鳳凰雙展翅（回身平斬）

1. 轉身平斬

上體右轉；左腳內扣，右腳外撇，重心右移，右腿屈膝成右側弓步；同時右手持劍，由左向右平斬，劍高與頭齊，手心向上；左劍指下落與右腕相合，再向左下方分開，高與腰平，手心向下。眼看劍尖（圖51）。

2. 回身掄劍

上體左轉，右腳提收至左踝內側；右手持劍，由右

圖51

向左弧形掄擺，劍尖斜向左下放；左劍指屈收於右肩前。眼看劍尖（圖52）。

3. 弓步平斬

上體右轉；右腳向右開步，重心右移，右腿屈膝成右側弓步；右手持劍，由左下方向右平斬，劍高與頭平；左劍指向左下方分開，高與腰平，手心向下。眼看劍尖（圖53）。

圖52

【要點】

（1）本勢做了兩個斬劍動作，動作之間要連貫協調，側弓步與斬劍要同時完成。

（2）斬劍是劍水平，用劍刃從左向右或從右向左橫砍，著力點在劍刃，高與頭平。做斬劍時，劍尖不應抖腕甩，形成平崩。

圖53

圖54

圖 55

圖 56

十三、小魁星勢（虛式撩劍）

本勢與七、小魁星勢動作和方向完全相同（圖 54、圖 55、圖 56）。

第三段
十四、太公等魚 （虛步反刺）

1. 退步穿指

左腳退步，上體左轉；左劍指經腰間向後反穿；右手持劍下掛，劍尖向下。眼看前方（圖 57）。

2. 虛步反刺

重心移至左腿，上體先

圖 57

圖 58　　　　　　　　圖 59

左轉，再右轉；右腿回收半步，腳前掌點地成右虛步；同時右手持劍左掛，再回身反手向前下方刺出，虎口斜向下；左劍指畫弧合至右腕處，手心向下。眼看劍尖（圖 58、圖 59）。

【要點】

（1）虛步與反刺劍要同時。

圖 60

（2）虛步方向為正東。

十五、撥草尋蛇（左右下截）

1. 收腳收劍

右腳提收至左踝內側；右手持劍內旋收至腹前，手心向下；左劍指仍附於右手腕上。眼看劍尖（圖 60）。

2. 弓步右截

右腳向右前上步，右腿屈弓成右弓步；右手持劍，向前下截劍，右手伸向右前方高與腹平，劍尖斜向內下方，與小腿同高；劍指仍附於右腕處。眼看劍尖（圖61）。

3. 收腳收劍

左腳提收至右踝內側；右手持劍外旋收於腹前，手心向上。眼看劍尖（圖62）。

4. 弓步左截

左腳向左前方上步，左腿屈膝成左弓步；同時，右手持劍外旋，向前下方截劍，右手伸向左前，與腹同高，手心向上，劍尖斜向內下方，與小腿同高；左劍指經腰間弧形擺至左上方。眼看劍尖（圖63）。

圖61

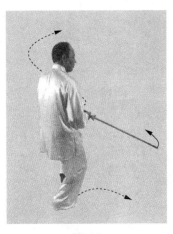

圖62

圖63

圖 64

圖 65

5. 右截劍和左截劍各再重複一次（圖 64、圖 65、圖 66、圖 67）。

【要點】

（1）本勢連續上了四步，左右各做兩次弓步。右弓步的方向為東偏南，左弓步的方向為東偏北，弓步方向成「之」字形，向正東行進。

（2）截劍是用劍刃中段或前端截擊對方，力在劍刃，用於橫斷攔截，側攻旁擊。做本勢下截劍時，應使劍把畫一個大弧，劍尖沿中軸線畫一小弧，劍身斜向內下方，劍尖始終在中軸線附近翻轉下截。

（3）身、劍、手、腳要協調一致。

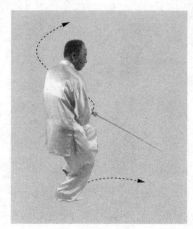

圖 66

圖 67

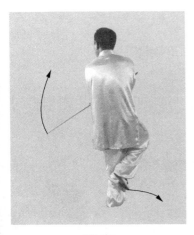

圖 68

圖 68 附圖

十六、哪吒探海（獨立掄劈）

1. 收腳掄劍

　　左腳尖外撇，上體左轉，右腳收至左腳內側，腳尖點地；右手持劍，由前下向後畫弧掄擺，置於身體左下方；左劍指下落於右肩前。眼看左後方（圖 68、圖 68 附圖）。

2.右腳向前上步，腳跟落地；右手持劍內旋，舉於頭上方；左劍指翻轉下落，收於腰間。眼看左前方（圖 69）。

3.重心前移，右腳踏實，左腿屈膝上提成右獨立步；同時上體右轉，稍向前傾；右手持劍，向前下方立劍下劈，力在劍刃，右臂與劍成一條斜線；左劍指經腰間畫弧擺至左上方。眼看劍尖（圖 70、圖 70 附圖）。

圖 69

【要點】

（1）右手持劍後掄時，手心斜向外，左手劍指斜向

圖 70

圖 70 附圖

太極拳規範教程

下。

（2）劈劍是立劍自上而下用力，力點在劍刃；掄劈劍是將劍先掄一個立圓，然後向前下劈。本勢是右手持劍沿身體左側掄繞成一個立圓，順勢向前下方劈出，劍尖略高於踝。

（3）左劍指的動作要與持劍的右手相互配合，左右兩手一上一下，一前一後，對稱地交叉畫立圓，整個動作要連貫，一氣呵成。

十七、懷中抱月（退步回抽）

1. 撤步提劍

左腿向後落下；右手持劍外旋上提；左劍指擺向身後。眼看前方（圖71）。

2. 虛步抽劍

重心後移，右腳隨之撤回半步，前腳掌著地成右虛步；同時，右手持劍，由前向上、向後畫弧抽回，劍把收於左肋

圖71

圖 72　　　　　　　　圖 73

旁，手心向內，劍尖斜向上，劍面與身體平行；左劍指由左向上畫弧下落於劍把上。眼看劍尖（圖 72）。

【要點】

（1）抽劍是立劍由前向後畫弧抽回，力點沿劍刃滑動。做本勢抽劍時，右手手心先翻轉向上，將劍略向上提，隨後由體前向上畫弧收至左肋旁，避免將劍直著抽回。

（2）定勢時，虛步抱劍，兩臂撐圓，上體左轉，劍尖斜向右上方。同時頭向右轉，頂頭沉肩。劍把與身體相距約10公分。

十八、宿鳥投林（獨立上刺）

1. 轉腰活步

身體微向右轉，面向前方；右腳稍向前移步，腳跟著地；同時右手轉至腹前，手心向上，劍尖斜向上方；左劍指附於右腕部。眼看劍尖（圖 73）。

2. 提膝上刺

重心前移，左腿屈膝提起，成右獨立步；同時右手持

圖74　　　　　　　　圖75

劍，向前上方刺出，手心向上，劍尖高與頭平；左劍指仍附
於右腕部。眼看劍尖（圖74）。

【要點】

（1）上刺劍時，劍把與胸同高，劍尖與頭同高，兩臂
微屈。

（2）乘上刺之勢，上體可微向前傾，但不可聳肩駝
背。本勢方向為正東。

十九、烏龍擺尾（撤步平刺）

1. 撤步擺劍

左腳向後落步，隨即重心左移，身體左轉；同時右手持
劍，隨轉體左擺至體前，高與肩平；左劍指翻轉下落於左腰
間；眼看前方（圖75）。

2. 併步擺劍

右手持劍左擺至體側，同時右臂內旋，手心轉向下停於
左肋旁，劍尖朝向身後；左劍指舉至左上方；右腳收至左腳

內側成併步。眼看前方（圖76）。

3. 退步平刺

上體右轉；右腿向後退步，左腿屈膝成左弓步；同時右手持劍擺至右側，右臂外旋，劍收經腰間向前平刺，手心向上，高與肩平；左劍指向右、向下經右腰間畫弧擺架於左上方。眼看劍尖（圖77、圖78）。

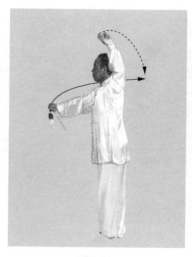

圖 76

【要點】

（1）本勢動作背向起勢方向，刺劍的方向為正北。

（2）做此動作時，身體左右擺動的幅度很大，並且左劍指隨身體轉動繞擺了兩圈，右手持劍也翻轉了兩次。

圖 77

圖 78

太極拳規範教程

（3）動作應柔和連貫、一氣呵成。

二十、青龍出水（左弓步刺）

1. 轉身繞劍

重心右移，左腳尖內扣，右腳尖外展，身體右轉；同時右手持劍內旋向上、向後抽繞至頭側，手心翻轉向外；左手劍指落於右腕部，隨劍一起回繞。眼看劍尖（圖79）。

2. 收腳收劍

身體左轉；左腳收至右腳內側（腳尖不點地）；右手持劍，隨轉體向下卷收於右腰間，手心向上；左劍指也隨之翻轉收至腹前，手心向上。眼看左前方（圖80）。

圖79

3. 弓步前刺

左腳向左前方上步，隨之重心前移，左腿屈膝前弓成左弓步；同時上體左轉；右手持劍，從右腰間向左前方刺出，手心向上，高與肩平；左劍指向左、向上繞至左上方。眼看劍尖（圖81）。

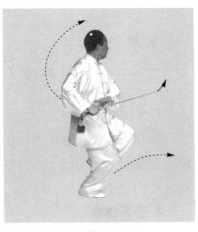

圖80

圖 81　　　　　　　　　　圖 82

【要點】

（1）右手持劍回撤時，應控制劍尖不要外擺。

（2）本勢弓步和刺劍的方向為正東偏北約 30°。定勢時上體要正直，左臂應撐圓。

（3）右手持劍抽繞、下卷、前刺動作都要在轉腰的帶動下完成。動作要圓活、連貫。

第四段

二十一、風卷荷葉（轉身斜帶）

1. 坐腿收劍

重心後移，左腳尖內扣，上體右轉；同時右手持劍，屈臂收至腰間，手心向上；左劍指落在右腕部。眼看劍尖（圖82）。

2. 提腳轉身

重心移至左腿，右腳提起，貼在小腿內側，身體向後

<table>
<tr><td>國 83</td><td>圖 84</td></tr>
</table>

轉；同時劍向左前方伸送。眼看劍尖（圖 83）。

【要點】

提收右腳時，不要做成獨立步。

3. 弓步右帶

右腳向右前方邁出，屈膝前弓成右弓步；同時上體右轉；右手持劍，隨轉體翻腕向右平帶（劍尖略高），手心向下；左劍指仍附於右腕部。眼看劍尖（圖 84）。

【要點】

（1）弓步方向轉為正西偏北約 30°，轉體近 270°。

（2）斜帶是指劍勢的側後走向。動作要領同「右平帶劍」。

二十二、獅子搖頭（縮身斜帶）

1. 收腳收劍

左腳提起收至右腳內側（腳尖不點地）；同時上體右轉，右手持劍收至肋前；左劍指仍附於右腕部。眼看前方

圖 85

圖 86

（圖 85）。

2. 撤步送劍

左腳撤步仍落於原位；右手持劍向前伸送；左劍指屈腕經左肋反插，向身後穿出。眼看劍尖（圖 86）。

【要點】

上體前探，送劍方向與弓步方向相同。

3. 丁步左帶

重心移向左腿，右腳隨

圖 87

之收到左腳內側，腳尖點地成丁步；同時右手翻掌手心向上，將劍向左平帶（劍尖略高），力點沿劍刃滑動；左劍指向上、向前畫弧落於右腕部。眼看劍尖（圖 87）。

【要點】

收腳帶劍時，身體左轉，上體正直，鬆腰斂臀。劍身斜

置體前，劍尖斜向右前方。

4. 撤步送劍

右腳向右後方撤步，上體左轉；右手持劍，向左前伸送；左劍指仍附於右腕部，並隨右手前伸。眼看劍尖（圖88）。

【要點】

上體前探，送劍方向正西偏南約30°。

5. 丁步右帶

重心移向右腿，左腳隨之收到右腳內側，腳尖點地成丁步；同時右手翻轉，持劍向右平帶（劍尖略高），力點沿劍刃滑動；左劍指仍附在右腕部。眼看劍尖（圖89）。

6. 撤步送劍

同動作2（圖90）。

7. 丁步左帶

同動作3（圖91）。

【要點】

（1）本勢帶劍共做了3次。

（2）退步時走「之」字形。

圖88

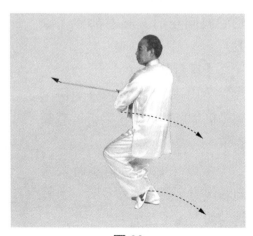

圖89

圖 90

圖 91

二十三、虎抱頭（提膝捧劍）

1. 撤步分手

右腳後退一步，重心後移，左腳微後撤，腳尖著地成左虛步；同時兩手向前伸送，再向兩側分開，高與腰平，手心都轉向下；劍斜置於身體右側，劍尖斜向左前。眼看前方（圖92）。

【要點】

（1）兩手向左右分開後，劍尖仍位於體前中線附近，高與腹平。

（2）右腳向後退步時要偏向右後方。調整成虛步時，上體轉向前方（正西）。

圖 92

圖 93　　　　　　　　　　圖 94

2. 獨立捧劍

　　左腳略向前活步，右腿屈膝向前提起成獨立步；同時右手持劍，翻轉向上，畫弧擺送至體前；左劍指捧托在右手背下，兩臂微屈；劍置於胸前，劍身直向前方，劍尖略高。眼看前方（圖 93、圖 94）。

　　【要點】

　　捧劍時兩手路線要走弧形，即兩手先向外展，再向前、向裡在胸前相合。劍指在下，兩臂微屈，劍把與胸同高。

二十四、野馬跳澗（跳步平刺）

1. 落腳收劍

　　右腳前落，腳跟著地；兩手捧劍向下、向後收至腹前。眼看前方（圖 95）。

　　【要點】

　　右腳落地不可太遠，上體不可前俯。

圖 95　　　　　　　　　圖 96

2. 送髖送劍

重心移至右腿，蹬腿送髖，左腳跟離地；同時兩手捧劍向前伸送。眼看前方（圖 96）

【要點】

劍高與胸平，劍尖略高。

3. 跳步收劍

右腳蹬地，左腳隨即前

圖 97

跳一步，右腳在左腳將落地時迅速向左小腿內側收攏；同時兩手分開，收至身體兩側，手心都向下。眼看前方（圖 97）。

【要點】

（1）向前跳步不宜高，動作應輕靈柔和。

（2）左腳落地時腳尖微外撇；膝關節彎曲緩衝，重心

穩定在左腿上。

4.弓步平刺

右腳向前上步，重心前移成右弓步；同時右手持劍向前平刺（手心向上）；左劍指繞舉至左上方。眼看劍尖（圖98）。

【要點】

弓步為順弓步。左腳與刺劍方向皆為正西，兩腳橫向寬度約10公分。

圖 98

二十五、懸崖勒馬（仰身雲斬）

1.坐腿收劍

重心後移，左腿屈腿後坐；右手持劍左擺，再翻轉收至右胸前，將劍橫置體前；左劍指落至左胸前。眼看前方（圖99）。

2.仰身雲劍

上體後仰，右腳尖上翹，右臂內旋；右手持劍，以腕關節屈繞，使劍在頭上由左向後、向右平圓畫弧雲撥；兩手同時向兩側分開。眼向上仰視（圖100）。

圖 99

3. 弓步平斬

重心前移成右弓步；右手持劍，由右向前平斬，劍尖高與頭平；左手前擺合於體前，劍指墊於右手背下，手心均向上。眼看前方（圖101）。

【要點】

（1）雲劍是劍在頭上、頭頂或體側繞一圓圈，撥開對方進攻。

（2）雲劍時，上體要後仰，右手握劍要鬆活，腕關節屈繞要靈活，右臂不可高舉過頭。

（3）本勢出現了兩種劍法，先雲劍後斬劍，斬劍與弓步要同時完成，方向正西。

圖 100

圖 101

第五段

二十六、轉身指南（併步平刺）

1. 轉身擺劍

上體左轉；右腳內扣，右腿屈蹲成左仆步；同時左劍指

太極拳規範教程

圖 102

圖 103

沿左肋部向後反穿；右手持劍下沉（圖 102）。隨之上體左後轉；左腳尖外撇，重心前移，右腿屈弓，重心前移；劍由右向左擺至正東，劍尖略高；左劍指前擺至右手背下，雙手合抱於胸前。眼看前方（圖 103、圖 104）。

| 圖 104 | 圖 105 |

2. 併步平刺

　　右腳向前併步，左腳再上步，右腳再收至左腳內側併步直立；同時雙手捧劍向後沉收，再抬至胸前向前平刺，手心均向上。眼看前方（圖 105、圖 106）。

　　【要點】

　　（1）本勢轉身時步法為弓步——仆步——弓步；刺劍時步法為併步——上步——併步。上下肢動作要圓活協調，腳步移動要輕靈。

　　（2）刺劍方向為正東。劍法不能做成捧劍。

二十七、迎風撣塵（弓步攔劍）

1. 左弓步攔

　　（1）轉身繞劍

　　右腳尖外撇，左腳跟外展，身體右轉，兩腿屈蹲；右手持劍，手心轉朝外，隨轉體由前向上、向右繞轉；左劍指附於右前臂內側，隨右手繞轉。眼看右後方（圖 107）。

圖 106

圖 107

【要點】

轉體時，待重心落於右腿時，左腳跟再提起。

（2）弓步攔劍

左腳向左前方上步，身體左轉，重心前移，成左弓步；同時右手持劍，由右後方向下、向左前上方攔架，力在劍刃，劍把與頭同高，劍尖與胸同高，右臂外旋，手心斜向內；同時左劍指向下、向左經腹前繞舉於左上方。眼看劍尖（圖108）。

圖 108

【要點】

（1）繞劍時轉體要充分，以劍把領先，轉腰揮臂，劍貼身體走成立圓。

（2）攔劍是反手由下向前上方攔架，力在劍刃。劍攔出後，右手位於左額前方，劍尖位於中線附近，劍身斜向內下方。

（3）弓步方向為正東偏北約30°。

圖109

2. 右弓步攔

（1）轉身繞劍

左腳尖外撇，身體左轉，右腳收至左腳內側（腳尖不點地）；同時右手持劍，在身體左側向上、向後、向下畫立圓繞至左肋前，劍身貼近身體；左劍指落於右腕部。眼隨劍向左後看（圖109）。

圖110

（2）弓步攔劍

身體右轉；右腳向右前方邁出一步，重心前移成右弓步；同時右手持劍，經下畫弧向前上方攔出，手心向外，劍把高與頭平，劍尖高與胸平，劍身斜向內；左劍指附於右腕部。眼看前方（圖110）。

太極拳規範教程

【要點】

（1）與左弓步攔相同，惟左右相反。弓步方向為正東偏南約30°。

（2）右劍立圓繞轉要貼近身體左側。

3. 左弓步攔

（1）轉身繞劍

右腳尖外撇，身體右轉，左腿收至右腳內側（腳尖不點地）；同時右手持劍，在身體右側向上、向後、向下畫立圓繞至右胯旁，劍身斜立在身體右側；左劍指繞至腹前。眼隨劍走，轉看右後方（圖111）。

（2）弓步攔劍

身體左轉；左腳向左前方邁出一步，重心前移成左弓步；同時右

圖111

圖112

手持劍，揮臂畫弧向前上方攔出，手心斜向內，劍把與頭同高，劍尖高與胸平，劍身斜向內；左劍指經腰間向左、向上畫弧，停於左上方，手心斜向上。眼看前方（圖112）。

【要點】

參看1動「左弓步攔」。

二十八、順水推舟（進步反刺）

1.上步收劍

右腳向前上步，腳尖外撇，上體微右轉；同時右手向下屈腕收劍，劍把落在胸前，劍尖轉向下方；左劍指落於右腕部。眼看劍尖（圖113）。

【要點】

（1）上步後，身體重心仍然靠近左腿。

（2）右手持劍向胸前收落時，屈腕落肘，手心斜向外，拳眼斜向下，右上臂靠近右肋。活握劍把，劍尖向後下方，劍身斜置於身體右側。

圖113

圖114

2.轉身後刺

身體繼續右後轉；兩腿交叉屈膝半蹲，左腳跟離地，成半盤坐姿勢；右手持劍，向後（正西）立劍平刺，手心向前（南）；左劍指向東指出，手心向下，兩臂伸平。眼看劍尖（圖114）。

【要點】

（1）半盤坐時，要轉體屈膝，右腳橫落，全腳著地，左膝抵近右膝膕窩。上體保持正直。

（2）向後刺劍時，劍貼近身體經右腰間向後直刺，劍與右臂成一直線。

圖 115

圖 116

3.弓步反刺

劍尖上挑，上體左轉；左腳前進一步成左弓步；同時右手屈收，經頭側向前反手立劍刺出，手心向外，與頭同高，劍尖略低；左劍指收於右腕部。眼看劍尖（圖 115、圖116）。

【要點】

（1）反刺劍時，右臂先屈後伸，使劍由後向前刺出，力達劍尖。右手位於頭前偏右，劍尖位於中線，與面部同高。

（2）弓步朝正東，上體正直。不可做成側弓步。

二十九、流星趕月（返身回劈）

圖 117

1. 轉身收劍

右腿屈膝，身體重心移至右腿，左腳尖內扣，上體右轉；劍同時收至面前，劍指仍附於右腕部。眼看劍尖（圖 117）。

【要點】

隨身體右轉，左腳尖要盡量內扣，為下一動做好準備。

2. 提腳舉劍

上體繼續右轉，重心再移至左腿，右腳提起收至左小腿內側；同時右手持劍上舉，左劍指落至腰間。眼看左前方（圖 118）。

圖 118

【要點】

（1）重心穩定在左
腿後，再提右腳。

（2）右腳提收至左
小腿內側，不能做成獨立
步。

3. 右腳向右前方邁
出，重心前移成右弓步；
同時右手持劍，隨轉體向
右前方劈下；左劍指繞至
左上方，手心斜向上。眼
看劍尖（圖119）。

圖 119

【要點】

（1）弓步和劈劍方
向是正西偏北約 30°。

（2）劍要劈平，劍
身與臂成一條直線，力達
劍刃中段。

（3）劈劍和弓步要
協調一致，同時完成。

三十、天馬行空
（歇步壓劍）

圖 120

1. 轉身擺劍

上體左轉，重心左移；右腳尖內扣；同時右手持劍外
旋，向左平擺；左臂外旋，劍指收至腰間。眼看劍把（圖
120）。

圖 121　　　　　　　　　　圖 122

太極拳規範教程

2.歇步壓劍

右腳向南上步，腳尖外撇，兩腿屈膝下蹲成歇步；同時上體右轉；右手劍翻轉下壓至右膝外側，劍尖朝南，手心向下；左劍指收至右腕上方。眼看劍面（圖 121）。

【要點】

（1）上體左轉和擺劍同時完成；歇步與下壓劍同時完成。手、腳配合要協調。

（2）壓劍是劍身扁平由上向下按壓，著力點在劍面。此勢轉向起勢方向（正南）。

三十一、燕子銜泥（虛步點劍）

1.上步舉劍

左腳向前上步，腳尖略外撇；同時兩手向兩側分開，手心向上，劍尖擺至身後。眼看右後方（圖 122）。

2.虛步點劍

右腳向前上步，腳尖點地成右虛步；同時右手持劍上

圖 123

圖 124

舉，經頭上向前下方點啄，劍尖斜向下；左劍指收至右腕部。眼看劍尖（圖 123）。

【要點】

上左腳時兩臂盡量外展，右腳落地的同時點劍。點劍時伸臂、提腕，本勢方向為正南。

第六段

三十二、挑簾式（獨立架托）

1. 退步拉劍

右腳向後步，重心隨之後移至右腿；同時右手持劍後拉，上體右轉（轉向正西）；左劍指仍附於右腕部。眼看劍尖（圖 124）。

2. 獨立托劍

右腿直立支掌，左腿屈膝提起，腳面繃平成右獨立步；同時右手持劍，隨身體右轉由下向上托架，劍身要平；左劍

圖 125　　　　　　　　　圖 126

指附於右前臂內側。眼看前方（圖 125）。

【要點】

（1）托劍時，頂頭、立腰，左膝與劍尖皆朝前。

（2）托劍是用劍下刃由下向上托架。

三十三、左車輪劍（弓步掛劈）

1. 轉身掛劍

左腳向前落步，腳尖外撇，兩腿屈膝半蹲，上體左轉；右手持劍由上向下、向後經體側掛出；左劍指附在右腕部。眼看劍尖（圖 126）。

2. 弓步劈劍

右腳向前上步，右腿屈膝前弓成右弓步；同時右臂內旋，右手持劍上舉，再向前劈出；左臂外旋，劍指經左腰間向上擺至頭側上方。眼看前方（圖 127）。

【要點】

（1）掛劍時要轉腰、揮臂、翹腕。

（2）掛劍是將劍尖經身體右側或左側由前向後勾回，目的是勾掛開對方的進攻。

圖127

（3）弓步和劈劍要同時完成。方向為正西。劈劍與肩同高，劍身水平向前。

三十四、右車輪劍（虛步掄劈）

1. 轉身掄劍

身體右轉；右腳尖外撇，右腿屈弓，左腳跟離地成叉步；同時右手持劍，經身體右側向下、向後反手掄擺；左劍指落於右肩前，手心向下。眼看劍尖（圖128）。

【要點】

（1）轉體時，重心先後坐，右腳尖外撇，重心再前移成交叉步。

（2）向後掄劍時，右臂內旋，活握劍把。劍貼近身體向後畫弧，劍尖不要觸地。劍在身後反手掄直，劍尖向後。

2. 上步舉劍

身體左轉；左腳向前一步，腳尖外撇；同時右手持劍外旋，掄舉至頭側上方；左劍指落經腹前畫弧側舉。眼看前方

圖 128　　　　　　　　　　　圖 129

（圖 129）。

【要點】

輪劍上舉時，右臂不要伸直，劍把稍高於頭，劍尖略低，指向身後（正東）。

3. 虛步劈劍

右腳上步，腳尖著地成右虛步；同時右手持劍，向前下輪劈，劍尖斜向下，與膝同高，劍與右臂成一條斜線；左劍指向上畫圓再落於

圖 130

右前臂內側。眼看前下方（圖 130）。

【要點】

（1）輪劈劍時，右手持劍沿身體右側輪繞成立圓，再順勢向前劈下，力點為劍刃中部。

圖 131

（2）整個動作連貫，不可中途停頓。

三十五、大鵬展翅（撤步反擊）

1. 撤步合劍

上體微右轉；右腳向右後方撤步，腳尖外撤；同時右臂外旋，手心轉向上；左劍指轉向下，兩手腕關節交叉合於胸前。眼看劍尖（圖 131）。

2. 弓步崩劍

身體重心移向右腿，上體右轉；左腿自然蹬直成右側弓步；同時，右手向右上方反擊，力達劍刃前端，劍尖斜向上，高與頭平；左劍指向左下方分開，高與腰平，手心向下。眼看劍尖（圖 132）。

圖 132

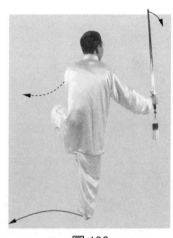

圖 133　　　　　圖 134

【要點】

（1）撤步和擊劍的方向為東北。撤步時，右腳掌先著地，隨重心右移，右腿屈弓，右腳踏實，左腳跟外展，左腿蹬直成側弓步。

（2）擊劍是用劍刃前端向左或向右敲擊，又叫平崩。做本勢時，要在向右轉體的帶動下，將劍向右上方擊打。肘、腕先屈後伸，使力達劍的前端；左劍指向左下方對稱展開。

三十六、水中撈月（弓步撩劍）

1. 收腳繞劍

身體稍右轉；左腳收至右小腿內側；同時右手持劍內旋，將劍繞擺至身體右側，劍身豎立，手心向外；左劍指畫弧上擺於右肩前。眼看劍尖（圖 133）。

2. 落腳繞劍

身體左轉；左腳向前落步，腳尖外撇；同時右手持劍下

圖 135

繞，劍把落至胯旁，手心向外，劍尖斜朝後；左劍指落至左腹前，手心向上。眼看左劍（圖 134）。

3. 弓步撩劍

身體繼續左轉；右腳前進一步，重心前移成右弓步；同時右手持劍，由下向前畫一立圓，反手立劍向前撩出，手心向外，高與肩平；左劍指向上繞至左上方。眼看前方（圖135）。

【要點】

（1）握劍要鬆活；繞劍劍尖不可觸地；撩劍要轉腰順肩，劍尖稍低。

（2）本勢的弓步為順弓步，兩腳橫向距離約 10 公分。弓步和前撩要同時完成，方向為正西。

三十七、懷中抱月（提膝捧劍）

左腿屈膝後坐，重心移至左腿，右腿屈膝提起，腳面繃平成左獨立步；同時右手持劍，由前向後拉；左劍指畫弧下

圖 136

落至右手背下，雙手將劍捧於左肋間，劍尖斜向下，手心均
向上。眼看劍尖（圖 136、圖 137）。

【要點】

提膝與捧劍要同時完成。右膝的方向應向正西。

三十八、夜叉探海（獨立下刺）

右腳前落，重心隨之前
移，左腿屈膝提起，腳面繃平
成右獨立步；同時右手持劍，
從左肋處向前下方刺出，手心
向上；左劍指經腰間擺至左上
方。眼看劍尖（圖 138）。

【要點】

配合劍的下刺，上體稍前
傾，左臂撐圓。刺劍方向為正
西。

圖 137

圖 138

第七段

三十九、犀牛望月（弓步回抽）

左腳向側後方落步，重心後移，左腿屈膝，右腿自然蹬直成左側弓步；同時右手持劍，由前下方向後平抽到身前，劍身水平與肩同高，手心向內；左劍指落於劍把上。眼看劍尖（圖139、圖140）。

【要點】

本勢的抽劍為由前向後的平抽

圖 139

圖 140　　　　　　　　　圖 141

劍。側弓步方向為正東偏南 30°。

四十、射雁式（虛步回抽）

1. 轉身點劍

左腳尖外撇，身體左轉，成
左弓步；同時右手持劍隨轉身向
前下方點啄；左劍指隨之附於右
腕處。眼看劍尖（圖 141）。

2. 坐腿抽劍

身體重心移向右腿，右腿彎
曲；同時右手持劍抽至右胯側，
左劍指附於右腕隨右手後收，眼
看右下方（圖 142）。

圖 142

3. 虛步前指

上體左轉；左腳稍後撤，成左虛步；同時右手抽至右胯
後，劍斜置於身體右側，劍尖略低；左劍指經胸前從下頦處

圖 143

圖 144

向前指出，高與眼齊。眼看劍指（圖 143）。

【要點】

（1）轉身前指與左腳點地成虛步要協調一致。

（2）虛步的方向和劍指所指的方向為正東偏南約 30°。

（3）做本勢的下抽劍時，要立劍向下、向後走弧線抽回。定勢時劍身置於右側，劍把抽至胯後，右臂微屈。

四十一、青龍探爪（併步擊劍）

1. 移腳展臂

左腳向前半步；兩臂同時向左右分開，展於體側，手心向上。眼看前方（圖 144）。

【要點】

左腳墊步時仍向東南方。

2. 併步擊劍

右腳向左腳併步，兩腿直立；同時右手持劍，由右向前平擊，劍高與肩平；左劍指捧托在右手背下，手心均向上。

圖 145　　　　　　　圖 146

眼看前方（圖 145）。

【要點】

（1）右腳併步與擊劍要同時完成。

（2）本勢的擊劍為由右向左的正擊劍（由左向右稱反擊），力達劍刃前端。定勢時方向為正東偏南約 30°。

四十二、鳳凰單展翅（回身平斬）

1. 撤步合手

雙腿彎曲，重心移至左腿，右腳向後撤一步，腳尖外撇；同時身體稍左轉；右手持劍，下擺至左腹前，手心向上；左劍指上擺至右肩前，手心向下，兩手交叉合抱。眼看劍尖（圖 146）。

2. 轉身平斬

重心移至右腿，身體右轉，左腿自然蹬直成右側弓步；同時右手持劍，向右上方平斬，劍與頭同高，手心向上；左劍指向左側分開，高與腰平，手心向下。眼看劍尖（圖

147）。

【要點】

參見十二勢「鳳凰雙展翅」。本勢側弓步的方向是正西偏北約 30°。

四十三、左右跨攔（蓋步截劍）

1. 蓋步左截

重心移至左腿，右腿屈膝抬起，經左腿前向左蓋步跳落；隨之左腿屈膝提起，向左側跨出一步成左側弓步；右手持劍，經體前由上向左下截，虎口朝前，劍把置於左膝上方，力在劍刃，劍尖略高；左劍指落於右腕上。眼看劍尖（圖 148、圖 149、圖 150）。

圖 147

2. 蓋步右截

重心移至右腿，左腿屈膝抬起，經右腿前向右蓋步跳落；隨之右腿屈膝提起，向右側跨出一步成右側弓步；右手持劍，

圖 148

圖 149

圖 150

圖 151

圖 152

經體前右擺,向右翻手下截,虎口向前,劍把置於右膝上方,力在劍刃,劍尖略高;左劍指向左側分開,經胸前右擺落於右腕處。眼看劍尖(圖 151、圖 152、圖 153)。

【要點】

(1)本勢的步法為蓋步。蓋步是一腳經過支撐腳前面

向另一側橫落，蓋步時一定要屈腿提落，不可做成直腿的醉拳步。

（2）本勢在蓋步的同時還有一個跳的動作，即一腳在蓋步落地之前，支撐腿迅速屈膝後收，兩腳有同時騰空的動作，叫蓋跳步。要做得輕靈，柔和。

圖153

（3）本勢的劍法是由上向下截劍，立劍下按，力點在下刃，劍尖指向正西。左蓋跳步的方向為正南，右蓋跳步的方向為正北。

四十四、射雁式（虛步回抽）

1. 轉身點劍

重心左移，身體左轉，面向西南；右腳收至左腳內側，腳尖點地成丁步；同時右手持劍，從身後翻舉再向前下方點啄；左劍指向左、向上畫弧擺落於右腕處。眼看劍尖（圖154、圖155）。

圖154

圖 155　　　　　　　　　　　　圖 156

2. 撤步抽劍

左腿向後撤步，重心後坐，上體右轉；同時右手持劍，抽至右胯側；左劍指隨右手後收。眼看右下方（圖156）。

3. 虛步前指

上體稍向左轉；左腳撤半步，腳尖點地成左虛步；同時右手抽至右胯後，劍置於身體右側，劍尖略低；左劍指經胸前由下頦處向前指出，高與眼齊。眼看劍指（圖157）。

【要點】

參見四十勢「虛步回抽。」本勢方向為西南。

四十五、白猿獻果（併步上刺）

1. 移腳擺手

左腳向前移動（墊步），腳跟著地；同時左劍指向左畫弧。眼看前方（圖158）。

2. 併步上刺

右腳向左腳併步，兩腿直立；右手持劍外旋，經腰間向

圖 157

圖 158

前上方刺出；左劍指
收經腰間向前捧托在
右手背下，兩手心皆
向上。眼看前方（圖
159）。

【要點】

（1）刺劍和併
步要協調一致。劍刺
出後，劍尖與頭同
高，劍把與胸同高，
兩臂要微屈，肩要鬆沉。

（2）本勢的方向為西南。

圖 159

四十六、左右落花（丁步回抽）

1.撤步提劍

右腳向後（東北方）撤步；右手持劍內旋，屈腕向上提

劍;左劍指附於右腕內側。
眼看前方（圖160）。

2. 丁步抽劍

右腿屈膝後坐，重心移
向右腿，身體右轉；左腳收
至右腳內側，腳尖點地成左
丁步；同時右手持劍，由前
向後抽至右胯旁，劍尖略
高；左劍指仍附於右腕部。
眼看劍尖（圖161）。

3. 撤步提劍

上體右轉；左腳向左後
方撤步；同時右手持劍，向
前伸送上提，劍尖略低；左
劍指經左肋向後反穿。眼看
劍尖（圖162）。

【要點】

劍伸向西北，提腕、提
劍。撤步方向東南。

4. 丁步抽劍

左腿屈膝後坐，重心移
向左腿，身體左轉；右腳收

圖160

圖161

至左腳內側，腳尖點地成右丁步；同時右手持劍，由前向後
抽至左腰前，劍尖略高，手心斜向外；左劍指弧形擺於右腕
部。眼看劍尖（圖163）。

5. 撤步提劍

同動作1（圖164）。

太極拳規範教程

圖 162

圖 163

圖 164

圖 165

6. 丁步抽劍

同動作 2（圖 165）。

【要點】

（1）丁步與抽劍要同時完成。

（2）本勢是連續做了三次丁步抽劍，退步路線成

圖 166　　　　　　　　　　　圖 167

「之」字形。

四十七、玉女穿梭（轉身下刺）

左腳提起，右腳碾轉，身體向左後轉身，左腳向前（東南）落步成左弓步；同時右手持劍，由腰間向前下方刺出，手心向上，劍尖指向斜下方；左劍指向左後擺經左腰間前伸，附於右腕部。眼看劍尖（圖 166、圖 167）。

【要點】

（1）轉動時立腰頂頭，劍尖稍內收。弓步與刺劍一致，均為東南方。

（2）本勢向左後轉身約 90°。

第八段

四十八、斜飛式（弓步削劍）

兩手稍分開，右手持劍，稍向下沉腕；左劍指畫弧擺至

右前臂內側；重心移至右腿，左腳尖內扣，身體右轉；右腳尖外撇，右腿屈膝前弓成右弓步；同時兩手畫小弧於腹前交叉合抱；右手持劍，隨身體轉動由左下方向右上方揮臂削劍，劍尖略高於頭，劍與臂成一條斜線，手心斜向上；左劍指向左下分開，高與腰平，手心向下。眼看劍尖（圖 168、圖 169）。

圖 168

【要點】

（1）削劍是平劍由斜下向斜上轉腰揮臂展開，力達劍刃。劍與臂成一條斜線。

圖 169

（2）弓步與削劍要同時完成。弓步與劍的方向一致，皆向西北。

（3）兩手交叉合抱時，兩手分開畫弧，右手停在左腹前，手心斜向上，劍尖斜向左下；左劍指合於右前臂內側，手心斜向下。

四十九、白虎絞尾（弓步掄劈）

1. 收腳收劍

重心移至右腿，身體左轉；右腳收至左腳內側，腳尖不著地；右手持劍，由上向下、向左畫弧掄擺，劍斜置於身體左下方，左劍指上擺至右肩前，眼看劍尖（圖170）。

2. 弓步劈劍

身體右轉；右腳向前上步，腳跟落地，重心前移，右腿屈膝前弓成右弓步；同時右手持劍，由下向上、向前立劍劈出，劍身要平，與肩同高；左劍指經腰間畫弧擺至左上方。眼看前方（圖171）。

【要點】

1. 掄劍與舉劍應連貫畫一立圓，並與轉腰、旋臂相配合。

2. 弓步和劈劍的方向皆為正西。

圖170

圖171

圖 172

圖 173

五十、魚跳龍門（跳步上刺）

1. 蹬腳刺劍

左腿屈膝後坐，重心後移至左腿，右腿屈膝提起，右腳向前蹬出，腳尖上勾，力在腳跟，高於腰部；同時右手持劍，翻手後引；左劍指向下捧托於右手背下；雙手向前捧劍平刺，高與肩平。眼看劍尖（圖 172、圖 173）。

【要點】

（1）蹬腳、前刺要同時，方向為正西。

（2）蹬腳時，支撐腿自然伸直，重心站穩，頂頭立腰。

2. 落腳送劍

右腳向前落步，隨之重心前移，挺膝送髖，左腳離地；同時雙手捧劍繼續前送。眼看前方（圖 174）。

3. 跳步收劍

重心繼續前移，左腳向前跳步，落地後屈膝半蹲，右腳

圖174

圖175

太極拳規範教程

收控於左小腿內側；同時兩手向兩側分開，手心均向下，劍尖內收。眼看前方（圖175）。

4. 弓步上刺

右腳向前上步，左腿自然伸直成右弓步；同時右臂外旋，右

圖176

手持劍，經腰間向前上方刺出，手心斜向上，劍尖與頭同高，劍把與胸同高；左劍指擺至左上方。眼看劍尖（圖176）。

【要點】

（1）右弓步和上刺劍要同時，方向均為正西。

圖 177

圖 178

（2）跳步時兩腳要騰空，不宜過高，動作要輕柔。

五十一、烏龍絞柱（轉身撩劍）

1. 轉身繞劍

重心後移，上體左轉；右腳收至左腳前，腳尖點地；同時，右手持劍，隨轉體向上、向後畫弧繞轉，劍把落至左腰間，劍尖斜向上；左劍指落於右腕部。眼看左側（圖177）。

【要點】

劍向後繞時，轉體要充分，眼神隨著向左轉視，繞劍應靠近身體。同時前臂外旋，手心向裡。

2. 歇步撩劍

上體右轉；右腳向前上步，腳尖外撇，左腳稍跟進，腳跟提起，左膝貼於右膝窩處，兩腿交叉盤坐，成高虛步；同時右手持劍，向前、向上撩出，手心向外，停於右額前，劍尖略低，左劍指附於右前臂內側。眼看前方（圖178）。

【要點】

（1）本勢步型是高歇步，即兩腿交叉屈坐，膝關節交疊，上體右轉，右腳外展，左腳腳前掌著地，腳跟提起。重心稍偏於前腿。

（2）撩劍的要領參見十三勢「小魁星勢」。

五十二、水中撈月（弓步撩劍）

1. 轉體繞劍

身體微右轉；左腳向前上步，腳尖外撇；同時右手持劍，向下繞轉，劍把落至右胯旁，手心向外，劍尖斜向後上方；左劍指落至左腹前，手心向上。眼隨劍走（圖179）。

圖 179

2. 弓步撩劍

身體左轉；右腳前上一步，重心前移成右弓步；同時右手持劍，由下向前反手立劍撩出，手心向外，高與肩平，劍尖略低；左劍指向上繞至左上方。眼看前方（圖180）。

圖 180

圖 181

圖 182

【要點】

參見三十六勢「水中撈月」。

五十三、仙人指路（丁步回抽）

身體重心後移，右腳撤至左腳內側，腳尖點地成右丁步；同時右手持劍，向上、向後畫弧回抽，手心向內，置於左腹前，劍身斜立，劍面與身體平行，劍尖斜向上；左劍指落於劍把之上。眼看劍尖（圖 181）。

【要點】

抽劍時，右手先外旋，將劍把略上提，隨即向後、向下收至腹前，劍走弧線抽回。

五十四、風掃梅花（旋轉平抹）

1. 擺步橫劍

右腳向前擺步，腳尖外撇，上體右轉；同時右手翻掌向下，劍橫置胸前；左劍指附於右腕部。眼看劍尖（圖182）。

【要點】

（1）上體轉向正西方。

（2）劍身橫置時，右手位於胸前，劍尖略高，兩臂半屈成弧形。

（3）轉體、擺腳和橫劍應同時到位。

2. 扣步抹劍

上體繼續右轉；左腳向右腳前扣步，兩腳尖相對成八字形；同時右手持劍，隨轉體由

圖 183

左向右平抹；左劍指仍附於右腕部。眼看劍身（圖 183）。

【要點】

（1）身體轉至背向起勢方向。

（2）抹劍是以手領劍，使劍身橫平由一側向另一側平抹，力點沿劍刃滑動。做本動時，劍身橫置於胸前，用身體右轉帶劍向右平抹。

3. 轉身平抹

以左腳掌為軸向右後轉身；右腳隨轉體後撤一步，重心後移，左腳腳尖點地成左虛步；右手持劍，在轉體撤步時繼續平抹；左劍指仍附於右腕部；在變虛步時，兩手左右分開，置於胯旁，手心向下，劍身斜置於身體右側，劍尖位於體前，身體轉向起勢方向。眼看前方（圖 184、圖 185）。

【要點】

（1）本勢身體向右旋轉近一周，轉身及抹劍要平穩連貫，上體保持正直。

（2）擺步和扣步的腳均應落在中線附近，步幅不超過

圖 184

圖 185

肩寬。

（3）撤步要借身體向右旋轉之勢，以左腳掌為軸，身體轉向南方（起勢方向）。

（4）本勢擺步時右腳跟先著地，扣步時左腳掌先著地，撤步也是右腳掌先著地。

五十五、併步指南
（併步平刺）

圖 186

左腳向前上半步，隨之右腳收至左腳旁成併立步；同時右臂內旋，右手持劍，收於腰間後向前平刺；左劍指收經腰間再伸至右手背下，劍身高與肩平。眼看前方（圖 186、圖 187）。

【要點】

刺劍時兩臂自然前伸；併步時兩腿自然伸直。

圖 187　　　　　　　　　　　圖 188

五十六、收勢（接劍還原）

1. 轉身接劍

左腳向前上步，腳尖外撇，兩腿屈膝半蹲；同時上體左轉；右手持劍，收至左肩前；左手虎口朝上，掌心朝前，從右手外側伸出接劍。眼看劍把（圖 188）。

2. 上步擺臂

右腳向右前方上一步，腳尖朝前；同時左手接劍，向前上方伸擺，手心向前；右手變劍指向下、向後擺動。眼看右前方（圖 189）。

3. 開步垂臂

左腳向前上半步，腳尖朝前，與右腳平行，距離約同肩寬，兩腿徐徐起立，成開立步；同時左手持劍，下落至左髖旁；右劍指由後向上、向前下落至右髖旁，手心均向後。眼看前方（圖 190、圖 191）。

圖 189

圖 190

圖 191

圖 192

4. 併步還原

左腳收至右腳旁成併步，還原成預備姿勢（圖 192）。

【要點】

（1）接劍時要注意保持劍身平穩，劍尖朝前，不要左右亂擺。

（2）還原後，將劍貼於左臂後，劍尖向上，身體保持自然放鬆，眼看前方。

附　錄

李玉琳先生簡介

　　李玉琳（1885～1965）字潤如。河北任丘人，幼年從郝恩光習少林、形意、八卦等拳械。又受李存義指教多年，後隨其在天津中華武士會等處任武術教員，為孫祿堂賞識，收為弟子。1924～1928年，在上海任「中華體育會」武術教員和「尚德國術會」會長等。1930年出任山東國術館教務長等。1937年在哈爾濱成立「太極拳研究社」，繼在長春、瀋陽等地建立分社。被譽為「東北太極拳開拓者」。除楊式和孫式太極拳外，還傳授武當劍、純陽劍、形意拳、八卦掌及少林拳等拳械。弟子眾多，主要有其子李天驥、李天池，以及黃恕民、張繼修等。

（摘自《中華武術人名辭典》）

李玉琳先生 1942 年拍攝的太極拳照

【說明】：

這套八十一式楊式太極拳照是我爸爸李玉琳 1931 年任山東省國術館教務主任時拍攝的。

該套路係原中央國術館副館長李景林與楊澄甫先生共同研討編定。李景林 1927 年脫離軍界以後，與張之江在南京創辦了中央國術館。成為武術界最有影響的人物之一。他以武當劍著名，被譽為「神劍手」。其太極拳從學於楊健侯，也深得拳法精要。

1929 年他在上海主持全國國術運動會之後，與楊澄甫多次研討楊式太極拳的整理和推廣，陳微明、李玉琳等也參予其間工作。次年李景林赴濟南籌建山東國術館，將八十一式楊式太極拳列為該館教材，責成教務主任李玉琳動作示範，編輯田鎮峰、郭世銓繪圖成文，李親署封面《太極拳講義》。並再次徵求楊澄甫、武匯川、陳微明、諸桂亭等人意見，作了一些修訂，正式向全省推廣。

這套太極拳充分發揮了楊式太極拳中正安舒、架式開展、動作輕柔沉穩的特點。其中個別動作與楊澄甫所傳架式稍有不同，故當時有人稱這套太極拳為「楊式李架」或「楊式新架」。

太極拳規範教程

圖1 預備勢　　圖2 太極起勢　　圖3 太極起勢　　圖4 攬雀尾

圖5 攬雀尾　　圖6 攬雀尾　　圖7 攬雀尾　　圖8 攬雀尾

圖9 攬雀尾　　圖10 攬雀尾　　圖11 攬雀尾　　圖12 攬雀尾

圖13 攬雀尾　　圖14 單鞭　　圖15 單鞭　　圖16 單鞭

附

錄

圖 17　單鞭　　圖 18　提手　　圖 19　提手　　圖 20　白鶴亮翅

圖 21　白鶴亮翅　圖 22　摟膝拗步　圖 23　摟膝拗步　圖 24　摟膝拗步

圖 25　手揮琵琶　圖 26　手揮琵琶　　圖 27
左右摟膝拗步

圖 28
左右摟膝拗步

圖 29
左右摟膝拗步

圖 30
左右摟膝拗步

圖 31
左右摟膝拗步

圖 32
左右摟膝拗步

太極拳規範教程

圖 33
手揮琵琶

圖 34
進步搬攔捶

圖 35
進步搬攔捶

圖 36
進步搬攔捶

37　進步搬攔捶

圖 38　如封似閉

圖 39　如似似閉

圖 40　如封似閉

圖 41　十字手

圖 42　十字手

圖 43　抱虎歸山

圖 44　抱虎歸山

圖 45　抱虎歸山

圖 46　抱虎歸山

圖 47　抱虎歸山

圖 48　抱虎歸山

附

錄

圖 49　抱虎歸山　圖 50　肘底看捶　圖 51　肘底看捶　圖 52　肘底看捶

圖 53　肘底看捶　圖 54　倒攆猴　圖 55　倒攆猴　圖 56　倒攆猴

圖 57　倒攆猴　圖 58　倒攆猴　圖 59　倒攆猴　圖 60　斜飛勢

圖 61　斜飛勢　圖 62　提手　圖 63　提手　圖 64　白鶴亮翅

太極拳規範教程

圖 65　白鶴亮翅　　圖 66　白鶴亮翅　　圖 67　摟膝拗步　　圖 68　摟膝拗步

圖 69　摟膝拗步　　圖 70　摟膝拗步　　圖 71　海底針　　圖 72　海底針

圖 73　扇通背　　圖 74　撇身捶　　圖 75　撇身捶　　圖 76　撇身捶

圖 77　撇身捶　　圖 78
　　　　　　　進步搬攔捶

圖 79
進步搬攔捶

圖 80
進步搬攔捶

圖 81
上步攬雀尾

圖 82
上步攬雀尾

圖 83
上步攬雀尾

圖 84
上步攬雀尾

圖 85
上步攬雀尾

圖 86
上步攬雀尾

圖 87
上步攬雀尾

圖 88　單鞭

圖 89　單鞭

圖 90　單鞭

圖 91　單鞭

圖 92　雲手

圖 93　雲手

圖 94　雲手

圖 95　雲手

圖 96　雲手

圖 97 雲手　　圖 98 雲手　　圖 99 雲手　　圖 100 雲手

圖 101 雲手　　圖 102 雲手　　圖 103 雲手　　圖 104 單鞭

圖 105 單鞭　　圖 106 高探馬　　圖 107 高探馬　　圖 108 左右分腳

圖 109 右分腳　　圖 110 右分腳　　圖 111 左分腳　　圖 112 左分腳

附

錄

圖 113 左分腳

圖 114
轉身左蹬腳

圖 115
轉身左蹬腳

圖 116
左右摟膝拗步

圖 117
左右摟膝拗步

圖 118
左右摟膝拗步

圖 119
上步栽捶

圖 120
上步栽捶

圖 121
翻身白蛇吐信

圖 122
翻身白蛇吐信

圖 123
上步搬攔捶

圖 124　右蹬腳

圖 125　右蹬腳

圖 126
左右披身伏虎

圖 127
左右披身伏虎

圖 128
左右披身伏虎

圖 129
回身右蹬腳　　　圖 130
回身右蹬腳　　　圖 131
回身右蹬腳　　　圖 132
雙峰貫耳

圖 133
雙峰貫耳　　　圖 134　左蹬腳　　　圖 135
轉身右蹬腳　　　圖 136
進步搬攔捶

圖 137
進步搬攔捶　　　圖 138
進步搬攔捶　　　圖 139
進步搬攔捶　　　圖 140
如封似閉

圖 141　如封似閉　　圖 142　十字手　　圖 143　十字手　　圖 144　抱虎歸山

圖 145
抱虎歸山

圖 146
抱虎歸山

圖 147 橫單鞭

圖 148
左右野馬分鬃

圖 149
左右野馬分鬃

圖 150
左右野馬分鬃

圖 151
左右野馬分鬃

圖 152
左右野馬分鬃

圖 153
左右野馬分鬃

圖 154
進步攬雀尾

圖 155
進步攬雀尾

圖 156
進步攬雀尾

圖 157
進步攬雀尾

圖 158
進步攬雀尾

圖 159
進步攬雀尾

圖 160
進步攬雀尾

圖 161 單鞭

圖 162
玉女穿梭

圖 163
玉女穿梭

圖 164
玉女穿梭

圖 165
玉女穿梭

圖 166
玉女穿梭

圖 167
玉女穿梭

圖 168
玉女穿梭

圖 169
玉女穿梭

圖 170
進步攬雀尾

圖 171
進步攬雀尾

圖 172
進步攬雀尾

圖 173
進步攬雀尾

圖 174
進步攬雀尾

圖 175
進步攬雀尾

圖 176 單鞭

太極拳規範教程

圖 177　雲手　　圖 178　雲手　　圖 179　雲手　　圖 180　雲手

圖 181　雲手　圖 182　雲手　　圖 183　雲手　　圖 184　單鞭

圖 185
單鞭下勢　　　圖 186
單鞭下勢　　　圖 187
左右金雞獨立　　圖 188
左右金雞獨立

圖 189　倒攆猴　圖 190　倒攆猴　　圖 191　倒攆猴　　圖 192　倒攆猴

圖 193　斜飛式　　圖 194　斜飛式　　圖 195　提手　　圖 196　白鶴亮翅

圖 197　摟膝拗步　　圖 198　海底針　　圖 199　扇通背　　圖 200　撇身捶

圖 201
進步攬雀尾　　圖 202
上步攬雀尾　　圖 203
上步攬雀尾　　圖 204　單鞭

圖 205　雲手　　圖 206　雲手　　圖 207　雲手　　圖 208　單鞭

附

錄

圖209 高探馬

圖210 轉身十字腳

圖211 轉身十字腳

圖212 轉身十字腳

圖213 摟膝指襠捶

圖214 摟膝指襠捶

圖215 上步攬雀尾

圖216 上步攬雀尾

圖217 上步攬雀尾

圖218 單鞭

圖219 單鞭下勢

圖220 上步七星

圖221 退步跨虎

圖222 轉身擺蓮

圖223 彎弓射虎

圖224 進步搬攔捶

太極拳規範教程

圖 225
進步搬攔捶

圖 226
進步搬攔捶

圖 227
進步搬攔捶

圖 228
如封似閉

圖 229
如封似閉

圖 230　十字手

圖 231　十字手

圖 232　合太極

國家圖書館出版品預行編目資料

李德印太極拳規範教程／李德印　編著
——初版，——臺北市，大展，2004〔民93〕
面；21公分，——（中國當代太極拳名家名著；1）
ISBN 957-468-277-3（平裝）

1.太極拳
528.972　　　　　　　　　　　　　92022113

李德印太極拳規範教程　　ISBN 957-468-277-3

編 著 者／李德印
責任編輯／張建林
發 行 人／蔡森明
出 版 者／大展出版社有限公司
社　　址／台北市北投區（石牌）致遠一路2段12巷1號
電　　話／（02）28236031・28236033・28233123
傳　　眞／（02）28272069
郵政劃撥／01669551
網　　址／www.dah-jaan.com.tw
E-mail／dah_jaan@pchome.com.tw
登 記 證／局版臺業字第2171號
承 印 者／高星印刷品行
裝　　訂／協億印製廠股份有限公司
排 版 者／弘益電腦排版有限公司
初版1刷／2004年（民93年）3月

定　價／550元

●本書若有破損、缺頁敬請寄回本社更換●

大展好書　好書大展
品嘗好書　冠群可期